디지사이트

비즈니스 생태계 경영

디지사이트 : 비즈니스 생태계 경영

초판 1쇄 발행	2023년 1월 5일
초판 2쇄 발행	2023년 2월 20일
지은이	주재훈, 신민석
펴낸이	최대석
펴낸곳	드러커마인드
편집	다니엘최, 김진영
마케팅	신아영
디자인1	이지현
디자인2	FCLABS
등록번호	제307-2007-14호
등록일	2006년 10월 27일
주소	서울시 중구 명동길 61, #717
전화	031)581-0491
팩스	031)581-0492
홈페이지	www.happypress.co.kr
이메일	contents@happypress.co.kr
ISBN	979-11-91384-38-3(03320)
정가	20,000원

※ 드러커마인드는 행복우물출판사의 임프린트입니다.

※ 이 책의 국립중앙도서관 출판예정도서목록(CIP)은 서지정보유통시스템 홈페이지 (http://seoji.nl.go.kr)와 국가자료공동목록시스템(http://nl.go.kr/kolisnet)에서 이용하실 수 있습니다. (CIP 2020006523)

※ "본 저서는 2020년 대한민국 교육부와 한국연구재단의 지원을 받아 수행된 연구임(NRF-2020S1A5A2A01041201)." "본 연구는 2020년 동국대학교 DG선진연구강화사업지원으로 이루어졌음"

 Publisher's Page

디지사이트

비즈니스 생태계 경영

DIGISIGHT

드러커마인드

주재훈
신민석

머리말

비즈니스 생태계 경영의 시대이다. 지속가능경영은 비즈니스 생태계를 혁신하는 디지사이트로부터 출발한다. 비즈니스 생태계의 혜안을 가진 경영자는 디지사이트를 발휘한다.

시대는 변화한다. 사회에서 기업의 책임과 경영자의 역할도 변화해 왔다. 경영의 범위가 더욱 폭넓어지고 있다. 이전에는 경영환경으로 간주했던 영역이 이제는 경영의 대상이 되고 있다. 과거에는 경영환경으로 보고 운에 맡길 수밖에 없다고 생각했던 것들이 지금은 경영의 대상으로 혁신하고 관리하는 것이 가능하게 되었다. 그것은 바로 비즈니스 생태계 경영으로 인한 변화이다.

"비즈니스 생태계는 우리가 사는 좋은 마을을 가꾸는 것과 같다." 그러나 그것만이 아니다. 더 중요한 것은 우리 가정이고 우리 기업이다. "비즈니스 생태계는 행복한 가정과 더불어 살기 좋은 마을을 함께 가꾸는 것이다." 이 둘은 비즈니스 생태계의 거시적 관점과 미시적 관점을 말한다. 많은 문헌은 거시적 관점에서 비즈니스 생태계를 다루어 왔다. 그러나 이 책에서는 기업 경영의 지침이 될 수 있도록 미시적 관점에 역점을 두었다.

"비즈니스에도 운칠기삼이 작용한다"고 한다. 사업을 하는데 운이 7할, 역량이 3이라는 의미이다. 비즈니스 생태계 경영은 운이 기업 성공에 미치는 영향을 최소화하고 지속가능한 경쟁력을 키워준다. 더불어 다음의 세 가지 이유로 비즈니스 생태계 경영이 중요하다.

첫째, 환경과 사회 문제를 해결하고, 투명하고 공정한 기업 지배구조를 갖추어 사회적 가치를 창출하고, 기업의 비재무적 성과를 향상시키는 것이 ESG 경영이다. ESG(환경, 사회, 지배구조) 경영은 비즈니스 생태계 경영의 한 방안이다. ESG 경영이 모든 기업에 필수이기 때문에 비즈니스 생태계 경영이 중요하다. 비즈니스 생태계 경영을 잘 하는 기업은 자연히 ESG 경영에 좋은 성과를 내게 된다.

둘째, 시장의 변화이다. 소비자들은 기업의 제품이나 서비스 그 자체뿐만 아니라 비즈니스 생태계가 얼마나 건강하고 지속가능한가를 따지게 되었다. 윤리적이고 의식적인 소비자가 증가하면서 깨어있는 소비자 시장이 확산되고 있다. 깨어 있는 소비자, 즉, 자연과 사회적 관점에서도 지속가능한 제품이나 서비스를 우선 구매하는 의식있는 소비자가 늘어나고 있다.

셋째, 비즈니스 생태계 경영은 블랙스완을 예방하고 대처하도록 한다. 블랙스완과 같은 예상치 못한 재앙적 상황이 초래된 경우에 비즈니스 생태계가 기업 존폐에 결정적 역할을 한다.

첨단 기술은 비즈니스 생태계 경영에서 기업가의 통찰력을 높여준다. 디지사이트란 디지털(digital)과 인사이트(insight)의 합성어이다. 디지털 기술의 지원으로 확장되고 깊이를 더하는 인간 통찰력을 의미한다. 중요한 의사결정의 주체는 기계가 아니라 사람이다. 인공지능과 빅데이터는 인간의 능력을 더 키워주고 효율성을 향상시킨다. 인류에게 심대한 영향을 줄 수 있는 핵심적인 의사결정에서 인간을 대체하는 것이 아니라, 지원하고 도움을 준다. 비즈니스 생태계의 혜안을 지닌 경영자는 기술발전과 더불어 디지사이트를 발휘한다. 인간중심주의를 넘어서는 포스트휴먼 시대에는 기계가 인간을 넘어설 수 있을지 모르지만, 적어도 앞으로 수십 년은 기계가 인간을 지원하고 함께 공존하는 시대에서 우리는 살아갈 것이다.

피터 드러커는 4,000여 년 전 이집트의 피라미드를 기획하고 설계하여 건축한 사람들을 위대한 경영자라 하였다. 어떤 조직도 경영에 대한 지식을 필요로 한다. 기업뿐만 아니라 비영리기관, 정부, 교육기관, 종교단체, 가정에서도 경영이 조직의 지속성을 향상시키고 구성원들의 삶을 더 풍요롭게 한다. 비즈니스 생태계 경영에 관한 이 책은 기업의 경영자들만을 위한 것이 아니다. 경영 문제가 존재하는 어떤 공동체, 집단, 조직에 소속한 사람들에게도 갈등을 풀고 긴장관계를 해소하고 더 나은 삶을 가꾸어가는데 도움이 될 것이다.

노벨평화상을 받은 그라민 은행의 설립자, 무하마드 야누스의 이야기이다. "모든 인간은 앙트러프러너(entrepreneur)로 태어났다." 그렇다면 경영은 모두에게 필요한 지식이다. 누구나 이 책을 읽고 통찰력을 높이는데 도움을 받을 수 있기를 바란다.

이 책은 한국과 미국의 28명 경영자들과의 인터뷰 자료와 수년 동안 펴낸 여러 편의 연구논문을 기초로 하였다. 우리는 2012년부터 3년 동안 국내외의 기업 임직원을 대상으로 인터뷰를 진행하였다. 또한 수년간 공동으로 비즈니스 생태계를 연구하면서 여러 편의 논문을 국내외 전문학술지에 게재하기도 하였다.

비즈니스와 기업은 결국 그 생태계로 수렴한다. 기업을 영리조직이라 하지만, 이윤은 동기이자 도구이기도 하다. 마치 건강한 삶을 누리기 위해서 피가 필요하듯이 기업 활동을 영위하는 데는 이윤이 필요하다. 기업이 성장할수록 최고의 기업이 될수록, 경영자가 경험을 쌓아갈수록, 비즈니스 생태계 경영의 중요성을 인식하고, 공유목적을 달성하는 길이 기업의 궁극적 목적이라는 것을 깨닫게 된다. 비즈니스 생태계를 봐야 기업의 존재이유가 이윤추구에 있다는 고정 관념을 버릴 수 있다.

코로나19로 사람들은 글로벌 연결이 초래하는 긍정적 또는 부정적 효과를 경험했다. 1장에서는 코로나19 시대에서의 비즈니스 생태계를 다룬다. 세월호 사태가 왜 일어날 수밖에 없었는가를 비즈니스 생태계 렌즈로 바라보았다. 세월호 사태는 경영자가 비즈니스 생태계 혜안을 갖지 못해 초래한 블랙스완이었다면, BTS의 팬덤 경영은 고객이 비즈니스 생태계를 건강하게 만들어 가는 예이다. 1장은 비즈니스 생태계 경영이 어떻게 기업의 지속가능경영을 실현하는가에 대한 시사점을 준다.

고객중심, 고객만족, 고객감동 경영을 넘어서 참여의 주체로서 고객은 우리 기업과 함께 가치를 창출한다. 무엇이 고객과 상호 공감하고 참여하여 협업하는가에 대한 답은 비즈니스 생태계에 있다. 고객은 비즈니스 생태계의 핵심 참여자이자 이해관계자이다. 2장은 비즈니스 생태계 관점에서 디자인 사고와 심리적 주인의식에 대한 경영이론으로 이러한 제반 문제들을 다룬다.

기업의 사회적 책임은 오랫동안 회자되어 온 주제이다. 그러나 이 윤추구를 염두에 둔 기업 실무에서 그것을 실천하는 데에는 여전히 회의적인 시각이 지배적이었다. 최근 유럽을 중심으로 기업에서 필수로 인식되어 가는 ESG로 기업의 사회적 책임이 실천의 속도를 내게 되었다. 3장은 비즈니스 생태계 경영으로 어떻게 기업의 사회적 책임, ESG 경영, 그리고 사회적 자본의 선순환 체계를 만들어 갈 것인가에 대한 단서를 준다.

니체는 최고 단계에 이른 건강한 인간을 위버멘쉬라 하였다. 건강하고 지속가능한 비즈니스 생태계를 가능하게 하는 경영자와 기업가는 진정한 위버멘쉬이다. 주주의 부를 극대화하는데 목적을 둔 주주 자본주의는 점차 이해관계자 자본주의 시대로 방향 전환을 하고 있다. 주주도 단지 기업 이해관계자 중의 하나일 뿐이다. 직원, 투자자, 고객, 파트너 등의 다양한 이해관계자들이 함께 공유목적을 달성하는 이해관계자 자본주의는 비즈니스 생태계 경영을 통해 가능하다. 4장은 이해관계자 자본주의와 비즈니스 생태계의 관계를 다룬다. 빌 게이츠는 자신이 읽은 최고의 서적으로 「경영의 모험」을 꼽은 바 있다. 「경영의 모험」은 12개 조직의 이야기를 담고 있다. 4장은 각 사례에서의 이해관계자들 간의 균형과 조화를 이루어내는 비즈니스 생태계 경영을 소개한다.

5장은 플랫폼 경제, 플랫폼과 비즈니스 생태계의 관계를 다룬다. 플랫폼 비즈니스의 첫 번째 역할은 플랫폼 참여자들을 연결하고 중재하는 것이다. 그러나 이에 못지않게 중요한 역할은 플랫폼과 그 참여자들의 신뢰를 구축하는 것이다. 플랫폼 비즈니스는 부를 창출하고, 비즈니스 가치를 창출하는가? 플랫폼 사업자는 시장지배력을 이용하여 수수료로 참여자들을 착취하는가? 플랫폼 비즈니스는 어떻게 고용을 창출하는가? 전통적 제조업 및 유통업과 비교하여 고용을 덜 창출하는가? 플랫폼 노동자의 자유와 불안의 긴장관계를 어떻게 해소할 것인가? 5장은 이와 같은 의문점들에 대한 시사점을 제시한다.

블록체인 생태계 차원에서 비트코인, 암호화폐, 디지털자산을 바라보아야 한다. 블록체인 생태계는 메타버스 생태계와 연결되고 융합된다. 6장에서는 두 가지 이야기를 하고자 한다. 첫째, 비트코인의 가치 문제이다. 그것은 단순한 디지털 데이터인가, 아니면 내재가치를 갖고 있는가 하는 문제를 들여다 본다. 둘째, 블록체인 생태계라는 거시적 차원에서 특정 기업의 비즈니스 생태계가 어떻게 연결되어 상호작용하는가를 분석해 본다.

블록체인과 스마트계약에도 기술적 한계가 존재한다. 다오와 디파이 생태계의 핵심 분야인 스마트계약은 복잡하고 모호한 대규모 비즈니스와 조직에서 실현하는데 어려움이 따른다. 또한 법과 제도적 한계, 사회적 수용과 소비자들이 새로운 개념을 이해하여 참여하는데도 한계가 있다. 결국, 그들 한계를 극복하고자 하는 세력과 한계를 무기로 삼는 세력 간 다툼은 이어지고 있다.

블록체인이 열어갈 새로운 비즈니스의 세계가 어떤 것인지를 지금 예견하기란 쉽지 않다. 블록체인은 중앙집권식으로 이루어진 세상의 많은 영역을 탈중앙화된 분산 방식으로 가능하게 할 수 있다는 희망을 주기도 한다. 그러나 어떤 새로운 세상이 열릴지 아직은 모른다. 모험하는 이들이 만들어 낼 비즈니스 세상, 새로운 비즈니스 모델의 탄생에 기대를 걸만한 가치가 있다. 6장에 소개된 블록체인 생태계는 거시적 관점이고, 디센트럴랜드 생태계는 미시적 관점이다.

끝으로 산업 차원이나 거시적 접근이 아닌 자사의 비즈니스 생태계 경영이라는 미시적 접근을 논한다. 7장은 자사 중심의 플랫폼을 정의하고, 이해관계자들을 아우르는 공유목적을 어떻게 달성할 것인가에 대한 단서가 된다.

목차

목차

6. 블록체인, 디파이, 메타버스 생태계

목차

DIGISIGHT:
Business Ecosystem Management

Joo Jaehun
Shin Minsuk

I

지속가능경영과
비즈니스 생태계

"이전의 과학은 자연을 대상으로 보는 데 반해, 새로운 과학
은 자연을 관계로 본다. 과학은 자연을 양육해야 할 공동체
로 품는 비전을 제시해야 한다."
– 제러미 리프킨, 공감의 시대[1]

1.1 코로나19로 보는 비즈니스 생태계

우리는 코로나19를 통해 지구촌의 모든 것이 연결되어 있다는 사실에 새삼 놀라게 된다. 4차 산업혁명의 시대에는 물리적 연결만이 아니라 정보통신망을 통해 빅데이터, 사물인터넷, 인공지능으로 초연결의 DNA(Data, Network, and AI)가 확산되고 있다.

"이것이 있으므로 저것이 있고, 저것이 있으므로 이것이 있다."라는 불교의 연기론에서도 이미 상호 연결된 현상을 설파했다. 나라도 작고 백성도 적어 평화롭다는 노자의 소국과민의 사상이 현대인에게 교훈을 준다. 전염병이 유행하는 시대에서는 더욱 그렇다. "이웃한 나라끼리 서로 바라보이고 개 짖고 닭 우는 소리 서로 들리더라도 백성은 늙어서 죽을 때까지 서로 오가지 않는다."[2]. 현실이 그렇다면 코로나19로 인한 피해도 적을 것이다. 노자도 연결을 부정하는 것은 아니다. 다만, 과도한 연결로 균형을 잃고, 자신의 자유를 구속하지 말라는 메시지를 전하고 있다.

코로나19와 메르스를 비롯한 여러 전염병의 근본적인 원인을 파고 들어가면 생태계 파괴와 관련이 있다. 인간과 동물을 동시에 전염시

1. 지속가능경영과 비즈니스 생태계

키는 인수공통감염병은 생태계 변화로 인간과 동물이 빈번하게 접촉함으로써 발생한다는 주장을 하는 전문가들이 많다[3]. 자연 생태계가 인류에게 중요하듯이, 사회경제생태계가 건강해야 나라가 부유하고 풍요롭다. 또한 비즈니스 생태계가 건강할수록 그 참여기업들이 더욱 지속적으로 성장한다. 그렇다면 정말 그럴까? 이 책은 "그러한 증거나 사례가 있는가?"라는 의문에 대한 답을 찾아가는 여정이다.

　　신천지 교회를 넘어서 콜센터에서도 코로나 집단감염이 나타났다. 그로 인해 콜센터의 열악한 근로환경이 국민들에게 알려지기도 했다. 전화에 인터넷 장비가 활용되면서 콜센터 대신 컨택센터라는 용어를 사용하기도 한다. 재택근무와 유연근무제가 단기의 대안으로 실행되고 있지만, 중장기적으로는 어떤 변화가 일어날까? 국내의 콜센터를 운영하는 기업이 3,000여 개가 되는데, 기업이 직접 콜센터를 운영하는 경우와 인력공급업의 한 형태인 컨택센터 전문기업에 위탁하는 경우가 반반이다. 2020년 나는 미국을 가기 위해 항공권을 구매했었는데, 코로나19로 일정을 변경해야 했다. 당시 항공사의 콜센터에는 전화문의가 쇄도했다. 콜센터 전화와 인터넷 채팅 서비스는 며칠간의 시도에도 계속 접촉이 되지 않았다. 다음 메시지가 떴다. "한국어 채팅 서비스는 3월 31일까지 운영됩니다. 그동안 이용해주신 고객 여러분께 감사드립니다. 앞으로는 대한항공 '챗봇' 서비스를 통해 빠르고 편리하게 상담하실 수 있습니다." 챗봇(chatbot)과 AI 컨택센터가 인간의 콜센터 서비스를 대신할 것인가? 인터넷금융과 카카오뱅크와 같은 인터넷전문은행에서는 이미 금융전문가를 대신하는 로보어드바이저(robo-advisor)가 도입되었다. 로보어드바이저란 인공지능 로봇으로 금융서비스를 제공하는 컴퓨터 소프트웨어이다.

조직을 영리조직과 비영리조직으로 나누어보면, 기업은 영리조직이고, 공공기관이나 교육기관은 비영리조직이다. 물론 이는 기업 관점에서 조직을 분류한 예이다. 기업은 영리조직이기에 당연히 효율성과 수익성을 따지게 되고, 성과를 내는데 들어가는 비용을 어떻게 낮출 것인가를 궁리한다. 결국 기업의 생리로 보면, 고객서비스를 향상시키고 비용도 절감하는 자동화 서비스로 방향을 전환할 것이다. 그런데 비즈니스 생태계 렌즈로 이 현상을 보면 그 답이 달라질 수도 있다.

미국의 셀프주유소는 자동화의 최첨단을 달려왔다. 그러나 모든 주유소가 다 셀프인 것은 아니다. 미국 서부의 오리건주에서는 법으로 셀프주유소를 금지하고 있어 항상 주유하는 직원과 대화를 나눌 수 있다. 그렇다고 휘발유가 더 비싼 것도 아니다. 월마트와 같은 대형할인점에서는 무인계산대를 운영한 지 오래고, 아마존은 무인쇼핑의 시대를 열고 있다. 1983년 설립된 미국 시애틀에 본사를 둔 회원제 창고형 할인매장인 코스트코는 무인계산대를 운영하지 않는다. (최근 푸드코트에는 무인계산대가 도입되었다.) 이는 코스트코의 핵심가치 중의 하나인 고객과의 소통을 실천하는 것에 있다.

우리가 비즈니스 생태계에 대해 인터뷰한 코스트코 국제담당 부사장은 이런 이야기를 했다. "우리 고객들은 계산대에서 직원들과 대화를 나누는 과정에서 직원들이 즐거운지, 회사가 그들을 어떻게 대우하는지를 압니다. 고객들도 직원들과의 대화에서 일상의 즐거움을 느낍니다."

[그림 1.1] 코스트코 본사(이미지: 구글 검색), 이사과(Issaquah): 겉치레가 없다. 광고도 하지 않는다.

오늘날 많은 기업은 단순히 단기 이익을 극대화하기 위해서만 의사결정을 하지는 않는다. 월마트, 세이프웨이, 트레이더조, 타겟 등의 매장에서는 반값 할인하는 상품에 대해 한 손님이 살 수 있는 상한을 둔다. 세일 품목이 동이 난 경우에도 레인체크(rain check)를 받아두면, 다음에 할인가격으로 그 상품을 살 수 있다. 이는 이익만이 아니라 고객들에 대한 배려와 편의를 베푸는 작은 예이다.

고객과의 접점, 고객관리를 위한 기업의 콜센터 서비스는 어떤 방향으로 운영될까? 비용절감과 고객서비스를 위해 AI 컨택서비스로 갈 것인지는 아직 미지수이다. 기업은 고객은 물론이고 콜센터전문서비스업체, 솔루션업체(기술개발사), 규제기관, 협회, 경쟁사, 언론사 등과 상호 영향을 주고받는 관계에 있다. 결국 기업은 콜센터 비즈니스에 참여하는 이들 여러 조직들과의 연결 및 관계 속에서 의사결정을 할 수 밖에

디지사이트

없다. 예를 들어, 기업은 사람을 대신하는 AI 컨택센터를 도입하려해도 솔루션업체의 기술이 성숙되지 않았거나, 비용대비 효과가 떨어진다면 이를 이용하지 않는다. 규제기관의 법을 따라야한다. 때로는 경쟁사와 협력해서 유리한 방향으로 법과 제도를 만드는데 영향력을 발휘해야 한다. 언론이나 규제기관이 고용을 강조하고 시민단체와 함께 사회적 압력을 가해온다면 비용절감을 우선시 할 수 없게 된다. 이와 같이 어떤 비즈니스에 영향을 주고받는 경제적 공동체를 비즈니스 생태계라 한다. 기업은 비즈니스 생태계를 떠나 의사 결정을 할 수는 없다.

1.2 블랙스완이 온다는 사실: 청해진해운 생태계가 주는 교훈

보석을 제대로 보지 못한 청해진해운

초빙학자로 포트랜드대학에 온 지 두 학기가 되는 2014년 4월 중순 어느 날 오후였다. 포틀랜드대학은 윌라멧(Willamette) 강변에 자리 잡고 있다. 몇 아름되는 세콰이어 나무가 울창하고, 봄이면 교정에 벚꽃이 만발한다. 마치 요정의 숲과도 같다. 포틀랜드대학은 미국 서부 오리건주의 사립대학이고, 그냥 UP(University of Portland)라고 부른다.

[그림 1.2] 미국 오리건주 포틀랜드의 작은 사립대학인 포틀랜드대학(University of Portland)

연구실이 있는 버컬리센터 1층에서 국제담당 팀장 마이클(Michael Pelley)을 오랜만에 만났다. 서로 다른 건물에 있어 자주 만나지 못했던 터였다. 어느 대학이든 국제교류부서는 외국인 학생과 교환교수를 위한 행정 서비스를 담당한다. 비자 문제나 캐나다 여행을 갈 때는 그를 찾곤 했다. 그가 복도 저편에서 급히 내게로 달려와서는 이렇게 물었다. "한국에서 배가 침몰되었는데, 승객을 두고 선장이 먼저 내렸다는데 그게 사실인가? 어떻게 그럴 수가 있는가?" 그 당시 나는 집에 TV도 없는 상태라 뉴스를 접하지 못한 상황이었다. 당시 무척이나 당황스러웠고 민망스러웠다. 그 후로 세월호 사태에 대한 뉴스와 글을 꼼꼼히 찾아보기 시작했다.

인터넷에서 '세월호', '유병언', '청해진해운', '세모그룹' 등의 키워드를 치자 수많은 글과 동영상이 올라왔다. 세모그룹 산하에 40여 계열사가 있고, 그 중 하나가 청해진해운이다. 청해진해운의 세월호는 인천-제주 간을 정기적으로 오가는 연안여객선이다. 물론 화물도 함께 실어 나른다. 유병언은 세모그룹의 창업주이자 회장이었다.

왜 세월호 침몰로 이 엄청난 재앙이 발생했는가? 그에 대한 많은 글이 있었다. 세월호 침몰의 주된 직접적인 원인은 과적에 따른 선박의 복원력 불능 문제와 조류가 급한 맹골수로에서의 운항 미숙에 있었다. 타이타닉호와 같은 첫 번째 항해도 아니었다. 복원력 부족, 선박운항 미숙, 조류라는 환경적 요인이 미묘하게도 상호작용한 결과였다.

우리는 세월호 사태의 의구심에 대한 실마리를 기업 생태계에서 찾고자 했다. 많은 자료를 찾아 하나하나 분석해 보았다. 여객선은 파도와 조류에 큰 흔들림 없이 견뎌내는 복원력을 갖추어야 한다. 청해진해운은 일본에서 세월호를 중고선으로 사와서 증축했다. 선박의 제일 아래 탱크에는 바닷물로 평형수를 채울 수 있다. 그것으로 복원력을 조정한다. 평행수를 많이 채우면, 복원력은 좋지만 그 만큼 화물을 적재할 수 없다. 세월호는 여객선이지만 화물도 함께 실어나른다. 경영자는 항상 긴장의 골짜기를 걸어가야 한다.

선박운항에서 유료비가 높은 비중을 차지한다. 당시는 제주로 가는 저가항공이 운항된 지도 몇 년 되었다. 운임이 승객정원을 채우는데 중요한 이유가 된다. 정부는 물가인상 차원에서 연안여객선에 대한 가격규제를 했다. 당시 여객선 운임은 신고제였지만, 실질적으로는 허가제로 운영되고 있었다.

청해진해운의 비즈니스 생태계에 영향을 주고받는 여러 이해관계자가 관여하고 있다. 주주와 경영자, 선원을 포함하는 직원, 고객(승객과 화주), 규제기관 등이다.

대표적인 규제기관은 해양수산부, 해양경찰청, 한국선급, 해운조합 등이다. 선박운항관리 규정을 심의하고 승인하는 데는 해양수산부, 해양경찰청, 한국선급이 영향을 미친다. 대학을 포함한 우리나라의 많은 공공기관의 장에는 장관과 차관급의 관료들이 뿌리를 내리고 있었다. 청해진해운의 비즈니스에 영향을 주는 공공기관의 기관장에도 해양수산부 출신의 관료가 자리 잡고 있었다. 물가관리 차원에서 가격을 규제하는 경제기획원도 간접적으로 영향을 미쳤다. 선박운항을 관리 감독하는데 해양경찰청과 해운조합이 권한을 행사한다. 선박운항의 안전과 관련된 업무를 보는 운항관리자도 있다. 선사의 이익단체인 해운조합이 운항관리자를 고용하고 있었다. 또한 선사에서 부담하는 돈으로 해운조합이 운항관리자에게 급여를 주었다.

이 정도면 연안여객선 비즈니스 생태계를 둘러싼 사회경제생태
계를 어느정도 이해할 수 있을 것이다. 운항관리자의 예를 들어 보자.
운항관리자는 세월호의 승선인원과 화물적재량을 공란으로 해두고 출
항 전에 선박안전보고서를 제출받는다. 출항 후에 해운사가 알려주는
대로 공란을 채운다. 고양이에게 생선을 맡기는 꼴이다.

청해진해운의 비즈니스 생태계에서 첫째로 주의 깊게 보아야 하
는 것은 청해진해운의 경영자와 규제기관과의 관계이다. 세월호의 안전
에 영향을 준 중요한 요인은 과적과 평행수 부족으로 인한 복원력 저
하, 컨테이너의 고박 상태 불량, 구명벌 작동 불량에 있었다[4]. 이 세
가지 모두를 규정대로 이행하는 데는 많은 돈이 든다. 달리 말하자면,
과적하지 않고 평행수를 채워 복원력을 갖추고, 컨테이너를 제대로 고
박하고, 안전점검을 통해 구명벌을 갖추는 데는 돈이 들어간다. 규제기
관과 유착하여, 향응·골프·식대 등의 뇌물을 제공하여 규제를 무마하
는데 쓰는 돈, 즉 로비 자금이 훨씬 싸게 먹힌다는 계산이 나온다. 게다
가 관계기관에서 적당히 눈감아주면 화물을 과적하여 수익을 높일 수
도 있다. 이 경우 영리조직의 경영자는 두 갈래 길에서 어느 길로 갈 것
인가를 두고 고민하게 마련이다. 경영자는 복잡한 현실에서 합법과 불
법의 골짜기를 아슬아슬하게 타고 간다.

두 번째로 주목해 볼 사실은 세월호의 선원이다. 즉, 경영자와 직
원의 관계를 보아야 한다. 세월호 승무원 29명 중에서 15명은 비정규직
이었다. 심지어 당시의 선장도 비정규직이었다. 선원교육과 안전교육을
제대로 하고, 선박의 안전장비를 제대로 갖추고 점검하는 데도 돈이 든

다. 선원에게 중요한 시맨십(seamanship)은 경영학에서의 리더십 이론보다 더 오랜 역사를 갖고 있다. 시맨십은 전문지식과 경험, 프로정신, 직업의식과 책임감, 윤리의식 등을 아우르고 있다. 선원들이 끊임없이 시맨십을 배양하게 하는데도 돈이 들어간다.

청해진해운 생태계에서 주주를 포함한 경영자, 직원, 규제기관 간의 긴장을 어떻게 풀었던가? 청해진해운은 직원보다는 규제기관과의 유착관계에서 답을 찾아왔던 것이다. 비즈니스 생태계에서 보석이 무엇인지를 제대로 보지 못했다. 오직 돈이라는 보석을 좇았다. 규제기관과의 위험한 유착관계는 식충식물의 함정이라고 보는 혜안이 없었다. 비즈니스 생태계의 균형이 깨지고 마침내 풍선이 터져버렸다.

직원이 먼저다!

당시의 사회, 경제, 법률 등의 복잡한 관계 속에서 청해진해운 생태계의 보석을 찾는 혁신적 방안이 없었을까? 직원을 보는 세 가지 견해가 있다. 그 첫째는 인건비를 초래하는 직원이다. 그래서 금융위기나 코로나19와 같은 경제 사정이 안 좋은 때가 되면, 인건비 절감 차원에서 구조조정을 한다. 죽어가는 기업을 살려내는 기업회생 전문가가 있었다. 앨버트 던랩(Albert J. Dunlap)은 인건비 절감이라는 다운사이징으로 20년간 죽어가는 7개 기업을 살렸다고 한다. 그는 "사업을 하는 이유는 단 하나다. 돈을 벌기 위해서다."라고 했다[5].

둘째는 자원으로 보는 직원이다. 인적자원관리는 경영학의 중요한 분야이다. 조직의 인적자원인 직원이 성과를 내도록 어떻게 관리할 것인가? 포스코 본사의 정문에는 "자원은 유한, 창의는 무한"이라는 슬로건이 붙어있다.

끝으로 직원은 자원(resource)을 넘어서 원천(source)이라고 보는 시각이다. 마치 태양이 무한한 에너지를 지구에 공급하듯이, 직원은 끊임없이 에너지를 조직에 제공하는 원천이라고 믿는 것이다.

포춘은 매년 미국에서 일하기 좋은 100대 기업을 선정한다. 직원이 경영자를 얼마나 신뢰하는가? 직원은 일에 대해 얼마나 자긍심을 느끼는가? 직원은 동료와 함께 일하는 것이 얼마나 즐거운가? 직원에 역점을 둔 선정 기준이다. 미국 동부의 식료품 체인점, 웨그먼스 푸드마켓(Wegmans Food Markets)은 2015년부터 연속 6년 동안 2위~7위에 오르고 있다. 웨그먼스의 모토는 "직원이 먼저다(employees first)"이다.

[그림 1.3] 미국 동부 버지니아주 타이슨스에 소재한 웨그먼스 매장: 웨그먼스푸드마켓에서 하는 일을 사랑하자!

1. 지속가능경영과 비즈니스 생태계

홀푸드마켓(Whole Foods Market)은 미국 텍사스주 오스틴에서 출발한 유기농 식료품업체이다. 전자상거래기업인 아마존이 2017년 홀푸드를 인수했다. 아마존의 온라인과 오프라인을 융합하는 O2O(online to offline) 사업 전략의 일환이다.

존 맥키(John Mackey)와 함께 홀푸드의 공동 CEO인 월터 롭(Walter Robb)이 기업가정신혁신센터의 초청으로 포틀랜드대학에 온 것이 2014년 3월이었다. 강연이 끝나고 질문을 할 사람들이 줄을 섰다. 우리도 합류하여 한참을 기다렸다. 홀푸드 비즈니스 생태계에 대한 인터뷰를 요청하기 위해서였다. 큰 키에 늘씬한 영국 신사의 느낌을 받았다. 그는 미국 서부지역 담당 부사장인 브루스 실버먼(Bruce Silverman)을 추천해주었다.

이른 아침 포틀랜드 시내의 홀푸드 매장 내에 있는 작은 커피숍(The Mezz Espresso Bar)에서 브루스를 만났다. 아랫배가 약간 나와서 조금은 뚱뚱해 보이는 그는 청바지를 입고 나왔는데, 그 첫인상이 활기차고 에너지 충만한 중년의 신사처럼 보였다. 그 커피숍은 유기농 알레그로(Allegro) 커피와 와인 등을 판매하는 홀푸드 손님들을 위한 작은 휴식공간이었다. 이른 아침이라 아직 영업전이었다.

아마존이 홀푸드를 인수한 이래로 홀푸드 매장의 알레그로 커피를 볶는 공간이 점차 아마존 물품보관소로 변하고 있다. 소비자들은 아마존 사이트에서 온라인으로 상품을 주문하고, 홀푸드 매장의 사물함에서 찾아갈 수 있다. 아마존은 주문과 결제는 온라인으로, 배달은 홀푸드 매장에서 찾아가는 방식의 O2O 사업을 통해 오프라인으로 그 사업을 확장해가고 있다.

브루스는 셰프 출신으로 25년 간 홀푸드에 근무했다. 그는 에드워드 프리먼(R. Edward Freeman)의 이해관계자 이론이 홀푸드에서 실천되고 있다고 강조했다. 홀푸드는 미션중심 기업(mission-driven company)이라고도 한다[6]. 홀푸드의 미션은 음식 문화를 바꾸어 건강한 인류와 자연을 추구하는 것이다. 기업이 이윤을 추구하는 것은 마치 우리가 건강하고 행복한 삶을 누리기 위해서 피를 필요로 하는 것과 같다. 그는 행복한 삶을 위해 피가 필요하듯이 홀푸드는 미션을 실현하기 위한 수단으로 돈을 번다고 강조했다. 우리들은 그가 이야기를 하면서 신이 나 있다는 것을 느낄 수 있었다.

홀푸드는 직원이 행복한 기업 중의 하나이다. 실제로 홀푸드 식료품점에 가면, 직원들이 즐겁게 일한다는 것을 느낄 수 있다. 그래서 고객도 기분이 좋다. 인건비를 가중시키는 직원이 아니라 자본 이상의 중요한 자원을 넘어서 에너지와 혁신의 원천으로써의 직원이 되도록 투자를 해야 한다. 이것은 비즈니스 생태계 관점의 하나다.

홀푸드를 갈 때는 마음을 단단히 먹어야 한다. 대개 일반 상점보다 10-30% 정도 비싼 편이기 때문이다. 가끔 홀푸드에서 대구를 샀는데, 상당히 비쌌다. 그렇지만 아내가 요리해준 그 맛은 아직도 잊을 수 없다. 자동차로 15분 정도 떨어진 힐스버러(Hillsboro)의 홀푸드를 가끔 찾게 된 것은 다른 곳에서 구할 수 없는 냉동하지 않은 대구와 같은 품목들 때문이었다.

브루스는 인간의 건강을 위해 얼마나 위대한 목표를 향해 홀푸드가 일하고 있는가를 활기차고 자신감 넘치는 목소리로 이야기를 이어갔다. 그와의 이야기 중에서 홀푸드의 유기농 품질 기준이 얼마나 엄격한가를 짐작할 수 있었다.

"현재(2013년), 유기농 식품 소비는 전체 시장의 4%이다. 우리는 0.1% 아니 0.001%에서 시작했다. 약 천 배 이상으로 증가했다. 우리의 유기농 품질 기준은 엄격하기로 유명한데, 그 품질 기준을 만든 사람들이 미국 정부(미국 농무부, USDA: United States Department of Agriculture)의 자문으로 참여하기도 했다. 또한 우리의 품질 기준이 정부의 기준보다 더 엄격하여 USDA에서 유기농 인증 기준에 참조하기도 한다."

식품업에 종사하는 홀푸드가 까다로운 규제기관과 갈등이 없을 수 없었다. 2007년 홀푸드는 유기농 식료품 시장의 경쟁사인 와일드 오츠(Wild Oats)를 인수했다. 미연방거래위원회(FTC; Federal Trade Commission)는 반독점금지법으로 홀푸드를 소송하기도 했다. 2010년 텍사스에서 포틀랜드로 부임한 브루스는 포틀랜드 소비자들의 홀푸드에 대한 부정적 평판을 돌려놓을 캠페인을 진행했다.

항상 규제기관으로부터 규제만 받는 것은 아니다. 비즈니스 생태계에서 기업이 규제기관에 영향을 주는 경우도 있다. 이렇게 자사에 유리한 비즈니스 생태계를 만들어가는 것이다. 앨버트 던랩이나 청해진해운의 주주 및 경영자의 눈으로는 안개 저 너머를 보지 못한다. 비즈니스 생태계의 혜안으로 볼 때, 긴장을 푸는 혁신적 방안이 드러난다. 규제기관을 로비로 무마하려고 해서도 안 되고, 직원을 비용의 측면으로만 바라보아서도 안 된다. 경쟁사와도 협력하여 규제기관과의 갈등을 해소하는 방안을 찾아야 한다. 더욱 중요한 것은 직원에 대한 투자다.

블랙스완에 대비하라!

세월호 사태로 청해진해운 생태계가 소멸된 것뿐만이 아니라 한국의 여객선 생태계까지 메말라버렸다. 그 후 법과 제도가 개선되었지만, 인천-제주 간 여객선 운항은 6년 이상 끊겨있었다. 청해진해운은 1999년부터 인천-제주 간 여객선을 운항해 왔으며 세월호도 1년 이상 투입되었었다.

블랙스완(black swan) 현상인가? 「경영의 모험」에 이런 이야기가 나온다. "관리를 잘 못해서가 아니라 운이 나빴던 탓이다. 그런 일은 늘 일어나고 있었다. 이상 징후를 발견할 수 없었다." 신호나 증상이 나타나도 대수롭지 않게 생각하거나 애써 무시한다. 이런 관행을 안전 불감증이라고도 한다. 편한 길을 택하다보니 보아야할 문제점을 보지 못하는 것이다.

예상하지 못했던 위기를 극복하거나 피하는 기업은 지속가능하고 장수한다. 예상하지 못했기에 운이 좋았다고도 하지만, 비즈니스 생태계는 운의 세계를 경영 가능한 영역으로 끌어들인다.

백조는 모두가 흰색이라고 생각해 왔다. 18세기 후반 호주에서 검은 백조(흑고니)가 발견되었다. 상식적으로 생각해 오던 것과는 달리 예상치 못한 커다란 이변이 발생하는 것을 블랙스완이라고 한다. 경험적 한계로 인해 기대하거나 예상하지 못한 사태가 발생하여 커다란 재앙이 초래되는 경우가 가끔 있다. 그 결과가 발생되고 난 이후에야, "아하 그래서 그랬구나."하면서 깨닫게 되는 현상이다.

1995년 삼풍백화점 붕괴, 1997년 IMF 외환위기, 2008년 금융위기, 2017년 살충제 달걀 파동, 사스 · 메르스 · 코로나19 등을 사전에 대비하지 못했다. 나심 탈레브는 2001년 911 테러, 2000년 닷컴기업(인터넷기업)의 붕괴, 1930년대 대공황 등을 대표적인 블랙스완의 사례로 보았다. 블랙스완은 기업은 물론이고 경제와 사회 전반에 커다란 재앙을 초래한다. 이러한 현상이 발생함으로써 많은 기업이 파산하고, 산업과 경제에도 큰 타격을 준다. 이런 관점에서 세월호 참사도 블랙스완이라고 할 수 있다.

비즈니스 생태계의 혜안을 가진 기업가는 블랙스완을 대비한다. 나심 텔레브의 말을 빌려보자[7]. "블랙스완과 같은 사태를 예견할 수 없지만 대비하는데 투자해야 한다. 예를 들어, 금융시장이 붕괴될 확률을 계산할 수는 없다. 할 수 있는 일은, 보험에 가입하거나 덜 위험한 증권에 투자함으로써 손실을 줄이는 것이다." 블랙스완이 발생할 때, 비즈니스 생태계 혜안을 가진 기업가는 더욱 빛을 발한다.

공유목적을 위해 균형 잡는 원칙

이해관계자들이 함께 추구하는 가치를 아우르는 공유목적(shared purpose)이 뚜렷해야 한다. 이해관계자라면 누구나 이 공유목적에 공감하고 있어야 한다. 실천해도 그만, 안 해도 그만이어서는 안 된다. 공유목적을 지향하는 것이 비즈니스 생태계에서 이해관계자들의 실천원리가 되어야 한다.

공유목적의 실천원리에 대한 사례를 들어보자. SK는 사회적 가치 창출정도를 손익계산서로 측정하여 임직원 평가에 반영하다. 초기에는 각 부서가 성과 차원에서 이를 반영할 것이다. 시간이 지나면서 자연스럽게 경제적 가치와 더불어 사회적 가치를 당연시 여기게 된다.

지속가능성을 의사결정의 실행 지침으로 삼는 원칙을 실천하는 기업이 많다. 홀푸드는 기업의 어느 누구도 종업원 평균 급여의 19배를 초과할 수 없다는 원칙을 준수하고 있다. 이는 이사회에서 기업의 미션을 실현하기 위해 정한 원칙이기에 계속적으로 이행되고 있다. 그런데 이 원칙은 경쟁업체에 비해 수익창출에 도움이 될 우수한 인재를 영입하는데 걸림돌이 되기도 한다. 그래도 홀푸드는 수익 창출 능력보다는 미션을 실현하고 기업문화에 맞는 인재를 선호하는 전략을 실천해 왔다.

회원 중심 창고형 할인매점, 코스트코(Costco Wholesale Corporation)를 보자. "지속적으로 최선의 가격에 좋은 품질의 제품과 서비스를 우리 멤버들에게 제공하는 것." 이것이 코스트코의 미션이다. 단지 듣기 좋은 구호가 아니다. 코스트코에는 '14% 마크업' 규칙이 있다. 코스트코에서 판매하는 모든 품목에 최대 14%(PB상품은 15%)까지만 마진을 붙인다는 경영원칙이다. 아무리 수요가 급증해도 이 원칙에 어긋나게 하여 바가지를 씌우지 않는다. 이 원칙은 구조적으로 실행될 수밖에 없다. 이익의 3분의 2는 회비에서 나온다. 회원의 충성도를 높이는 것이 이익에도 도움이 된다. 결국 비즈니스 생태계의 이해관계자들에 대한 균형을 잡는 원칙이 제대로 작동하는 것이 중요하다.

사실 균형과 조화는 일반 생태계에서도 중요한 문제이다. 노벨생리의학상을 수상한 자크 모노(Jacques Lucien Monod)는 1970년 「우연과 필연」을 출판했다[8]. 그는 우연과 필연의 균형과 조화로 생명체가 발전한다고 했다. 진화는 우연이고, 보존은 필연이다. 우연적 요란에 의해 생명체는 진화해왔다. 우연적 요란이란 외적인 어떤 힘의 강압에 의해 부과되는 우연적 속성이다. 한편, 한 세대에서 다음 세대로 아무런 손상 없이 보존하고자 하는 것은 필연이다. 우리는 늘 변화를 강조하지만 정작 자신이 변화하는 것에는 두려움을 느낀다. 더 나아가서는 변화에 저항한다. 이것은 모든 생명체의 당연한 현상이다. 생명체에서 보존이 필연이기 때문이다. 경영자는 이러한 인간의 기본적인 특성을 이해하고 조직에서의 변화를 이끌어가야 한다.

1.3 방탄소년단으로부터 기업이 배우는 팬덤 경영

고객을 팬으로 만들기

마케팅을 공부하는 사람이면, 누구나 필립 코틀러(Philip Kotler)를 이야기한다. 그가 2010년에 펴낸 마켓3.0과 2017년의 마켓4.0에서 가장 인상적이었던 글은, "고객을 팬으로 만들라"는 것이었다[9, 10].

방탄소년단은 차세대 리더로서 타임지 표지를 장식했다. 또한 수차례 미국 빌보드200에서 1위를 기록했다. 가히 BTS의 세계적 영향력을 짐작할 수 있다. BTS의 성공은 시대정신을 음악으로 표출해 내는 능력에 있다. 힙합과 안무, 음악 실력이 그 성공의 핵이라는 것은 누구나 아는 사실이다. 그러나 복잡한 세상에서 실력만으로 되는 것은 없다.

BTS 생태계를 들여다보면, 연예기획사는 물론이고 강력한 팬덤(fandom)이 있다는 것을 알 수 있다. 팬덤이란 특정 인물이나 분야를 열정적으로 좋아하는 집단이나 문화현상으로 팬클럽이라고도 한다. 누구나 홀로 모든 것을 다 할 수 없고, 더욱이 잘 할 수 없다. 아티스트로서의 BTS, 연예기획사인 하이브, 고객인 팬덤으로서의 아미(ARMY)가

BTS 생태계의 핵심을 이루고 있다. 세 주체는 끈끈한 연대를 이루고 있다. 비즈니스 생태계에서는 이들 주체를 이해관계자, 참여자, 행위자라 한다. 팬덤의 구성원들이 하는 아래와 같은 이야기에서 상호 연계와 상호작용의 정도를 짐작할 수 있다.

"우리가 함께라면 사막도 바다로 만들 수 있다."
"아미가 된 것이 자랑스럽다. 마음의 정곡을 찌른다."
"우리는 공연장 입구에서 BTS의 바리게이트가 된다."
"내 삶을 변화시켰다. 내 가족이다."
"세상을 대표하는 것 같다."
"BTS를 보며 나도 대충 살면 안 되겠다는 생각이 든다."
"그들은 나를 움직이게 한다."
"무기력하게 앉아 있던 나를 일어서게 하고, 꿈을 꾸게 하고, 변화하게 한다."
"상처 입은 사람들에게 손을 뻗어 잡아주는 느낌이 든다."
"아이의 성장을 보며 자랑스러워하는 부모와 같은 심정이다."
"우리가 도와줬고, 고마워할 줄 알고, 우리가 하는 일에 고마워하고 있다."

아미는 BTS의 성공을 자신들의 성공인 양 기뻐하고, 그들의 어려움에 함께 괴로워하고, 때로는 그들을 대신하여 언론 및 타 세력들과 싸워 그들을 지켜내기도 한다. 아미는 BTS와 자신들을 동일시하고, 같은 사회적 정체성을 느끼면서 심리적으로 주인의식을 갖는다.

기업은 오랫동안 고객관리 문제를 연구하고 실천해왔다. 기업의 직원뿐만 아니라 고객이 심리적으로 주인의식을 갖는다면, 그것은 최상의 고객관리단계에 이른 것이다. 여기서 고객은 관리의 대상을 넘어서 있다. BTS와 고객은 공유목적을 향해 함께 나아가고 있다. 아미는 BTS와 함께 성장하고, 함께 더 나은 세상으로 변화시키고자 한다.

기업도 마찬가지이다. 기업이 홀로 자사에 유리한 생태계를 만드는 데는 한계가 있다. 고객을 비롯한 이해관계자들이 함께 하면 더 효율적이고 효과적이다. BTS는 기업이 어떻게 고객으로 하여금 심리적으로 주인의식을 갖게 할 것인가에 대한 교훈을 준다.

BTS의 '블랙스완'을 듣고 있으면, 노래만이 아니라 스토리가 있다는 사실을 깨닫게 된다. 음악이라는 콘텐트에 스토리텔링이 있듯이, 기업도 제품과 서비스에 즐거움과 기쁨을 주는 스토리도 함께 제공해야 한다.

팬덤은 음악 소비자로서의 혜택을 넘어서 유튜브와 아미피디아를 통해 BTS를 위한 생산자 역할도 떠맡고 있다. 그들은 더 이상 음악 소비자로만 남아 있기를 원치 않는다. 전 세계의 사람들이 BTS의 음악에 담긴 가사에서부터 퍼포먼스와 그 함의에 이르기까지 쉽게 이해되지 않은 부분을 팬덤이 동영상을 통해 해석해주고 있다. 인터넷에서 팬덤이 올린 수많은 BTS의 리액션 비디오를 볼 수 있다. 세계인들은 BTS뿐만 아니라 팬덤을 통해서도 소통한다. 물론 이것은 유튜브, 브이라이브(V앱), 트위터, 페이스북 등의 소셜미디어를 통해 가능하게 되었다.

고객경험인가? 수익인가?

BTS 생태계에서 BTS 및 아미와 더불어 연예기획사 하이브 또한 핵심 이해관계자이다. 하이브는 BTS와 아미의 관계를 강화하고 아미의 경험을 최적화하기 위한 비즈니스를 하고 있다. 고객은 기업이 제공하는 제품이나 서비스를 소비하는 과정에서는 물론이고 비즈니스 활동에 참여함으로써 자신의 경험을 극대화한다.

고객인 아미는 공연이나 뮤직 비디오를 보고 듣는 것을 넘어서 BTS의 활동에 적극 참여함으로써 자신들의 경험을 최적화하고 있다. 아미는 오프라인과 온라인 모두에서 다양한 방식으로 적극 참여한다. 아미는 SNS에서 BTS에 대한 포스트와 댓글 등으로 참여하는 것은 기본이다. 일종의 밈(meme)이라 할 수 있는 커버 댄스(cover dance)와 리액션 비디오(reaction video) 등으로 BTS 콘텐트 생산자로서도 참여한다.

하이브는 아미의 적극적인 참여를 위한 다양한 지원 서비스를 제공한다. 하이브가 아미를 참여시키는 흥미로운 지원 활동 중의 하나는 아미피디아(www.armypedia.net)이다. 아미피디아는 아미와 함께 만든 2,080일의 BTS 기억 저장소이다. 아미는 서울, 뉴욕, 도쿄 등의 세계 7개 도시에 숨겨진 BTS의 QR코드를 찾는다. QR코드에는 BTS에 관한 퀴즈가 있다. 이를 푼 아미는 날짜별 퍼즐에 BTS에 대한 기억을 기록한다. BTS가 공식 데뷔한 2013년 6월 13일부터 아미피디아의 공개 직전일인 2019년 2월 21일까지, 총 2,080일의 BTS에 대한 기억을 아미가 협업하여 글, 사진, 영상 등으로 기록하여 공유하고 소통한다.

하이브의 사업은 크게 레이블 부문과 비즈니스 부문으로 나눌 수 있다. 레이블 부문에서는 아티스트를 발굴하여 양성한다. 비즈니스 부문에서는 공연을 기획하고 고객을 위한 다양한 서비스를 제공하고 있다. BTS의 성공신화를 하이브 측면에서 요약하면 다음 두 가지로 압축할 수 있다. 첫째로, 하이브는 BTS라는 보석을 발굴하여 3년간 교육훈련을 통해 고객에게 즐거움과 감동을 선사함으로써 아미라는 팬덤이 탄생했다. 둘째로 하이브는 아미와 BTS는 물론이고 아미 상호 간의 커뮤니티 활동을 원활하게 지원해 왔다. 구체적으로 하이브의 비즈니스 부문은 공연을 기획하고 운영하는 하이브 쓰리식스티, BTS의 지적재산권(IP)을 활용한 캐릭터·게임·영화·드라마 등의 콘텐트로 사업을 하는 하이브 IP, 커뮤니티 활동을 지원하는 위버스와 공연 예약에서 BTS의 공식 상품(MD) 거래를 하는 위버스샵으로 구성되어 있다.

하이브는 위버스라는 커뮤니티 플랫폼에서 BTS와 아미, 아미 상호 간의 커뮤니티 활동을 지원한다. 또한 위버스를 통해 고객이 공연예약과 여행계획에서 공연 관람에 이르는 모든 과정에서의 경험을 증진하고자 한다. 위버스샵을 통해 BTS의 상품 거래를 지원한다. 하이브는 두 개의 전략으로 고객경험을 최적화한다. 첫째는 고객에게 즐겁고 영혼을 감동시키는 음악 콘텐트를 제공하는 것이다. 둘째는 그러한 콘텐트와 서비스 과정에서의 고객이 겪을 수 있는 불편함을 제거하는 전략이다. 첫 번째 전략에 대해서는 그 중요성을 누구나 쉽게 이해할 수 있다. 그런데 고객경험을 최적화하는 데 불편함을 제거하는 전략이 왜 중요할까?

수전 스트레서는 「낭비와 욕망: 쓰레기의 사회사」에서 편리함에 대한 소비자의 욕구가 인류 역사를 통해 어떻게 진화해왔는가를 잘 밝히고 있다[11]. 그녀가 말한 바와 같이 편리함은 현대를 살아가는 사람들에게 기능성이나 효율성을 넘어서 자유의 상징이 되었다. "편리함이

1. 지속가능경영과 비즈니스 생태계

라는 개념은 순수한 안락을 의미한다. 편리함은 허드렛일과 모든 귀찮음, 노동 자체로부터의 해방을 의미한다."

1902년 설립된 미국 사회적 기업의 원조라고도 불리는 굿윌인더스트리(Goodwill Industries International, Inc.)는 미국 보스턴에 본사를 두고 있다. 굿윌은 일종의 양면시장에서 사업을 한다. 굿윌에 기부하는 고객과 굿윌의 상품을 구매하는 고객이 존재한다. 굿윌은 고객으로부터 기부를 받아 그것을 고객에게 판매하여 얻은 수익으로 취약계층을 지원하고 일자리를 창출한다. 오리건주 포틀랜드의 굿윌 사업부의 국장으로 근무하던 데일 에마뉴엘(Dale K. Emanuel)에게 질문을 했다. "왜 사람들은 기부를 하나요?" 그녀는 바로 응답했다.

"굿윌에 기부를 하는 이유는 세 가지입니다. 그 첫째는 기부하기에 편리하다는 점입니다. 둘째는 그린(green)을 실천하는 것이고, 셋째는 굿윌은 어려운 사람들을 돕고, 좋을 일을 한다는 믿음이 있기 때문입니다."

[그림 1.4] 굿윌의 수리부서(미국 서부 포틀랜드 사업부)

오늘날 편리성은 고객경험에서 중요한 요소이다. 하이브의 방시혁 CEO는 다양한 지원 활동으로 고객의 불편함을 제거한다고 했다. "한정판 MD를 사기 위해 줄을 서야했던 불편함을 개선하기 위해 위버스 쇼핑과 공연장에 마련된 팝업 스토어에서 가져갈 수 있도록 하는 O2O 서비스를 제공한다. 공연장 인근에 휴식과 체험을 할 수 있는 플레이존(Play Zone)을 설치하여 티켓 구매시 기다림과 불편함을 제거한다." "고객이 위버스앱에서, 티켓 구매부터, 공연장 이벤트 참여, MD 구매 등을 통합적으로 이용할 수 있는 원스톱 서비스가 이뤄지는 편리함을 제공하겠다. 또한 티켓, 숙박, 교통수단 선택과 결제까지 가능하게 만들 것이다."

고객에게 좋은 경험을 제공하는 것에 대한 투자로부터 하이브는 다양한 수익원을 발굴하고 있다. 물론 가장 핵심적인 수익원은 공연이다. 이것은 음악 콘텐트 서비스로부터 오는 반대급부이다. 위버스 커뮤니티를 통한 MD 판매수입과 지적재산권 기반 콘텐트 수입도 새로운 수익원이 된다.

고객경험과 수익에서 무엇이 먼저인가? 그러나 더욱 중요한 것은 고객경험의 최적화를 위한 투자와 수익과의 관계에서 선순환 고리를 강화해가는 것이다. 오늘날 소비자는 제품이나 서비스를 통해 혜택을 지각하고 자신의 즐거운 경험을 하게 되는 것에 기꺼이 그 대가를 지불하고자 한다. 특히, 차별화된 혜택이나 신뢰가 있는 상품과 서비스, 그리고 판매자에게는 프리미엄을 제공하기도 한다. 즐거움과 감동을 주고 고객을 참여시키고 불편함을 제거하여 고객경험을 최적화하라. 그러면 고객은 옹호자가 된다.

1. 지속가능경영과 비즈니스 생태계

옹호 세력 더하기

비즈니스 생태계에서 옹호 세력을 키워가는 것은 바람직하다. 비즈니스 생태계의 이해관계자인 고객을 아티스트의 팬과 같은 옹호 세력으로 만들기란 쉽지 않다. 고객은 변덕스럽고 불평투성이다. 더욱이 비즈니스 생태계에서 이해관계자 간의 관계를 통해 옹호의 정도를 측정하기란 쉽지 않다. 일찍이 드러커는 "측정되지 않은 것은 관리할 수 없다."라고 했다. 물론 성과를 평가하고 관리하는 데는 측정 가능할수록 객관적이고 용이하다. 그러나 장기적이고 혁신의 영역으로 갈수록 측정하여 관리하기도 어렵다. 또한 그것에 얽매이다보면 더 큰 잠재적 가치를 희생할 수 있다. 브랜드의 옹호 정도를 측정하는 방식은 비즈니스 생태계에서 이해관계자들 간의 관계의 정도를 좀 더 구체적으로 파악하는 데 도움이 될 수 있다.

고객의 옹호 정도를 측정하는 법에 앞서 5A를 이해할 필요가 있다. 5A란 고객이 제품이나 브랜드를 인지하고(aware), 호감을 느끼고(appeal), 묻고(ask), 행동하고(act), 옹호하기(advocate)라는 5개 단계이다. 코틀러는 5A를 통해 고객의 구매 행동률을 넘어서 브랜드 옹호율을 높이는 마케터의 역할을 강조하고 있다. 구매 행동률(PAR: Purchase Action Ratio)은 기업이 브랜드 인지를 브랜드 구매로 얼마나 잘 전환시키는지를 평가하는 것(구매 행동/자발적 인지)로 측정된다. 브랜드 옹호율(BAR: Brand Advocacy Ratio)은 기업이 브랜드 인지를 브랜드 옹호로 얼마나 잘 전환시키는지(자발적 옹호/자발적 인지)로 측정된다. 구체적으로 자발적 옹호란 시장에서 브랜드를 다른 사람들에게 자발적으로 추천하는 사람들의 수를 의미한다.

아미와 BTS의 관계에서 브랜드 옹호율을 생각해보자. 물론 브랜드와 고객의 관계는 여기서 BTS와 아미다. 아미는 BTS를 다른 사람들에게 추천하는 것을 넘어서 있다. 그것은 다양한 형태로 존재한다. 아미와 BTS의 관계는 입소문을 내고 타인에게 추천하는 것을 넘어서, 어려움이 있을 때 아미가 앞장서서 보호하고 함께 세상을 변화시키고 있다. 대개 고객이 던진 질문에 기업이 응답한다. 그러나 아미는 BTS나 하이브를 대신하여 다른 고객의 질문에 답한다. 예를 들어, BTS의 노래 가사, 트윗, 인터뷰 등을 아미가 비한국어 아미를 위해 번역하고 해설해주는 것이다. 이를 아미와 훈민정음의 합성어로 아민정음이라 하였다. 그 이후 하이브는 전세계 아미를 위해 한국어 교육 콘텐트 서비스를 위버스에서 제공하고 있다.

아미와 BTS 간의 친밀도의 질적 수준을 브랜드와 고객과의 그것에 견줄 수 없다. 아미는 정서적 및 심리적으로 BTS와 일체감을 느끼고 동일시하는 정도로 관계의 질적 수준이 깊어지고 있다. 아미는 BTS를 통해 사회적 정체성을 경험하고 자아 개념을 인식한다. 아미는 BTS와 함께 같은 집단에 속해 있음으로써 동질감을 느끼고 생각을 공유하고 유대감을 형성하고 자아 개념을 뚜렷하게 한다. 같은 드라마를 보는 사람끼리 동질성을 느끼는 것도 사회적 정체성과 관련되어 있다. 간혹 서로 다른 아티스트의 팬덤 간에 다툼이 발생하는 것은 사회적 정체성의 부정적 현상이라 할 수 있다.

브랜드를 기업으로, 기업을 비즈니스 생태계로 범위를 넓혀 가다 보면, 비즈니스 생태계 수준에서의 이해관계자들 간의 협업과 옹호의 정도를 측정하는 단서를 브랜드 옹호율로부터 찾을 수 있다.

기업 가격 체계의 변경으로 표출되는 세력화

당신이 동네에서 조그마한 치킨집을 운영하고 있다고 하자. 그동안 배달 앱인 배달의민족에서 월 8만 8천원으로 광고를 내왔다. 그래도한 달에 앱으로 주문이 짭짤하게 들어와서 수입이 좀 괜찮았다. 그런데 어느 날 갑자기 배달의민족에서 광고비 정책을 변경하여 주문이 뜸해졌다. 이에 어떻게 대응할 것인가? 대개의 경우는 다른 곳에 홍보를낼 방법을 찾거나, 아니면 울며 겨자 먹기 식으로 요금을 더 내고 광고하는 방식을 받아들일 것이다. 그런데 좀 더 구체적인 상황으로 들어가보자.

코로나19로 소상공인의 어려움이 널리 알려져 지역사회와 언론등에서 소상공인을 보호할 필요성을 인식하고 있다. 더불어 배달의민족이 외국 기업에 인수되어 배달 앱 시장을 거의 독점하는 시장 구조로 가고 있다. 당신은 과연 그 기업의 가격정책에 영향력을 발휘할 수있을까?

배달의민족(우아한형제들)은 2011년 스마트폰 앱으로 음식점과 음식 주문 고객을 연결해주는 혁신적인 서비스를 시작하였다. 2020년4월, 배달의민족(이하 배민이라 함)은 가격 정책을 오픈 리스트 방식에서오픈 서비스 방식으로 변경했다. 도대체 오픈 리스트란 무엇이고, 오픈서비스란 어떤 의미인가? 가격 체계의 변경 전에는 배달 앱을 이용하는업소는 다음 2개 대안 중에서 선택할 수 있었다.

첫째, 메뉴 카테고리(치킨, 한식, 일식, 피자 등)에서 스마트폰 화면의 최상단에 3개 광고를 리스트 방식으로 노출한다. 다수의 업소가 신청한 경우, 무작위로 3개 광고가 화면의 상단에 뜬다. 무작위이기 때문에 신청 업소가 노출될 확률은 같다. 이를 오픈 리스트 광고라 한다. 오픈 리스트 광고로 주문이 발생하면, 업소는 매출액의 6.8%를 수수료로 낸다. 매출 발생 시에만 광고비가 지출되기 때문에 CPS(Cost Per Sale) 방식이라고도 한다. 또한 매출에 비례한 광고료이기에 정률제이다.

둘째, 정액제로 월 88,000원(부가세 포함)을 내는 울트라콜 광고이다. 울트라콜을 신청하면, 업소의 광고 주소지를 주변으로 반경 1.5-3km 내의 배민 앱 이용자들의 스마트폰 화면에 노출된다. 앱 화면의 최상단에는 오픈 리스트의 3개 광고가 노출되고, 그 하단에 울트라콜 광고가 올라온다. 정액제이기에 매출이 발생해도 별도의 수수료는 없다.

울트라콜 광고의 문제점은 자금력이 있는 업소가 여러 개의 깃발 꽂기를 한다는 것이다. 이게 웬 말인가? 배민에는 업소의 실제 주소가 있고, 광고 주소가 있다. 업소는 광고 주소를 가짜로 여러 개 등록할 수 있다. 앱을 이용하는 주문자 고객이 우리 업소를 화면에서 쉽게 찾아 주문을 하도록 하기 위해서는 깃발 꽂기를 많이 하면 된다. 실제 주소 인근의 몇 곳으로 광고 주소를 등록하여 그 수만큼 요금을 내면, 깃발의 수가 늘어난다. 깃발의 수가 늘어난 만큼 업소의 광고가 많이 노출된다. 그러다 보니 울트라콜 한번만 신청한 영세 업소의 광고 노출 빈도가 상대적으로 줄어들어 영세 업소가 피해를 본다는 불만이 있었다.

배민은 오픈 리스트 광고를 오픈 서비스 방식으로 바꾸었다. 오픈 서비스란 오픈 리스트에 뜨는 광고 수의 제한을 없애고 매출 발생 시의 수수료를 인하하여 5.8%를 받는 방식이다. 문제는 울트라콜 방식에 의존하던 업소 고객들이 실질적으로는 이를 이용하는 효과가 없어 업소의 선택권이 사라진다는 점이다. 왜냐하면, 오픈 서비스로 앱 화면의 위 부분에는 오픈 서비스 광고가 나타나기 때문에 울트라콜 광고는 스마트폰의 스크롤을 내리고 내리고를 수없이 해야 노출되기 때문이다. 또 하나의 문제로 지적되고 있는 것은 정률제이기에 매출이 많을수록 수수료 부담이 가중되어 가격 인상의 압박을 받는다는 점이다.

이제 배민 비즈니스 생태계 관점에서 이 현상을 들여다보자. 배민 생태계에서 앱이 플랫폼이고, 이 플랫폼에는 업소 고객과 주문자 고객이 있다. 따라서 배민 생태계는 양면시장이다. 업소 고객도 오픈 서비스로 혜택을 보는 집단과 그렇지 못한 집단이 있다. 업소 고객을 대표하는 협회로 외식업중앙회와 소상공인협회가 있다. 규제기관으로 공정거래위원회와 지방정부가 있다. 배민의 배달 비즈니스 생태계에서 경영자, 고객(업소 고객과 주문자 고객), 협회, 규제기관, 언론사, 지역사회 등의 이해관계자 간에는 가격 체계를 두고 갈등이 존재한다. 오픈 서비스의 정률제 방식을 반대하는 고객(물론 손해를 본다고 판단하는 집단의 고객), 협회, 규제기관이 하나의 세력으로 집결하는 추세이다.

독일의 딜리버리히어로가 이미 요기요와 배달통을 인수했다. 그리고 당시는 배민의 우아한형제들도 인수합병을 마무리하는 단계에 있었다. 그렇다면, 국내 배달 앱 시장은 99%를 독점하는 꼴이 된다. 규제기관은 인수합병으로 과도한 수수료 인상의 시각에서 배민의 가격 정책을 따져보게 되었다. 공정거래위원회는 기업결합 심사에서 딜리버리히어로가 요기요를 매각하는 조건으로 배달의민족 인수합병을 승인했다. 공정거래위원회의 이러한 결정에는 딜리버리히어로가 사실상 배달앱 시장을 독점하여 음식점으로부터의 수수료를 인상할 우려가 반영된 것이었다. 배민 생태계의 참여자인 업소 고객은 세력화로 규제기관의 결정에 영향을 주었다. 배민 생태계 경영자는 참여자들 간의 관계를 고려할 수밖에 없다. 코로나19로 소상공인의 어려움이 가중되는 상황에서 언론과 지역사회도 업소 고객의 세력화에 긍정적으로 영향을 주었다.

결국, 이전에는 한 기업이 가격 결정을 함에 있어서 중요하게 고려하지도 않았던 것이 이해관계자들의 역할 변화로 중요한 고려 사항이 되고 있다. 수수료 문제로 배민 생태계는 BTS 생태계에서 고객이 옹호 세력이 되는 경우와는 정반대의 현상에 직면했다.

유니콘기업으로 성장한 배민의 경영자는 비즈니스 생태계 혜안으로 이해관계자 간의 관계에서 발생하는 갈등을 풀고, 균형과 조화를 이루는 방안을 찾을 수밖에 없다. 그렇지 못하면, 결국 기업 이미지와 명성에 손상을 입고 지속가능한 성장으로 가는데 더 큰 어려움을 겪게 될 것이다.

오늘날 기업가는 예전에는 고려하지 않았던 이해관계자들 간의 관계를 들여다보고 갈등의 소지를 발굴하여 균형을 잡아가는 방법을 끊임없이 추구해야 한다.

1.4 지속가능 성장으로 가는 길

거부가 찾아내는 법칙

2005년 네브래스카대학의 대강당은 경영대학의 학생들과 교직원들로 가득 찼다. 하버드대학의 붉은색 티셔츠를 입은 빌 게이츠와 빨간색 N자가 크게 박힌 티셔츠를 입은 워렌 버핏(Warren E. Buffett)이 무대에 앉아 있었다. MBA 과정의 50여 명의 학생들이 줄을 서서 돌아가면서 두 사람에게 질문하고 답변을 하던 모습이 인상적이었다. 두 사람이 한창 대화를 나누던 중, 워렌 버핏이 빌 게이츠에게 미국의 유명한 CEO 중에서 대학을 졸업한 사람은 나 밖에 없다고 하자, 빌 게이츠가 티셔츠를 벗어던지는 모습이 더욱 인상적이었다.

나는 2009년 워렌 버핏의 자서전에 가까운 「스노볼」이라는 책이 나오자 바로 구입했다[12]. 1-2권의 2,000여 쪽에 해당하는 책이라 일부만 읽다가 최근 다시 읽으면서 예전의 여유롭게 보였던 모습과는 달리 워렌 버핏이 얼마나 치열하게 삶을 살아왔는가를 알게 되었다. 그가 돈에 대한 집착이 대단했다는 것을 책을 통해 바로 알 수 있었다.

가치투자의 대가인 워렌 버핏이 처음 주식투자를 한 것은 열두 살 되던 해이다. 그는 도서관에서 우연히 발견한 「천 달러 버는 천 가지 방법(One Thousand Ways to Make $1,000)」이라는 책을 읽고 복리 개념에 매혹되었다. 껌, 땅콩, 팝콘, 골프공 등을 팔아 모은 돈 120불과 누나가 가진 돈을 합하여 시티즈 서비스(Cities Service) 우선주 여섯 주를 샀다. 첫 투자로 크게 이윤을 내지는 못했지만, 그가 얻은 교훈 중의 하나는 남의 돈을 투자하여 손실을 보면 상대가 매우 화를 낸다는 사실이었다.

아버지 회사인 버핏-포크의 주식중개인으로 일하던 워렌 버핏은 기업 이익과 고객 이익 간에 갈등을 겪었다. 단골고객들에게 가이코 주식을 20년 동안 갖게 했다. 그러나 거래가 이루지지 않기 때문에 수수료를 받지 못해 기업에 이익을 주지 못했다. 기업 이익을 위해 시장조성자(market maker)가 된 경우에는 마음이 편치 못했다. 그는 사람들이 가지고 있는 주식을 대행하는 것보다는 고객들의 돈을 관리하는 방법을 원했다. 스물 두 살에 석사학위를 받았고, 오마하의 대학에서 투자 강의도 할 정도로 경험을 쌓았다. 그는 이해관계자들 간의 갈등이 무엇이며, 이를 어떻게 해결해야 하는지를 터득해가고 있었다. 뉴욕에 소재한 그 당시 최고의 그레이엄-뉴먼 투자회사에서도 경험을 쌓았다. 스물여섯 살에 투자조합인 버핏 어소시에이츠사(Buffet Associates)를 설립하는데, 그 동안 쌓아온 경험과 신망으로 인척들과 친구들의 자금을 투자받을 수 있었다. 그는 주식중개인에서 자산운영가로 변신함으로써 기업 이익과 고객 이익의 갈등을 푸는 방법을 터득해 나갔다.

처음부터 세상을 바꾸겠다는 거대한 목적에서 시작하는 기업가를 찾기란 어렵다. 사업이란 아주 작은 자기중심적 동기에서 출발한다.

돈을 벌고, 남의 돈으로 투자해서 손실을 봐 욕을 먹지 않겠다는 작은 동기가 그의 마음속에 자리하고 있었다. 그러나 점차 그 동기는 넓고 깊어지고, 지금 지향하는 바를 포괄하는 다른 무엇인가가 있다는 것을 깨달아간다. 비즈니스도 마찬가지다. 누구나 사업을 통해 돈을 벌겠다는 동기가 없이 시작하지는 않는다. 궁극적으로 비즈니스 생태계를 보게 되고, 세상이 어떻게 변화되어야 한다는 생각을 하게 된다.

매년 경영학부에 입학하는 학생들에게 첫 시간에 던지는 질문이다. "왜 경영학부에 왔나요?" 대부분의 입학생들은 좋은 곳에 취업하기 위해서라고 답한다. "왜 좋은 곳에 취업하고자 하나요?" 대답은 "돈 벌어야지요" 이다. "돈 벌어서 뭐하려고?" 결국 학생들의 답변은 뒷바라지해 오신 부모님께 효도하고 행복하게 살아야 한다는 것으로 귀착된다. 표면적으로는 궁극적으로 지향하는 바가 구체화되어 있지 않지만 조금씩 깊이 생각해 보면 어디를 향해가고 있는가를 스스로 알게 된다. 어떤 기업가에게도 마음속에는 궁극적인 목적이 자라고 있다. 단지, 언제 그것을 알아차리고 구체화하는가가 다를 뿐이다. 그 목적을 제대로 인식하려면 비즈니스 생태계를 보는 혜안이 있어야만 한다.

워렌 버핏은 남들이 미처 알아차리지 못한 내재가치보다 저평가된 보석을 찾아 투자했다. 때로는 담배꽁초라고 표현하기도 한 보석을 찾는데 엄청난 시간과 에너지를 쏟았다. 그는 방대한 무디스(Moody's Corporation) 자료와 재무자료 등을 분석하고, 현장을 다니면서 보석을 찾아 투자했다. 물론 그것이 돈을 버는 방법이라고 볼 수도 있지만, 결과적으로 그의 활동은 건전한 기업을 육성하여 비즈니스 생태계를 풍요롭게 하는 결과를 낳게 되었다고 할 수 있다.

이해관계자의 긴장관계를 해소하는 혁신

　　미국 서부의 포틀랜드와 시애틀은 겨울이 우기라 시월에서 오월
까지는 늘 흐리고 비가 내리는 날이 많다. 6월에서 9월이 가장 여행하
기 좋고 해도 길다. 2014년 4월의 어느 날이었다. 포틀랜드대학의 버컬
리센터 2층 연구실에서 거대한 세쿼이아 나무가 줄줄이 서 있는 창밖
을 보면서, 나도 모르게, "아 참 날씨 좋구나!"라고 했다. 함께 연구실을
쓰던 레이(Raymond Becich) 교수가 말했다. "주 교수가 우리 대학에 와 있
어 보통 6월에야 오는 화창한 날이 두 달은 빨리 온 것 같다." 농담으로
하는 말에 아주 기분이 좋았다.

　　레이는 미국 국립보건원(National Institutes of Health: NIH) 등의 의료
기관에서 임원으로 오랫동안 근무하였기에 포틀랜드대학의 객원교수
로 MBA 과정에서 강의를 하고 있었다. 우리는 12명의 기업 CEO 및 임
원들과 비즈니스 생태계와 기업의 사회적 책임에 대한 인터뷰를 진행했
다. 레이도 그들 중의 한 사람이었다. 레이는 지속가능경영의 예로써 인
터페이스사(Interface, Inc.)를 소개했다.

　　인터페이스사는 레이 앤더슨(Ray Anderson)이 1973년에 설립한 카
펫 제조 기업이다. 그 당시에는 아크릴이나 폴리염화비닐(PVC)을 재료로
쓴 롤(roll) 방식의 카펫이 유행하고 있었다. 카펫에 커피를 쏟거나 일부
를 못 쓰게 되면 전체 카펫을 갈아야 했다. 폐기해도 환경오염을 야기
하는 문제가 따랐다. 환경과 기업 이익이라는 갈등의 문제를 인식한 레
이 앤더슨은 신소재 개발과 새로운 비즈니스 모델 혁신으로 이 문제를
해결하였다.

인터페이스는 솔레니움(solenium)이라는 내구성이 높고 재활용 가능한 신소재를 개발했다. 이는 염소와 같은 독성 물질이 없어 다이옥신이 발생되지 않고 자연친화적이다. 이 기업은 롤 방식의 카펫을 판매하는 것이 아니라 장방형 타일로 구성된 모듈형 카펫을 대여해주고 사용료를 받는 사업방식을 채택했다. 이 방식은 문제가 되는 카펫의 일부만 교체해도 되기에 비용도 절감할 수 있었다. 기업 이익, 고객 이익, 환경문제도 함께 해결한 1석3조의 효과를 누릴 수 있었다. 이는 비즈니스 이해관계자들을 파악하여 그들 간의 긴장관계를 기술혁신과 비즈니스 모델 혁신으로 풀어낸 대표적인 예이다.

우리가 SK에 근무하는 구박사를 만난 것이 2012년 8월이다. 경주 현대호텔에서 개최되는 한국경영학회에서 우연히 그와 같은 테이블에 앉게 되었다. 몇 해 전부터 비즈니스 생태계를 연구해오던 차라 그에게 인터뷰할 기회를 내줄 것을 요청했다. 그리고 2013년 3월, SK플래닛 본사 건물의 커피숍에서 그를 만났다. 인터뷰 중에 그는 SK가 사회적 가치를 창출하는데 많은 에너지를 쏟고 있다고 했다. 특히, 최태원 회장의 열정이 대단하고 진정성을 갖고 실천해간다고 몇 번이나 강조했다. 그의 모습에서 그 말이 진실한 믿음에서 나온 이야기라는 것을 읽을 수 있었다. 수년 간 사회적 기업에 대한 강의를 하면서 SK 행복나래도 사례로 소개했다. 과연 SK가 장기적으로 진정성을 갖고 사회적 가치를 창출할 것인가를 관찰해볼 필요가 있다고 생각했다. 왜냐 하면, 기업의 사회적 책임에 대한 위선이론도 있었기 때문이다.

초기에 SK는 사회적 기업을 설립하거나 지원하여 사회적 가치를 창출하는데 기여했다. 이를 통해 기업 인지도를 개선하는 효과도 있었다. SK는 2014년부터 사회적 기업의 사회성과를 체계적으로 측정하여 보상하는 프로젝트를 수행해왔다. 2018년에는 사회적가치연구원을 설립했다. 또한 본업에서 사회적 가치 창출을 측정하고자 했다. SK는 사회적 가치를 원화로 계산하는 여러 측정식을 만들어 사회적 이익과 손실을 반영하는 사회적 손익계산서를 작성했다. 경제적 손익계산서와 함께 사회적 손익계산서를 부서와 임직원 평가에 반영한다는 것은 쉬운 일이 아니다. 기업이 경제적 가치와 더불어 사회적 가치 창출을 보상제도와 임직원 평가에 반영한다면, 그 기업은 사회적 책임이나 사회혁신 활동에 진정성을 갖는다고 할 수 있다. 그동안 SK의 사회적 가치에 대한 보도를 지켜봐 왔다. 과연 SK가 진정성을 갖고 지속적으로 실천할 것인가? 그렇다면 그것은 기업이 세상을 바꾸는 한국의 좋은 사례가 될 것이다.

예를 들어, 결식아동에게 급식을 제공하는 사업을 보자. 급식재료를 대량으로 시장에서 구입하지 않고, 유기농 지역 농산물을 시장가보다 단위당 1,000원을 더 주고 구입하였다. 이렇게 하여 1,000명에게 급식을 제공한 경우를 생각해보자. 급식재료비 단위당 1,000을 더 준 것은 비용이 아니다. 결식아동에게 더 좋은 품질의 음식을 제공했고, 지역 유기농 업체를 도왔기 때문에 1,000원은 결과적으로 사회적 이득이 된다. 이 사업에서는 한번 급식으로 1백만 원의 사회적 가치를 창출했다. 이와 같이 경제적으로는 손실일지라도 사회적 이득으로 보고 사회적 손익계산서를 작성한다. 이러한 사회적 손익계산서와 기존의 경제적 손익계산서를 종합한 것이 임직원의 평가에 반영된다. 그런데 이 경우는 기업이 추구하는 경제적 가치와 사회적 가치 간에 상반관계가 발생한다. 이렇게 사업을 하는 기업은 경제적 가치만 따지는 타 경쟁사와 경쟁이 될까? 사회적 가치를 창출한 기업에게 돌아오는 것은 무엇일까? 정부가 사회적 기업을 지원하는 이유도 그러한 경쟁력 때문이다.

경제적 가치와 사회적 가치의 긴장관계를 풀어내는 것이 혁신이다. 환경관련 규제는 강화되고 있다. 기업이 배출할 수 있는 탄소의 총량을 할당하고, 탄소량을 기업 간에 거래하는 탄소거래제가 실시된다. 착한 기업의 제품을 선호하는 소비자 시장이 확산되고 있다. 미국 소비자의 40% 이상이 착한 소비자 시장의 고객(Conscious Consumer Market: CCM)이라는 통계도 있다. 이들 소비자들은 좀 비싸도 유기농이나 착한 기업의 제품을 쓴다.

2019년, 10대 글로벌 소비자 트렌드 중의 하나로 착한 소비자가 꼽힌 바도 있다. 미래학자 제러미 리프킨도 「공감의 시대」에서 새로운 소비자의 특성을 이야기하고 있다.

"밀레니엄 세대는 지구촌 환경, 특히, 기후 변화에 관심이 많으며, 무절제한 성장에 반대하여 지속가능한 성장을 열성적으로 지지한다."

최근 ESG(Environmental, Social, and Governance) 경영이 화두다. ESG 경영이 확산될수록 자연스럽게 사회적 가치 창출은 투자에 대한 보상을 받는 셈이다. ESG 경영에 대해서는 제3장에서 다루고자 한다.

규제기관, 연구기관, 소비자 고객 모두가 비즈니스 생태계의 이해관계자이다. 비즈니스 생태계 렌즈로 이해관계자들을 바라다보면 경제적 가치와 사회적 가치의 갈등을 해결하는 혁신적 방안이 보인다.

케냐의 모바일 금융, 엠페사(M-PESA)는 사회적 가치와 경제적 가치의 긴장관계를 해소한 대표적인 예이다. 영국 보다폰(Vodafone Group

Plc) 자회사인 사파리콤(Safaricom Plc)이 엠페사 송금서비스를 제공할 당시인 2007년으로 되돌아가보자. 농촌의 금융소외계층이 교통비로 지급되는 정부지원금을 제때 못 받아 병원에도 못가고 생명을 잃는 경우도 허다했다. 1,000km^2당 ATM의 수는 우리나라가 10만 명당 290개인데 반해, 아프리카는 평균 10만 명당 4.8개에 불과했다. 금융 서비스는 아프리카에서 중요한 사회적 문제였다. 한편, 케냐 성인의 절반 이상이 휴대폰을 이용하고 있었고, 휴대폰 대리점도 1만개 이상이었다. 케냐의 사회적 문제를 해결하는 사업이기에 영국의 해외 원조를 관리하는 국제개발부(Department for International Development: DFID)가 엠페사에 초기 자금을 지원했다.

엠페사는 2009년 손익분기점을 넘겼다. 사파리콤과 보다폰은 미국의 경제지 포춘(Fortune)이 선정한 2005년 세상을 바꾸는 기업, 1위를 차지했다. 엠페사의 송금서비스는 피처폰의 문자메시지로도 가능하기 때문에 기술의 문제가 아니었다. 이해관계자들과의 협업을 엮어내는 일과 특히 규제기관과의 갈등을 풀어내는 것이 중요했다.

모바일 송금 서비스를 이용할 사람은 엠페사의 에이전트를 찾아간다. 에이전트란 동네 슈퍼마켓과 같은 곳으로 은행지점과 ATM 역할을 한다. 에이전트를 통해 엠페사에 가입하고, 현금을 입출금할 수 있다. 대부분의 고객은 엠페사가 안전하고 편리하다고 믿고 있다[13]. 사파리콤, 에이전트, 고객의 관계가 중요하다. 사파리콤은 신뢰할 수 있는 에이전트를 선정하고, 고객들과 소통을 지원한다. 케냐 중앙은행을 비롯한 규제기관과의 관계가 원만해야 한다. 금융자산을 보증해야 하는 은행에 대한 규제는 어느 나라나 엄격하다. 케냐 정부는 금융소외계층을 지원해야하기 때문에 엠페사에 불필요한 규제를 하지 않는다. 불법 거래에 엠페사가 이용되지 않는 것을 보증하도록 엠페사도 규제기관의 요구에 적극적으로 협조한다. 고객은 마치 현금과 같은 개인간 지급결제에 편하게 엠페사를 이용한다. 페이팔은 개인간 지급수단(P2P 지급결제라 한다)에 이메일을 이용한다. 엠페사는 개인간 지불에 암호화된 문자메시지를 이용한다. 따라서 고객은 스마트폰이 아닌 돈이 적게 드는 피처폰에서도 엠페사로 금융서비스를 받을 수 있다.

엠페사 비즈니스 생태계에서는 휴대전화 서비스를 제공하는 사파리콤, 은행지점이나 ATM 역할을 하는 전국의 에이전트, 휴대폰을 사용하는 고객, 금융 감독을 하는 규제기관이 핵심 이해관계자이다. 고객은 에이전트를 방문하여 사파리콤의 심카드(SIM card)와 전자지갑을 설치하여 엠페사에 등록한다. 도시에서 자녀가 송금한 돈으로 병원비, 거래대금, 등록금, 교통비, 전기료, 임대료를 휴대폰을 이용하여 결제한다. 은행지점이나 ATM 등을 이용하지 않기 때문에 수수료도 매우 낮다. 에이전트는 새로운 일감을 찾았다. 고객은 낮은 수수료로 이전에 할 수 없었던 여러 거래를 할 수 있게 되었다. 케냐 정부는 금융소외계층의 난제를 해결하고 경제를 활성화할 수 있게 되었다.

여기서 주의 깊게 살펴볼 이해관계자는 에이전트이다. 기존 은행에서는 지점이나 ATM을 이용하여 서비스 영역을 확대하고, 고객 만족도를 향상시켰다. 오늘날에는 지점 없이도 인터넷뱅킹이나 인터넷전문은행으로 금융서비스를 제공하기도 한다. 사파리콤은 지점이나 ATM을 대신할 에이전트망을 구축했다. 에이전트의 중요한 역할은 고객을 등록하고 교육하고 현금을 입출금해주는 것이다. 거래에서 결제는 디지털 자료이기 때문에 온라인으로 가능하지만, 물리적 제품을 오프라인에서 주고받을 수밖에 없다. 엠페사도 휴대폰으로 모든 결제 서비스가 이루어지지만 현금을 주고받는 지점이나 ATM을 대신할 창구가 필요했다. 엠페사는 은행지점 대신에 에이전트를 이용하고 있다. 엠페사 고객이 쉽고 편하게 접근할 수 있는 마을의 슈퍼나 편의점 같은 곳이 그 역할을 맡고 있다. 에이전트는 적절한 현금과 엠페사 잔고가 있어야 한다. 그래야 고객이 현금을 요구할 때 인출해주고, 현금을 맡길 때 충전해줄 수 있다. 한적한 시골의 에이전트는 멀리 있는 엠페사의 거래은행에 가서 현금을 찾아와야 하는 어려움을 겪기도 한다.

2012년에 엠페사 에이전트 수는 28,000개로 확산되었다. 이에 반해, 케냐의 총 은행지점은 840개이고, ATM은 3,000개였다. 엠페사 서비스 이래로 5년 만에 에이전트망이 얼마나 빠르게 확산되었는가를 짐작할 수 있다. 일종의 전자화폐인 엠페사가 아프리카 대륙으로 확산되고, 그 범용성이 높아지고 있다. 쿠폰은 사용할 점포나 기간이 지정되어 있어 법정화폐인 돈보다 범용성이 낮다. 법정화폐도 기축통화인 미국 달러가 원화보다 사용할 수 있는 나라가 많기 때문에 범용성이 높다. 그래서 엠페사도 범용성이 중요하다. 엠페사의 범용성을 높이는 방안 중 하나는 에이전트망을 넓히는 것이다. 에이전트망이 엠페사 모바일 금융 플랫폼의 핵심이다.

시대가 바뀌면 이해관계자들 간의 관계도 변하기 마련이다. 에이전트망에 변화를 초래할 요인은 많다. 인터넷뱅킹이나 인터넷전문은행 서비스가 확산될 수 있다. 인건비 등으로 에이전트망 관리 비용이 상승할 수도 있고, 그러면 현재의 엠페사 에이전트 플랫폼을 쓸모없게 만들

1. 지속가능경영과 비즈니스 생태계

수도 있다. 따라서 비즈니스 생태계에서 이해관계자들 간의 동태적 균형을 찾아가는 노력이 요구된다. 결론적으로 사파리콤은 에이전트망이라는 보석을 찾아낸 것이다. 현재까지는 에이전트망이 엠페사의 매력적인 플랫폼이다.

1.5 기업의 성공을 따지는 혜안

시장도 자원도 모든 기업의 성패를 설명하지는 못한다

1973년에는 중동전쟁으로 인한 오일쇼크를 경험했다. 1997년의 외환위기로 1998년에는 IMF 구제금융을 받았다. 벤처 열풍과 인터넷 기업의 거품으로 2000년에는 수많은 닷컴기업이 붕괴하는 시련을 겪었다. 2008년에는 미국의 주식담보대출 부실로 촉발된 글로벌 금융위기가 닥쳤다. 오늘날에는 사스와 메르스에 이어 코로나19가 지구촌을 불안으로 몰아가고 있다. 이러한 뜻하지 않은 사태로 수많은 기업이 파산했다. 이들 현상은 일종의 블랙스완이다. 그러나 그런 위기에도 살아남아 성장한 기업도 많다. 우리는 이러한 현상을 어떻게 이해할 것인가?

미국 경제지 포춘은 매년 매출액 기준으로 세계 500대 기업을 발표한다. 포춘은 1988년부터 2017년까지 30년간의 500대 기업을 비교하였다. 1988년에 상위 30대 기업 중에서 단지 25%만이 2017년에도 상위 30대에 있었다. 기업의 평균수명은 15년 이하이다. 포춘 500대 기업의 평균수명은 40-50년, 코스피 상장기업의 평균수명은 33년이다. 그런가하면 일본에는 200년 이상의 장수기업이 4,000여 개가 된다 (2016년 기준).

어떤 기업은 위기를 극복하여 성장하고 어떤 기업은 파산한다. 이러한 현상을 설명할 수 있고, 더 나아가 예측할 수 있는 것이 이론이다. 칼 포퍼(Karl R. Popper, 1902-1994)는 반증할 수 없는 것은 과학적 진술이 아니라 하였다. 무수한 반대 주장이나 반박에도 불구하고 오랫동안 그 반증을 견디어내는 이론은 드물다. 그는 어떤 이론에 반증하려고 노력함으로써 과학은 발전한다고 했다.

기업의 경쟁력에 대해 오랫동안 연구해왔던 하버드대 교수, 마이클 포터(Michael E. Porter)는 시장과 산업에서 그 답을 찾고자 했다. 매력적인 산업이나 시장에서 사업을 하는 기업이 경쟁력을 갖는다. 시장에 의해 기업의 성공과 실패를 설명할 수 있다는 시장기반이론(market-based view)이 탄생했다. 1990년대 초반 이래로 시장기반이론이 잘 받아들여지는 듯하였고, 많은 경영학 책에서도 소개되었다. 그러면 어떻게 그 시장이나 산업의 매력도를 따질 수 있는가? 마이클 포터는 5개의 세력이 우호적인 산업의 매력도가 높다고 하였다. 첫째는 막강한 경쟁업체가 적어야 한다. 둘째는 새로운 기업이 우리 기업이 하는 사업 분야로 진입하기 어려워야 한다. 셋째는 우리 기업의 제품이나 서비스를 대체할 품목이 적어야 한다. 넷째는 공급업체를 지배할 수 있거나 더 센 협상력을 펼칠 수 있어야 한다. 다섯째는 구매자인 고객이 우리 기업에 의존적이 되도록 해야 한다. 이렇게 5개의 세력과의 관계를 따져 보고 매력도가 높은 산업이나 시장에서 사업을 하는 기업이 성공할 가능성이 높다. 기업을 성공한 사람에 비유하면, 때를 잘 타고 나서, 조상 덕에, 금수저로 태어나서 그렇다고 보는 것과 비슷하다.

그런데 같은 산업이나 시장에서 사업을 하는 기업 중에서도 성공하는 기업이 있고 실패하는 기업이 있다. 아니다, 시장보다도 더 중요한 것은 우리 기업이 갖고 있는 자원이고 역량이다. 마치 개인의 성공을 나 자신의 능력에 달려 있다고 보는 것이다. 여기에서 기업의 내부적 관점 즉, 핵심역량에 역점을 둔 자원기반이론(resource-based view)이 등장하게 되었다. 자원기반이론에서는 기업의 자원(resources)과 역량(competence)이 다르기 때문에 어떤 기업의 경쟁력도 다르고 성공과 실패도 달라진다고 본다. 이는 조직구조, 프로세스, 자원, 능력 등의 기업의 내적 관점(핵심역량)에 역점을 두고 있다. 역량이란 서로 다른 자원과 기술(skills)의 결합체이다. 자원이란 가치창출에 사용되는 기업의 유무형 자산이다. 기술이란 기업이 자원을 효율적이고 효과적으로 사용할 수 있는 능력이다. 핵심역량이란 가치 있고 지속적인 차별성을 가지며 다른 제품 또는 시장에도 확대 적용될 수 있는 능력으로 다음 조건을 충족하는 역량을 의미한다. 첫째는 고객의 혜택을 늘이거나 비용을 감소시켜, 고객 가치를 향상시키는 능력이다. 둘째는 가치창출을 통해 기업에 이익을 가져다주는 차별성 있는 능력이다. 셋째는 다른 기업이 모방하기 어려워 지속성을 갖는 차별적 능력이다. 넷째는 서로 다른 제품이나 시장에 확대될 수 있는 능력이다.

실화에 바탕을 둔 넷플릭스 영화 '잃어버린 시간 속에서'가 있다. 1909년 그린란드로 원정을 떠난 덴마크 탐험대에서 낙오된 두 명의 탐험가가 생존을 위해 벌이는 865일간의 사투를 다룬 영화이다. 정비공이 대위에게 묻는다. "왜 이렇게 죽음을 무릅쓰고 가고자 하는가?" 대

1. 지속가능경영과 비즈니스 생태계

위가 정비공에게 되묻는다. "왜 정비 일을 하는가?" 정비공이 대답한다. "내가 잘 할 수 있는 일이기 때문이다." 대위도 자신이 잘 할 수 있는 일을 하고 있다는 해답을 준 셈이다. 바로 핵심역량은 위험과 도전을 감행하게 한다는 말이다.

　물론 매력 있는 시장에서 핵심역량을 가진 기업이 성공할 가능성이 높다. 그러나 이 두 이론도 비즈니스의 현상을 다 설명하지는 못한다. 아이폰의 등장과 함께 매력있는 이동통신 시장에서 차별적 역량을 가진 노키아도 실패의 쓴 잔을 마셨다. 1990년대 말, 노키아는 휴대폰 시장의 강자였던 미국의 모토로라를 제치고 2007년에는 전세계 휴대폰 시장의 40% 이상을 점했다. 노키아는 매력적인 이동통신 분야의 핵심역량을 가진 기업이었지만 실패했다. 물론 현재 노키아는 무선네트워크와 5G 통신장비 분야로 부활하고 있다.

　노키아는 심비안(Symbian)이라는 운영체제(OS)로 새로운 비즈니스 생태계를 구축하지 못했다. 대신 애플 아이폰의 iOS와 구글의 안드로이드 운영체제가 스마트폰의 플랫폼으로 자리 잡았다. 현재 스마트폰 시장에서는 두 운영체제를 플랫폼으로 한, 두 개의 스마트폰 비즈니스 생태계가 주축을 이루고 있다.

　컴퓨터와 스마트폰에서 운영체제가 플랫폼인 이유는 윈도우나 안드로이드가 브라우저로 정보를 검색하고 카카오톡으로 소통하게 하는 기반이 되기 때문이다. 컴퓨터 소프트웨어인 운영체제를 토대로 브라우저, 한글, 페이스북 등의 응용 소프트웨어가 작동된다. 이 응용 소프트웨어를 줄여서 앱(application)이라 부르고 있다.

　기차역에서 플랫폼이 다르면 다른 목적지에 도착하듯이 플랫폼이 다르면 당연히 응용 소프트웨어도 다르고 그에 참여하는 기업도 다르다. 물론 기업은 서로 다른 플랫폼에 맞게 서로 다른 앱을 제공한다. 따라서 아이폰 사용자는 iOS에 맞는 앱, 안드로이드 폰 사용자는 안드로이드 운영체제에 맞는 앱을 설치해야 한다. 안드로이드폰에서는 구글 플레이에 모든 앱을 모아두었고, 아이폰에서는 애플 앱스토어에 모든 앱을 모아두었다. 구글은 스마트폰을 제조하여 판매하지는 않는다.

구글은 안드로이드라는 플랫폼을 기반으로 스마트폰 비즈니스 생태계를 구축했다. 구글의 스마트폰 생태계에는 스마트폰 제조사, 공급사, 소프트웨어 기업, 이동통신회사, 페이스북과 같은 앱으로 다양한 서비스를 제공하는 기업들이 이해관계자로 참여하고 있다. 구글은 스마트폰 비즈니스 생태계를 통해 전 세계 누구라도 언제 어디서나 손쉽게 정보 서비스를 받을 수 있도록 하겠다는 미션을 실현하고 있다. 그래서 비즈니스 생태계에서 플랫폼이 중요하다. 구글은 이해관계자들을 비즈니스 생태계라는 한배를 탄 경제적 운명 공동체로 만들었다.

오늘날 경쟁은 개별 기업 간이 아니라 비즈니스 생태계 간의 경쟁이라고 한다. 예를 들어, 애플의 스마트폰 비즈니스 생태계와 구글의 스마트폰 비즈니스 생태계 간의 경쟁이다. 애플을 중심으로 한 시장과 구글을 중심으로 한 시장이 어떻게 되는가는 한 배에 탄 참여기업의 성공에 지대한 영향을 주기 때문이다.

이해관계자 간의 동태적 균형과 조화

이제 다시 두 이론으로 되돌아가 보자. 아무리 역량을 갖춘 기업이 매력적인 산업에서 사업을 해도 성공하는 기업이 있고, 실패하는 기업이 있다. 그래서 끊임없는 혁신이 중요하다고 본다. 기술혁신은 물론이고 전략적 혁신도 필요하다. 기업은 지속적으로 외부 환경을 탐색하여 환경변화에 대처할 수 있는 끊임없는 혁신 전략을 실행해야 한다. 산업에서 기존의 경쟁법칙을 깨고 도전해야 하며, 경쟁에서 기존의 게임을 더 잘 하고자 하는 것을 넘어서 새로운 게임의 규칙을 만들어 가야한다는 점에서 전략적 혁신은 기술혁신과는 다르다.

전략적 혁신은 산업의 기존 규범을 깨고, 캐논의 사례와 같이 구체적 접근법을 실행하는 것이다. 캐논의 복사기 사업은 전략적 혁신의 대표적인 예이다. 제록스와 같은 기존의 복사기 사업은 대형 복사기를 기업에 임대해 주고, 사용량에 따른 수수료를 매달 받는 방식이었다. 캐논은 복사기 시장에 진입하면서 제록스와의 경쟁을 최소화하기 위해 표적시장을 개인고객으로 설정했다. 캐논의 개인용 복사기는 저렴하고 작기 때문에 전자제품 전문점에서 판매하기가 용이했다. 캐논은 기존의 경쟁업체인 제록사와는 달리 대기업 시장의 대형 복사기가 아닌 개인고객을 대상으로 하는 소형 복사기 시장을 개척하여 기존의 경쟁 규칙이 적용되지 않도록 하였다.

시장기반이론, 자원기반이론, 혁신이론 모두는 경쟁과 관련되어 있다. 즉, 기업이 치열한 경쟁 환경에서 살아남고 경쟁력을 갖추기 위해서는 매력적인 산업에서 핵심역량을 갖추어야 한다는 것이다. 또한 끊임없이 혁신을 하여야 한다. 나아가서는 비즈니스 생태계를 경영하는 것이다.

비즈니스 생태계 이론은 기업의 성공과 실패를 다르게 본다. 시장

기반이론의 5개 세력인 공급자, 구매자, 경쟁자, 진입기업, 대체재는 기업 외부의 이해관계자이다. 자원기반이론의 역량은 기업내부의 이해관계자인 경영자와 직원으로부터 온다. 비즈니스 생태계 이론에서는 공유목적을 달성하기 위해 이해관계자들 간의 경쟁보다는 협업하여 상호 간에 발생하는 긴장, 갈등, 상반관계를 혁신을 통해 풀어가는 데 역점을 둔다.

기업의 미션과 비전, 그리고 핵심가치에는 비즈니스 생태계의 공유목적이 반영되어야 한다. 또한 미션과 비전, 핵심가치는 단순한 슬로건이 아니라 경영 실무에서 실천되도록 이사회 수준에서 원칙으로 제도화되어야 한다. 주주의 부를 극대화하는 것이 기업 경영의 목적으로 해야 한다는 밀턴 프리드먼의 주장이 지배적이던 시대에는 비즈니스 생태계의 공유목적이 주목받지 못했다. 에드워드 프리먼의 이해관계자 이론이 먹혀드는 이해관계자 자본주의 시대로 가면서 공유목적은 기업의 지속가능성과 직결된다.

이해관계자 간의 동태적 균형과 조화를 통해 공유목적을 달성하면서 비즈니스 생태계의 참여자들이 공진화하는 게 중요하다. 또 하나 비즈니스 생태계에서 중요한 것은 지속가능성, 즉, 지속가능경영이다. 이에 대한 자세한 내용은 마지막 7장에서 이야기한다.

책에서는 비즈니스 생태계의 이해관계자, 행위자, 참여자가 동일한 개념으로 사용되었다[14]. 비즈니스 생태계에는 자사를 비롯해 참여기업, 정부기관, 규제기관, 협회, 연구기관, 언론사 등이 참여하고 있다.

1. 지속가능경영과 비즈니스 생태계

참고문헌

[1] 제러미 리프킨, 공감의 시대(이경남 옮김), 민음사, 2010.

[2] 신정근, 노자의 인생 강의: 각자도생의 시대에서 찾은 환대와 공존의 길, 휴머니스트, 2017, p. 228. 노자 도덕경 80장에 나오는 구절이다. 隣國相望, 鷄犬之聲相聞, 民至老死, 不相往來(인국상망, 계견지성상문, 민지노사, 불상왕내).

[3] 데이비드 콰먼, 인수공통 모든 전염병의 열쇠(강병철 옮김), 꿈꿀자유, 2017.

[4] 사공영호, 세월호 사고와 규제 실패의 성격, 규제연구, 제25권, 제1호, 2016년 6월, pp. 55-90.

[5] 스톤 켈러, 콜린 프라이스, 차이를 만드는 조직(서영조 옮김), 전략시티, 2014.

[6] 존 맥키(John Mackey)와 라젠드라 시소디아(Rajendra Sisodia), 깨어있는 자본주의에서 답을 찾다: 돈을 착하게 벌수는 없는가(유지연 옮김), 흐름출판, 2014.

[7] 나심 니콜라스 탈레브, 블랙스완: 0.1%의 가능성이 모든 것을 바꾼다(차종익 옮김), 동녘사이언스, 2008.

[8] 자크 모노, 우연과 필연(조현수 옮김), 궁리, 2010.

[9] 필립 코틀러, 마켓 3.0(안진환 옮김), 타임비즈, 2010.

[10] 필립 코틀러, 허마원 카타자야, 이완 세타이완, 마켓 4.0(이진원 옮김), 길벗, 2017.

[11] 수전 스트레서(Susan Strasser), 낭비와 욕망: 쓰레기의 사회사(김승진 옮김), 도서출판 이후, 2010.

[12] 앨리스 슈뢰더, 스노볼(이경식 옮김), 랜덤하우스, 2009.

[13] Davidson, N. and Leishman, P. "Building a Network of Mobile Money Agents," Building, Incentivising and Managing a Network of Mobile Money Agents: A Handbook for Mobile Network Operators, GSMA London Office.

[14] 비즈니스 생태계의 이해관계자란 자사를 주체로 이해관계가 있는 참여자들이다. 예를 들자면, 우리 집을 주체로 이해관계가 있는 이웃들이다. 행위자란 특정 커뮤니티의 참여자들이다. 예를 들자면, 같은 마을에 사는 사람들이다. 비즈니스 생태계의 거시적 접근은 행위자라 표현하고, 미시적 접근에서는 자사를 주체로 하기 때문에 행위자들이 이해관계자들이고 참여자들이다. 따라서 이 책에서는 미시적 접근이기 때문에 행위자, 이해관계자, 참여자를 동일한 개념으로 본다.

디지사이트

DIGISIGHT:
Business Ecosystem Management

Ⅱ

고객 다시보기
공동창조의 길

"동서남북의 구분은 자기로부터 시작됩니다. 항상
중앙에는 '내'가 있습니다. 모서리에 앉아도 '내'가
앉으면 그곳이 중앙입니다. 세상 어느 곳에 서 있더
라도 내가 세상의 중심에 서 있는 것이며, 세상의
주인인 것입니다."

- 향봉 스님(현대불교, 2011. 07. 26).

2.1 디자인 사고로 고객을 보다

고객을 보는 새로운 관점: 디자인 사고

비즈니스에서 고객을 보는 새로운 시각을 디자이너로부터 배울수 있다. 최근 수년간 디자인 사고(design thinking)를 비즈니스 혁신의 방법으로 활용하고자 해 왔다. 고객은 비즈니스 생태계의 핵심 이해관계자이다. "고객이 가면 다우(Dow, 주가)도 간다." "고객 없는 비즈니스란 존재하지 않는다."

경영은 끝없는 융합의 과정을 통해 진화해 왔다. 한편에서는 기술혁신을 통해, 다른 한편에서는 인문학 및 예술과의 융합을 통해 진화한다. 테일러의 과학적 관리법 이래 빅데이터와 인공지능에 이르기까지수많은 과학적 방법과 기술이 경영에 적용되었다. 과학적이고 분석적접근만으로는 깨지 못한 경영혁신에 천장이 있기 마련이다.

왜 경영자는 디자이너로부터 배워야할까? 디자이너의 핵심역량은 시각화하고 무형을 실체화하여 구체화해내는 데 있다. 디자이너의다양한 시각화 도구는 협업을 위한 수단이다. 디자인적 사고로 창의적이고 혁신적으로 경영 문제를 해결하고자 시도해 왔다. 디자인 사고의 기원은 오래되었지만, 최근 경영혁신의 방법으로 디자인 사고가 화두가 되고 있다.

디자인 사고란 고객과의 공감을 통해 문제를 제대로 파악하여 혁신적 성과를 내기 위한 창의적 문제해결 방법이다[1]. 디자인은 단순히 외형적으로 제품을 아름답게 보이는 것이나 프로젝트 개발 과정에서 고객의 요구사항을 분석하는 수준을 넘어선다. 디자인이 기술을 포장하는 데 있는 것이 아니라 디자인에 기술을 녹여 담아야 한다. 디자인이란 조직이나 비즈니스 목적과 부합하는 변화를 가져오는 혁신의 도구이다. 디자인이란 기본적으로 세상을 바라보는 관점을 향상시키고, 새로운 기회를 찾기 위한 문제해결 과정이다.

Design은 라틴어 데시그나레(designare)에서 유래되었다. de는 접두어로 '분리하다(separate)'와 '취하다(take away)'의 의미이고, signare는 '나타내다', '표시하다'라는 의미의 기호(sign)와 상징(symbol)을 의미한다. 보편적으로 당연시 해왔던 것(표지판과 같은 싸인)으로부터 탈피하여 새로운 시각에서 접근하는 것이다. 그렇기에 디자인은 새롭게 보는 관점에서 출발한다. 또한 기존의 무질서한 요소들을 분리하거나 추출해내서 질서정연하게 새로운 의미의 상징 기호로 나타낸다. 어떤 의도를 가지고 의미있는 형상을 만들어낸다는 뜻을 내포하고 있다. 디자인 사고란 기본적으로 세상을 바라보는 관점을 향상시키는 것이다.

디자인 사고에서 사고란 원래 씽킹(thinking)이라는 동명사이다. 그래서 많은 경우, 디자인 씽킹으로 표현하고 있다. 단순히 생각하는 것을 넘어서 실천한다는 의미도 내포하고 있다. 디자인 사고에는 무엇인가를 구상하여 설계하고 이를 시험해본다는 뜻이 포함되어 있다.

　문제해결 과정은 다양한 대안을 찾기 위한 확산적 사고와 주어진 상황에 최선의 방법을 선택하기 위한 수렴적 사고를 반복한다. 디자인 사고의 교육으로 유명한 스탠포드 대학의 디스쿨(d.school)에서 사용하는 디자인 사고 과정은 다음 다섯 단계로 구성되어 있다.

　첫째는 공감하기이다. 고객이 직면한 문제를 관찰하고, 인터뷰하고, 체험함으로써 고객의 심정으로 현상을 본다. 때로는 고객이 되어 공감하고 도와줄 수 있는 것을 찾아낸다. 미국의 산업디자이너 패트리샤 무어(Patricia Moore)는 26세의 젊은 나이에 3년 간 노인으로 분장하여 노인으로 살았다. 그러한 경험을 통해 어린이부터 노인까지 육체적으로 문제가 있는 사람들도 누구나 쓸 수 있는 제품을 디자인했다. 이 단계에서는 고객의 마음을 헤아리는 확산적 사고가 필요하다.

　둘째는 문제를 파악하고 정의하는 단계이다. 고객 관점에서 진짜 문제가 무엇인가를 명료하게 파악하고 정의한다. 깊은 통찰력으로 남들이 보지 못하는 올바른 문제를 찾아낸다. 문제를 명료하게 정의하기 위해서는 수렴적 사고가 요구된다.

　셋째는 다양한 아이디어 내기이다. 가치있고 영감을 주는 문제를 풀어내는 다양한 아이디어를 낸다. 공감하기와 같이 아이디어를 내기 위해서는 확산적 사고가 요구된다.

　넷째는 시제품 만들기이다. 빠르게 비용이 적게 드는 작동 가능한 시제품(prototype)을 만들어내야 한다. 시각화된 시제품을 이용하면 소통하고 협업하기가 용이하다.

　다섯째는 시제품을 평가하는 단계이다. 평가가 좋지 않으면 앞 단계나 그 이전의 단계로 되돌아가서 반복적으로 시행한다.

디자인 사고로 복잡하고 어려운 문제를 해결하기 위해서는 다음의 3가지 요소를 고려한다. 먼저 고객 관점에서 고객의 욕구를 찾아낸다. 그 다음에 그 욕구를 충족시킬 수 있는 기술과 제도를 생각한다. 기술적으로나 제도적으로 실행가능해야 한다. 또한 시장성이 있고 경제적으로 지속가능해야한다.

교육기관인 디스쿨과 같이 디자인 사고로 유명한 디자인 기업으로 샌프란시스코에 본사를 둔 아이디오(IDEO)사가 있다. 아이디오의 CEO 팀 브라운(Tim Brown)은 디자인 사고란 "디자이너의 민감성과 방법을 이용하여 고객의 필요(욕구)를 충족시키고, 기술적·제도적으로 실현가능하여, 고객에게 가치를 제공하고 시장성이 있는 지속가능한 비즈니스의 원리"라고 설명한다.

왜 경영자에게 디자인 사고가 중요할까?

첫째로 소비자인 고객은 돈이 되는 구매자가 아니라 먼저 삶의 행복을 추구하는 인간이기 때문이다.

변호사는 승소에 목적이 있기 때문에 자신이 답을 모르는 질문을 하지 않는다. 그러나 디자이너는 자신이 모르는 것에 의문점을 갖고, 거기서 창의적 해결책을 내야하기에 자신이 모르는 것에만 질문을 한다. 디자인 사고가 없는 경영자는 항상 수익을 고민하지만 디자이너는 결과물을 이용한 사람을 먼저 생각한다. 오늘날에는 지속가능성을 떠난 경영을 생각할 수 없다. 결국 디자인 사고는 지속가능경영으로 가는 길을 안내하고 있다.

둘째는 질문과 답을 찾아가는 논리이다.

질문에서 답을 찾는 여러 논리가 있다. 연역법과 귀납법이 그 대표적인 예이다. 디자인 사고에서의 숨은 논리는 가추법(abductive reasoning)이다. 가추법은 관찰을 통해 드러난 어떤 특이한 현상으로부터 그것을 설명할 수 있는 가설을 결론으로 이끌어낸다. 탐정, 감정사, 과학자의 새롭고 창의적 문제해결의 추론법이자 탐구의 논리이다. 예를 들어, 범인이 남긴 단서로부터 탐정(셜록 홈즈)이 경험과 지식을 기반으로 범인을 찾아가는 논리이다. 사냥꾼은 짐승이 남긴 흔적과 경험을 토대로 짐승을 찾아간다. 가능성이 있는 세계를 열어간다. 과거의 데이터로부터 도달할 수 없는 세계에서 사용할 수 있는 논리이다. 그러나 하나의 사례만으로도 과정을 유추하고 결론을 도출하는 논리의 비약이 있다.

가추논리의 결론은 개연적으로 참(probably true)이지만 틀릴 가능성이 있다. 문제해결을 위한 추론과 창의적 탐구 논리, 논리적 비약을 허용한다. 논리적 오류의 가능성을 받아들이면서 의미심장한 결과로 과감하게 나아간다. 귀납적 논리를 통해 설문조사로 당선자를 예측하고, 오차범위와 신뢰도를 제시한다. 귀납법이나 가추법은 모두 완전한 추리법이 아니기에 틀릴 수 있다. 귀납법에서는 틀릴 확률을 객관적으로 제시하여 검증한다. 그러나 가추법은 전문가의 식견에 의존한다. 그래서 식견이나 지식이 잘못이면 궤변이 될 수도 있다.

연역법은 언제나 명료하고 정확하다. 사회과학 분야의 연구에서는 주로 귀납법이 이용된다. 여기에는 통계적 추론이 적용된다. 신뢰도와 틀릴 확률로 위험을 계산하여 검증한다. 학문적 연구에서는 논리적 비약을 허용하지 않는다. 그렇지만 연구자들은 가추법으로 영감을 얻고, 통찰력을 발휘하여 새로운 연구 분야를 개척해간다.

미국 철학자이자 기호학자, 찰스 퍼스(Charles Sanders Peirce, 1839-1914)가 가추법을 제안하였다. 어쩌면 세상에는 확실한 지식이 하나도 없을 수 있다. 비록 틀릴 수 있고, 그것을 확률적으로 증명할 수 없지만, 불확실한 환경에서 비즈니스의 세계를 열어가는 데 가추법이 더 통할 수 있다.

기업가정신으로 위험을 무릅쓰고 도전적으로 사업 기회를 찾아가는 경영자는 이미 암묵적으로 이러한 가추 논리를 적용해왔다. 연역적이고 귀납적인 선언적 논리만으로는 블루오션을 만들어 낼 수 없다. 가추 논리는 전문가의 지식과 경험에 의존한다. 틀릴 수 있지만, 귀납법과 달리 틀릴 확률을 계산하지도 검증하지도 않는다. 이 방법은 주로 기업가가 애용한다. 검증할 시간이 없을 때 사용한다. 검증해보고 실행하기에는 늦기에 모험이 필요하다. 따라서 기업가는 이미 가추 논리로 비즈니스의 세상을 열어왔다고 볼 수 있다.

어디선가 본 문구이다. "직장생활의 세계를 심리전쟁이라고 말 한다. 그렇다면 이 심리전쟁에서 살아남으려면 어떻게 해야 하겠는가? 그것은 바로 상 대의 본심을 꿰뚫어보는 능력을 익혀 두는 방법밖에 없다." 본질이나 인간의 내면에 대한 문제의식을 갖고, 그것에 대한 핵심 질문을 이끌어내고, 끈질기게 답을 찾는 열정이 필요하다. 답은 이미 어디엔가 존재한다. 우리가 미처 깨닫지 못하고 있을 뿐이다.

오늘날 경영이론은 이성과 감성의 영역을 넘어서 영성의 영역으로 도전해가고 있다. 이성적 능력을 발휘함으로써 더 나은 품질을 더 저렴하게 고객에게 제공할 수 있게 되었다. 감성적 특성을 살려 고객에게 감동을 주는 제품과 서비스가 가능하게 되었다. 이제 기업은 그것으로 충분하지 않다는 것을 깨닫고 고객의 마음 속 깊은 곳을 터치하기에 이르렀다. 전략적 사고와 시스템 사고를 넘어 인간중심의 공감을 이끌어내는 디자인 사고가 경영에 적용되고 있다.

기업에서의 영성은 진정성 있는 스토리텔링과 건강한 기업 생태계를 조성하는 데서 발휘된다. 경영자는 과학적 지식에 더하여 인문학적 소양과 예술적 감각을 쌓아 과학과 예술의 조화를 일궈내는 연금술사가 되어야 한다. 그러면 그 조직은 수백 년 이상 지속될 것이다.

인식전환과 개념혁신

변화와 혁신은 참으로 아픈 고통을 감내해야 한다. 사람들은 왜 말로는 변화를 외치면서 정작 자신이 변화는 것은 싫어할까? 자크 모노의 「우연과 필연」에 그 해답이 있다. 자크 모노는 "보존이 필연이고, 변화는 우연이라는 인간 DNA가 있다"고 했다[2]. 생리학적으로도 인간에게는 자기 보존을 우선하고 변화에 대한 방어적 기제가 있다고 본 것이다. 혁신에는 가죽을 벗겨 새살이 나도록 해야 하는 아픔이 따른다.

혁신을 하는 데는 문제의식과 인식의 전환이 먼저 수반되어야 한다. 2020년, 봉준호 감독의 기생충, 아카데미 작품상 발표가 있던 날이다. 시상식에서 제인 폰다는 "인식을 개선하는 것보다 더 중요한 것은 없다."라는 말로 우리의 생각과 사고의 전환이 얼마나 중요한가를 잘 표현했다. 「어린왕자」에서도 "가장 중요한 것은 눈에 보이지 않아"라는 대화가 나온다[3].

중국 운남성 여강을 여행한 적이 있다. 그때, 무엇보다도 내게 감명을 준 것은 여강에서 하루 세 번 펼쳐지는 장예모의 인상공연이었다. 혁신은 새로운 사고에서 출발한다. 극장을 설계하고 공연을 기획하는 것이 아니라, 시나리오를 구성하고, 그 후에 극장을 설계했다. 장예모는 위대한 기획가이다. 여강의 나씨족 500여 명이 출연하여 그들의 역사 속에서의 삶을 그렸다. 2,300석의 공연장 입장료는 40불이다. 어려운 묘기쇼는 없다. 동작은 단순하고, 물로 연무를 뿜어내는 것과 대형 스크린이 무대장치의 전부이다. 그러나 그 단순함으로 인해서 오히려 함께 연출하는 협업과 음악이 주는 감동은 배가 된다. 공연장의 위치도 중요한다. 멀리 옥룡설산(5,596m)이 보인다. 언제나 볼 수 있는 것은 아니다. 가끔 그 모습이 드러난다. 장예모는 자신의 시나리오를 표현하는 데 가장 적합한 장소를 선정했다. 소프트가 하드를 결정하는 사고의 전환이다.

혁신이란 발명과 창조보다 더 폭넓고 긴 여정을 거치면서 기존에 없던 것을 새로 만들어 내는 것이다. 경제학자 슘페터(J. A. Schumpeter, 1883~1950)는 혁신을 다음과 같이 정의하고 있다.

- 새로운 상품을 개발하는 것
- 새로운 시장을 개척하는 것
- 새로운 생산기술을 도입하는 것
- 새로운 원료의 공급원을 지배하는 것
- 새로운 산업조직을 채용하는 것

혁신은 그 내용에 따라 그 특성과 범위가 크게 달라진다. 즉, 기술 혁신(technological innovation)과 전략적 혁신(strategic innovation), 제품혁신(product innovation)과 공정혁신(process innovation), 와해성 혁신(disruptive or radical innovation)과 점진적 혁신(sustaining or incremental innovation) 등으로 구분될 수 있다. 인터넷은 기술혁신이며 와해성 혁신이다.

기술혁신이란 발명이나 기존 기술을 개선하여 생산성과 효율성을 향상시키고, 기존 시장을 더 확대하거나 신시장을 창출하는 과정이다. 기술혁신은 공정, 시장, 재료 및 조직 등 생산수단의 새로운 결합을 통하여 신제품이나 서비스를 생산하고 판매하는 일련의 현상이다. 기술혁신은 새로운 도구를 주어진 환경에 부여하는 과정 또는 새로운 도구 자체를 의미하기도 한다. 와해성 혁신이란 기존의 기술시스템이 다른 시스템으로 전환되는 근본적인 변환을 의미하며, 새로운 과학적 지식에 바탕을 둔 기술주도(technology push)에 의해 혁신이 이루어진다. 기술은 시장의 요구(demand pull)에 의해서만 발전하는 것은 아니다. 예를 들어, 에디슨이 발견한 전기는 경제적 요구에 따라 개발된 것이 아니라, 오히려 에디슨이 전기를 발명함으로 해서 전기가 새로운 경제적 필요와 역할을 창출해냈다.

혁신이란 발명을 넘어서 상업화와 시장을 개척하여 가치 창출로 사회나 산업에 영향을 줄 수 있어야 한다[4]. 그러나 혁신이 항상 긍정적인 것만은 아니다. 혁신이 사용자의 부만 늘리고, 노동자의 삶을 착취한다고 주장하는 사람들도 있다. 그렇기 때문에 혁신의 혜택이 고루 널리 퍼지게 하는 것도 중요하다. 혁신은 격차를 심화시키는 경향도 있다. 특히, 개념적 이해가 부족할수록 더욱 그러하다. 그것이 기술이든 제도

이든 먼저 새로운 것에 대한 개념적 이해가 있을 때 혁신이 더 확산되고, 그 혜택은 고루 퍼지고 격차는 줄어든다. 모든 혁신에는 개념혁신이 함께 해야 한다. 제품혁신, 공정혁신, 기술혁신, 전략적 혁신과 더불어 개념혁신이 이루어져야 한다.

혁신을 가져다주는 것은 과학 기술만이 아니다. 문학도 문제해결에 도움을 준다. 문학은 혁신을 위한 기술이다[5]. 앵거스 플레처(Angus Flecher)는 「우리는 지금 문학이 필요하다」에서 기술이란 문제를 해결하고자 인간이 고안해낸 모든 것이라 하였다. 문학도 문제를 해결하는데 도움을 줄 수 있다. 감정이라는 문학의 위대한 힘을 이용하여 불안정한 영혼에 연대감과 용기를 불어넣는다. 과학기술은 문제를 해결하고자 외부로 눈을 돌렸지만, 문학은 우리 자신으로서 살아남는 문제를 해결하고자 내부로 눈을 돌렸다.

혁신은 문제의식을 갖는 데서 출발한다. 인식과 생각을 바꾸고, 새로운 것을 개념적으로 파악하는 것이 중요하다. 패러다임적 사고의 전환으로 변화되는 것들의 개념을 파악하고 이해하는 것이 무엇보다도 중요하다. 이를 개념혁신이라 한다. 디자인 사고는 제품혁신, 공정혁신, 기술혁신의 창의적 방법이기도 하지만, 개념혁신을 이끌어가는 방안이기도 하다.

영화, 콜오브와일드(Call of the Wild)는 개념혁신의 중요성을 일깨워준다. 눈보라를 헤치며 알래스카의 산과 계곡과 강을 달리는 개썰매의 모습이 장관이다. 그 전까지는 늘 우편물을 제시간에 배달하지 못했지만, 배달부와 썰매를 끄는 개가 호흡을 맞춘 팀은 이전에 불가능했던 것을 해낸다.

그러나 이즈음 전보(telegram)라는 새로운 혁신이 길을 열기 시작한다. 이제 전보는 이메일로 발전되었고, 종이책을 비롯한 종이문서 그 이상을 스마트폰에서 콘텐트로 제공하게 되었다. 우편배달의 수단이 마차에서 자동차와 비행기로 발전되었다. 그러나 그 개념은 혁신적 변화가 아니다. 종이에서 디지털 콘텐트로의 통신수단의 변화는 그 개념 자체를 바꾼 혁신이다. 아마 영화, 콜오브와일드도 극장에서가 아니라 스마트폰으로 보는 사람들이 더 많을 것이다. 개념적 이해 없이는 혁신을 수용하기란 불가능하다.

2.2 고객참여가 이끄는 심리적 주인의식

"고객이 주인이다"라는 슬로건은 고객 중심 경영을 넘어서 주인의 식을 갖는 고객 경영의 모토이다. 직원도 자신이 근무하는 기업에 주인 의식을 갖기 어려운데, 고객이 주인의식을 가질 수 있을까? 고객이 심 리적으로 주인의식을 갖게 하는 것은 비즈니스 생태계 경영에서 중요 하다. 고객은 기업의 주인이 아니기에 주인의식을 가질 수 없다. 그러나 고객은 비즈니스 생태계의 핵심 행위자, 이해관계자, 참여자이다. 고객 은 법적으로는 기업의 주인이 아니지만, 정서적으로나 심리적으로는 마 치 기업의 주인인 것처럼 기업에 대한 주인의식을 가질 수 있다.

어디서든 주인의식을 가질 때 진리에 이를 수 있다. 임제록에서 "어디를 가든지 그곳에서 주인이 되면, 서 있는 그곳이 진리가 된다. 수 처작주 입처개진(隨處作主 立處皆眞)."이라 하였다. 임제록은 당나라 임제 의현 스님의 가르침을 적은 책이다[6]. 직원이 아닌 고객도 주인의식을 갖는다. 단지, 비즈니스 생태계를 어떻게 경영하는가의 문제에 달렸다.

기업 활동에 참여하는 고객

참여는 주인의식을 이끈다. 설문조사, 아이디어 공모, 서포터즈, 셀프 서비스 등, 이미 많은 분야에서 고객은 기업 활동에 참여하고 있다. 특히, 서비스 산업에서는 더욱 그렇다. 정보통신기술의 발전과 더불어 고객은 더욱 다양하고 적극적으로 기업 활동에 적극 참여하게 되었다. 참여할수록 비록 내 소유가 아닌 것에도 마치 나의 것과 같이 생각하는 주인의식을 느끼게 된다.

가상세계와 현실세계를 연결하고 가상과 현실을 넘어서는 메타버스(metaverse)에서도 마찬가지다. 메타버스가 널리 회자되기 전, 이미 아바타를 이용한 다양한 게임이 존재해 왔다. 전통적인 온라인 게임에서는 이용자들은 사전에 완성된 게임을 즐긴다. 그러나 로블록스와 포트나이트와 같은 메타버스 플랫폼은 전통적인 온라인 게임과 다르다. 이용자들이 플랫폼에서 자신의 게임을 개발하여 다른 이용자들과 함께 즐긴다. 이는 고객참여를 통한 공동 가치창출이다.

메타버스란 초월을 뜻하는 메타(meta)와 세계 또는 우주의 의미인 유니버스(universe)의 합성어로 가상과 현실을 넘어서는 초월 세계를 의미한다. 메타버스가 여는 세상은 호모 루덴스(Homo Ludens)라는 인간 욕구에서 출발하여 호모 사피엔스와 호모 파베르의 욕구 충족으로 발전해 간다.

호모 루덴스는 놀이하는 인간이다[7]. 메타버스에서 온라인 게임은 인간의 놀이와 유희의 욕구를 충족시키는 수단이 된다. 호모 사피엔스는 지성과 지혜의 인간이다[8]. 호모 파베르는 도구를 이용하여 제작하는 인간이다. 단순히 만들어진 상품을 구매하는 것만이 아니다. 이용자 자신에게 필요한 것을 스스로 제작하는 인간 욕구가 강하게 내재되어 있다.

기존의 온라인 게임과 비교하여 메타버스의 특성은 다음 세 가지이다. 첫째는 이용자가 게임 플랫폼에서 스스로 자신의 게임을 만들어 다른 사람들과 즐길 수 있다. 둘째는 이용자들의 참여에 대한 동기부여로 암호화폐를 발행하여 금전적 보상을 한다. 셋째는 놀이와 경제 활동이 결합된 공간이다.

메타버스는 가상세계에서 게임을 중심으로 하는 사회관계에 역점을 두었다. 로블록스, 포트나이트, 제페토 플랫폼이 그 대표적인 예이다. 또한 메타버스 생태계는 디지털자산 거래로 확장되고 있다. 그 대표적인 예는 디센트럴랜드와 어스2 등이다. 향후에는 메타버스가 현실세계와 융합되어 현실세계의 삶을 변화시켜 나갈 것이다. 이는 비대면의 원격 협업을 지원하는 것이다. 혼합현실(Mixed Reality: MR)에 역점을 둔 마이크로소프트의 메시(Mesh)가 그 대표적인 예이다. 교육, 의료, 제조 분야에 혼합현실이 적용되어 생산성을 향상시키고, 실물경제를 더욱 발전시키는 계기가 된다.

"내게 말해보라. 그러면 잊어버릴 것이다. 내게 보여주라. 기억할지도 모른다. 나를 참여시켜라. 그러면 이해할 것이다."라는 구호는 참여가 주는 효과를 잘 표현하고 있다.

SNS에서 이용자가 콘텐트를 만들어 가는 것은 바로 생산자로서의 역할이다. 서비스에서 고객참여 없이는 최적의 서비스가 제공될 수 없다. 콘텐트만이 아니다. 제품 생산에도 고객이 참여한다. 이케아는 고객이 가구를 직접 조립한다. 레고는 고객들에게 제품 설계 프로그램을 제공하고, 자유롭게 설계하도록 하여 투표를 거쳐 인기가 많은 작품을 출시한다. 기업 내에서 전문가가 기획하고 설계하여 제조한 후 소비자들에게 판매하는 방식을 넘어서 고객이 제품 기획단계에 참여하여 설계한다. 생산된 제품에 대한 이익을 고객과 공유한다. 소수가 아닌 전 세계의 미미한 다수가 고객참여로 매출을 확대해 가기 때문에 여기에는 긴 꼬리(long-tail) 법칙이 적용된다.

80:20 법칙은 대박을 내는 20%의 품목이 80%의 매출을 올려준다는 규칙이다. 기업은 모든 고객에게 다 잘 할 수 없기에 매출의 80%를 올려주는 고객을 집중적으로 관리한다. 그러나 인터넷과 디지털화로 미미했던 다수가 상당한 매출을 올려준다는 긴 꼬리 법칙이 등장했다. 티끌모아 태산이 된다는 말이다.

기업이 고객을 참여시키는 성공적인 방안 중의 하나는 집단지성을 활용하는 것이다. 위키피디아(Wikipedia)는 전 세계 대중의 집단적 공헌으로 사전을 만들어 간다. 집단지성(collective intelligence)은 대중으로부터 데이터를 모아 재결합하고 추론하여 개인의 힘만으로는 할 수 없는 새로운 지식과 새로운 학습 방법을 창출하는 것이다.

퀄키(quirky.com)는 고객으로부터 제품 아이디어를 받아 직원이 아닌 외부 전문가 집단의 검증을 걸쳐 제품을 생산한다. 매주 2,500여 개의 아이디어가 등록된다. 로컬모터스는 세계 최초로 3D 프린터를 이용해 자동차를 만들고 있다. 대개 자동차 제조사는 보안 유지에 상당히 공을 들인다. 반면, 로컬모터스는 개발 전 과정을 공개하는 오픈소스(open source) 방식을 채택하고 있다. 고객은 차량 개발 아이디어를 온라인 공간에서 제안한다. 아이디어를 자유롭게 변형하거나 재배포한다, 분야별로 다수 전문가 의견을 받아들일 수 있고, 차량 개발 과정에서 문제가 발생할 경우 즉시 수정도 가능하다. 인터넷상에서 차량 디자인을 공유하고, 온라인 투표로 최종 자동차를 선정한다. 3D 프린팅으로 시제품을 제작하여 고객이 직접 만드는 DIY(Do It Yourself) 형태의 자동차를 판매한다.

디파이(DeFi: Decentralized Finance)는 탈중앙화 분산 금융 서비스이다. 은행, 보험사, 증권사 등의 제3의 신뢰할 수 있는 기관 없이 금융 소비자들이 직접 금융 거래와 관리를 하는 것이다. 이는 블록체인 기술에 의해 가능하게 되었다. 다오(DAO: Decentralized Autonomous Organization)는 탈중앙화 자율조직이다.

오늘날의 전통적인 중앙집권형 조직은 계층적 구조이고, 이사회와 상위 경영층에 권한이 집중되어 있다. 다오에서는 고객을 포함하는 조직 구성원들이 결정권을 갖는다. 컴퓨터 프로그램인 스마트계약에 의해 자동으로 계약이 실행된다. 디파이와 다오 생태계에서 소비자와 사용자인 고객은 주주와 마찬가지로 비즈니스 커뮤니티에 참여하여 활동하고, 수익도 함께 공유한다. 이는 고객의 주인의식을 새로운 방향으로 물꼬를 트는 계기가 될 수 있다. 기술혁신이 인간 통찰력을 향상시키는 디지사이트의 예라고 하겠다.

플랫폼 비즈니스는 고객참여 없이는 생산 그 자체가 불가능하다. 플랫폼 비즈니스의 힘은 고객을 비롯한 비즈니스 생태계 이해관계자들의 참여에서 나온다.

디지사이트

디지사이트(digisight)란 디지털(digital)과 인사이트(insight)의 합성어로 디지털 기술의 지원으로 확장되고 깊이를 더하는 인간 통찰력을 의미한다. 중요한 의사결정의 주체는 기계가 아니라 사람이고, 자연의 선택에 의존한다. 인공지능과 빅데이터와 같은 기술은 인간의 능력을 더 키워주고 효율성을 향상시킨다. 인류에게 심대한 영향을 줄 수 있는 핵심적인 의사결정에서 기계가 인간을 대체하는 것이 아니라 지원하고 도움을 준다. 비즈니스 생태계의 혜안을 지닌 경영자는 기술발전과 더불어 디지사이트를 발휘한다.

　　우리가 보는 것은 빙산의 일각이다. 빙하는 수면 아래 잠기어 보이지 않는 것이 대부분이다. 이것을 보고 깨닫는 능력이 통찰력이다. 통찰은 본질을 파악하고, 새로운 관점을 제시하는 능력이다. 통찰(insight)은 "'inner'+'sight'에서 유래된 말로 'inner'는 내면(內)을, 'sight'는 시선(視)을 각각 의미하는 것으로써 내면을 꿰뚫어 본다는 뜻이다. 다시 말하면, 사물이나 현상의 특징이나 관계 등을 명백하게 파악하는 심리적인 능력을 일컫는 말이다." 동찰(洞察)은 동굴 동, 살필 찰이다. 동(洞)자는 우물을 함께 쓰는 동네 즉, 우물을 공유한 공동체의 의미를 내포하고 있다. "자신의 눈에는 보이지 않는 세계를 발견하는 곳, 외롭고 쓸쓸한 공간에서 진정한 나를 발견하고 새로운 삶의 여정을 떠날 때 비로소 생기는 것이다."[9].

　　도구, 그림, 문학 등 모든 것에서 우리는 통찰을 얻을 수 있다. 특히, 새로운 기술로부터 경영자는 통찰력을 향상시킬 수 있다. 디지사이트로 통찰력을 발휘하는 경영자는 비즈니스 생태계 경영의 새로운 방법을 기획하여 실천할 수 있다. 비즈니스 생태계는 조직 경영의 범위를 넓혀 갈등과 긴장관계를 해소할 통찰을 준다. 인공지능과 빅데이터와 같은 첨단기술이 기업에 도입되면서 자동화로 효율성을 높여주는 반면, 사람들의 일자리가 줄어든다. 이런 갈등을 풀고 혁신을 꾀하는 데는 비즈니스 생태계 혜안을 지닌 경영자의 통찰력이 발휘되어야 한다.

직원과 고객의 주인의식

스타벅스에서 4,100원 짜리 커피 한잔을 마시는데 5,000원을 내고 잔돈 900원을 거슬러 받지 않고 스타벅스 주식, 0.002주를 살 수 있다. 당신은 그것을 선택할 것인가? 넷플릭스 영화를 구매하고, 잔액으로 넷플릭스 주식을 매수한다. 잔액을 포기하고 넷플릭스 주식에 투자하여 소액주주가 될 것인가?

국내에서도 은행과 투자사의 해외주식 자동 소액투자 서비스가 허용되었다. 이는 고객이 상품이나 서비스를 구매하고 잔액으로 해당 기업의 주식을 매수하는 서비스를 가능하게 하였다. 구매자인 고객이 소액주주로 참여한다면 기업에 대한 주인의식을 더 강하게 느낄까?

우리사주제도(ESOP: Employee Stock Ownership Plan)는 직원이 주주로 기업의 주식을 소유하는 제도이다. 우리사주제도는 직원의 주인의식을 강화하는 방안으로 도입되었다. 우리사주제도가 직원의 주인의식을 갖게 하는가에 대한 많은 연구에서는 일치된 결과를 제시하지 못했다. 이에 피어스(Pierce, J. L.) 등은 심리적 주인의식(psychological ownership)에 대한 연구를 내놓기 시작했다[10].

고객은 기업의 법적 주인이 아니기에 주인의식을 갖지 않는다. 주주 자본주의에서는 일반적으로 기업의 법적인 주인은 주주라 본다. 그러나 고객이 구매하는 제품이나 서비스를 제공하는 기업에 대한 심리적 주인의식을 갖게 하는 것은 가능하다.

심리적 주인의식은 나의 것이 아니지만 나의 것처럼 느끼는 심리적 상태이다. 법적으로는 나의 회사나 나의 것이 아닐지라도 마치 나의 것과 같은 느낌을 갖고 공감하고 연민의 정을 갖는다면 심리적으로 주인의식을 갖는다.

이제 고객은 단순히 상품이나 서비스의 구매자로서의 역할을 넘어서 소액주주가 되어 기업 활동에 참여하는 것도 가능하게 되었다. 이는 정보통신기술 혁신이 비즈니스 생태계에서 고객참여와 그 역할에 변혁을 초래케 하는 하나의 사례일 뿐이다. 물론, 고객이 소액주주로 참여한다는 그 자체만으로 심리적 주인의식을 갖지는 않는다. 기술혁신과 더불어 경영자의 통찰이 발휘되어야 한다. 이것이 바로 디지사이트이다. 비즈니스 생태계에서 다양한 동기유발로 고객이 기업 활동에 적극적으로 참여하면, 심리적 주인의식을 느끼게 된다.

소비자의 의식 변화와 고객참여는 비즈니스 생태계를 새롭게 변혁시켜 간다. BTS와 아미의 관계에서 보듯, 고객참여가 얼마나 위대한 비즈니스를 가능하게 할 수 있는지가 입증되었다. 오늘날의 BTS가 성공에 이르기까지 팬덤인 아미(팬으로서의 고객)가 어떻게 적극 참여하고 역할을 수행했는가를 살펴보면 고객참여가 그 생태계를 어떻게 변화시키는가를 알 수 있다.

코틀러는 마켓 4.0에서 고객을 팬으로 만들라고 하였다. 기업 최고의 고객관리는 고객을 팬으로 만드는 것이다. 이제 기업이 주주의 부만을 극대화하는 것으로 지속가능한 시대는 저물고 있다. 대신 고객과 함께, 넓게는 이해관계자들과 함께 그 생태계를 건강하게 할 때, 성공적이고 지속적으로 성장할 수 있는 시대로 다가가고 있다. 고객참여가 다양하고, 더욱 적극적으로 이루지는 시대로 가고 있다. 우리는 이에 대한 연구를 통해 몇 편의 논문을 이미 게재한 바 있다.

직원을 넘어서 고객의 심리적 주인의식

10년 동안 청계산을 오른 최인호 작가의 이야기이다[11]. "나는 청계산의 주지이다. 청계산은 나의 산이다 생각하며 산을 오르는데 참 행복합니다." 최인호 작가에게는 청계산은 제3의 공간이고, 그는 거기서 심리적 주인의식을 느낀 것이다.

우리사주제도가 직원의 주인의식을 고취하는데 큰 역할을 하지 못했다. 직원의 주인의식에 이어 연구자들은 심리적 주인의식에 관심을 갖게 되었다. 비상장 중소기업에서 우리사주제도로 직원들이 주인의식을 갖는 사례가 있다. 그 대표적인 예는 칼리버시스템즈(Calibre Systems, Inc.)인데, 이 회사는 1989년 미국 버지니아주에서 창립된 정보기술 분야의 컨설팅과 솔루션을 제공하는 중소기업으로 국방을 중심으로 하는 정보와 산업계에 솔루션과 컨설팅을 하고 있다. 칼리버는 EBS 다큐프라임, 민주주의 4부, 기업과 민주주의에서 소개되었다. 종업원지주제도의 성공은 소유, 이익, 의사결정을 직원들과 공유한다는 점이다[12]. 독일의 비상장기업들의 예에서도 찾아 볼 수 있다. 그러나 상장기업의 경우에서는 우리사주제도와 직원의 주인의식에 대한 상관관계를 명확히 규명하지 못했다. 직원도 아닌 비즈니스 생태계의 참여자인 고객이 심리적으로 주인의식을 가질 수 있을까?

영화, 와일드(Wild)는 등산화를 던지는 장면에서 시작한다. 셰릴 스트레이드(Cheryl Strayed)의 자서전, 「와일드 4285km, 이것은 누구나의 삶이자 희망의 기록이다」를 원작으로 한 영화이다[13]. 멕시코 국경에서 캐나다에 이르는 퍼시픽 크레스트 트레일(PCT)을 걸어 케네디 메도우스(Kennedy Meadows) 산장에 도착한 셰릴 스트레이드는 산장 주인장의 조언을 듣는다.

"도움이 필요해 보여요."

"부츠가 너무 작아서 발톱이 빠지는 거예요."

"새로 살 돈이 없는데 어쩜 좋아요?"

"REI에서 샀어요?"

"전화하면 새 부츠를 다음 목적지로 보내줘요."

"그리고 배낭도 심각해요."

그녀는 공중전화 박스에서 전화를 한다.

"부츠를 무료로 보내준다고요?"

"정말 감사해요. 평생 단골 할게요."

그리고 등산화 없이 80km를 걸었고, 다음 산장에서 새 부츠를 받는다.

REI는 「위대한 기업을 넘어 사랑받는 기업으로」에서 소개된 기업 중의 하나이다. 셰릴은 REI에 대한 강한 충성도를 표현했다. 그녀는 REI에 대한 애착을 갖게 되었고, 심리적으로 주인의식을 느꼈다.

[그림 2.1] 오리건주 벤드에 있는 REI 매장

대상에 대해 느끼는 애정과 사랑은 그 대상에 대한 심리적 주인 의식을 느끼게 한다. 비즈니스 생태계의 이해관계자인 고객으로부터 사 랑받는 기업에 대해 고객은 심리적 주인의식을 갖는다. 심리적 주인의 식은 고객의 충성도를 이끌어내어 기업 성과와 경쟁력에 영향을 주고, 풍요롭고 건강한 기업 생태계를 지속가능하게 한다.

우리는 고객이 과연 어떻게 심리적 주인의식을 갖는가 하는 문제 를 수년간 연구했다. 그 첫째는 커피숍과 같은 제3의 공간을 방문하고 적극 참여하는 고객이 심리적으로 주인의식을 느끼는가이다. 둘째는 메타(페이스북)와 같은 온라인 플랫폼에서 적극적으로 활동하는 이용자 들이 심리적 주인의식을 갖는가이다.

사람들은 근본적으로 자신들이 참여하는 것에 대해 주인의식을 갖는다. 그런 주인의식을 고객이 발휘하도록 하는 기업가는 위대하다. 그것은 궁극적으로 비즈니스 생태계 경영을 통해서 가능하다.

제3의 공간에 대한 심리적 주인의식

사람은 누구나 편안함을 느끼는 자신만의 공간을 갖고자 한다. 가정은 제1의 공간이고, 직장은 제2의 공간이다. 제3의 공간(the third place)은 가정이나 직장은 아니지만 마치 가정과 같은 편안함을 느끼게 하는 곳이다. 어떤 사람들은 아지트라 말하기도 한다. 누구나 가정과 직장 외의 제3의 공간에서 편안하고 안락하게 휴식을 취하거나 학습하고 소통한다.

우리는 종종 방문하는 스타벅스의 입구 문에 쓰인 문구를 읽는다. "그냥 네가 좋아하는 걸 좋아해, 그런 사람들이 함께 하는 곳에서 그것이 가능한 곳에서." 스타벅스의 슬로건이다. 스타벅스가 제3의 공간이라는 것을 강조하고 있다.

우리는 고객이 제3의 공간에 대한 심리적 주인의식을 갖는가를 연구하였다. 그 첫 번째로 제3의 공간으로 스타벅스를 선택했다. 스타벅스를 자주 방문하여 적극적으로 참여하는 고객이 더 강한 심리적 주인의식을 갖고, 또한 고객 충성도가 높은가를 분석하였다. 적극적으로 참여한다는 것은 스타벅스에 필요한 피드백을 제공하고, 서비스 개선이나 문제 해결에 도움이 되는 제안을 한다는 의미이다.

스타벅스는 2008년 부터 마이스타벅스아이디어(MyStarbucksIdea. com) 사이트를 통해 다양한 고객 아이디어를 제안받아 실천해 왔다. 고객은 제품, 서비스, 사회공헌 등에 대한 다양한 아이디어를 제안하고 공유한다(Share). 고객들은 제안된 아이디어에 투표하고(Vote), 자신들의 의견을 댓글로 토의한다(Discuss). 스타벅스 경영진은 아이디어를 평가하여 채택가능성이 높은 아이디어를 선별한다. 고객은 아이디어의 검토, 채택, 반영 결과를 직접 볼 수 있다(See). 예를 들어, 커피가 튀는 것을 방지하기 위한 컵의 초록색 마개(splash stick)도 고객 아이디어에서 나온 것이다.

우리는 261명의 스타벅스 고객을 대상으로 설문조사를 실시하였다[14]. 고객참여, 심리적 주인의식, 고객 충성도의 관계를 규명하는 것이 연구의 목적이다. 적극적인 고객참여는 직접적으로 고객 충성도를 개선하는 효과를 갖는다. 또한 고객참여는 심리적 주인의식을 강화하여 고객 충성도를 높여주기도 한다.

심리적 주인의식을 갖는 고객들은 제3의 공간에 대한 장기적 관계를 유지하고자 한다. 그들은 제3의 공간에 대한 긍정적 입소문을 전파하고, 지인들에게 그곳을 추천한다. 나아가 다른 곳보다 더 높은 가격을 지불할 의향도 있고, 경쟁사의 유인에도 이탈하지 않는다. 심리적 주인의식은 고객의 충성도를 높이는 효과를 가져다준다.

우리의 연구는 이어졌다. 사람들은 어디를 제3의 공간이라고 생각하고, 그곳에 심리적 주인의식을 갖는가?

고객참여와 장소에 대한 애착은 심리적 주인의식을 갖게 한다. 고객참여의 동기가 되는 제3의 공간 특성으로는 집중, 소통, 자기표현의 공간이 꼽힌다[15].

제3의 공간의 접근성, 청결, 좌석의 편안함, 매력적인 시설과 같은 물리적 환경이 심리적 주인의식을 유발하지는 못한다. 제3의 공간의 물리적 환경은 기본이다. 이에 더하여 고객이 집중할 수 있고, 소통하고 자기표현을 할 수 있는 공간이어야 한다. 고객은 제3의 공간에서 집중하여 자신의 일을 할 수 있어야 한다. 소통하고 담소를 나눌 수 있어야 한다. 무엇보다도 제3의 공간은 자기 정체성과 부합되어 자신을 표현하는 공간일 때 심리적 주인의식을 갖게 한다.

[그림 2.2] 미국 시애틀 파이크 플레이스에 소재한 스타벅스 1호점

전국의 562명 응답자를 분석하였다. 37%인 207명이 제3의 공간으로 커피숍을 꼽았다. 다음으로 카페가 28%인 158명이었다. 도서관, 레스토랑, 교회, PC방, 공원 등을 제3의 공간이라 응답했다.

고객참여를 이끌어 내어 심리적 주인의식을 갖도록 하기 위해서는 제3의 공간은 고객을 위한 자기표현의 공간이 되어야 한다. 그곳은 바로 나를 표현할 수 있는 공간이며 나의 이미지와 부합되는 공간이다. 나의 사회적 지위를 은근히 대변해 주는 공간이다. 격이 맞고, 나의 라이프 스타일을 표현해주는 공간이다. 가끔 사람들은 대상을 확장된 자아로 여긴다. 고객은 제3의 공간을 자신이 확장된 것으로 보기도 한다. 제3의 공간을 자신을 표현하는 곳으로 여길 때, 그곳을 자주 방문하고 애착을 갖게 되어 심리적으로 주인의식을 느끼게 된다.

다음으로 방해받지 않고 자유롭고 편안하게 집중하여 나의 일을 할 수 있는 공간이여야 한다. 끝으로 자유롭고 편안하고 즐겁게 지인들과 소통하는 곳일 때 심리적 주인의식을 이끌어낸다. 통계적으로 보면, 자기표현이 고객참여에 미치는 영향력을 나타내는 경로계수가 0.341로 가장 크다. 그 다음으로 집중 공간이 0.116이고 소통이 0.081이었다. 각각의 제3의 공간 특성이 고객참여를 통해 심리적 주인의식을 이끌어내는 강도는 경로분석이라는 통계분석으로 알아낼 수 있다. 간접효과를 분석해 본 결과, 자기표현의 공간이 고객참여를 통해 심리적 주인의식에 미치는 효과가 0.232로 가장 컸다. 그 다음으로 집중과 소통의 공간이었다. 모든 경로는 통계적으로 95%의 신뢰수준에서 의미가 있었다.

95% 신뢰수준에서 통계적으로 유의하다는 것은 어떤 의미일까? 모집단 전체가 아닌 562명을 표본으로 분석하였기에 제3의 공간 특성이 고객참여를 통해 심리적 주인의식에 영향을 준다고 단언하는 데는 위험이 따른다. 사회과학에서는 대개 그런 위험수준을 5% 정도는 감수하는 관점에서 '그렇다' 또는 '그렇지 않다'로 결론을 낸다. 자기표현 공간에서 고객참여를 통해 심리적 주인의식에 이르는 효과가 0.232이라는 것에는 5% 정도의 위험은 있다는 뜻이다. 그러나 95% 신뢰수준에서 0.232는 0이 아니라고 말할 수 있다.

덴마크의 미래학자 롤프 옌센은 2001년 「드림 소사이어티」를 펴내었다[16]. 그 이후 롤프 옌센과 미카 알토넨은 2013년 「르네상스 소사이어티」를 출판했다[17]. 그들은 전자상거래로 거래비용이 감소하면서 오프라인 상점이 사라질 위기에 처했다고 진단했다. 따라서 그들은 "오프라인 상점이여 극장이 되라"고 주장한다. 오프라인 상점이 거래의 공간으로 머물고 있을 때는 전자상거래로 인해 문을 닫을 수밖에 없다.

실제로 코로나19의 시대에서 그것이 입증된 셈이다. 그러므로 오프라인 상점은 고객에게 문화와 감성적 욕구를 충족시키는 꿈꾸는 공간으로 재탄생할 수밖에 없다.

제3의 공간으로써 커피숍도 마찬가지이다. 단순히 커피만 파는 공간을 넘어서 자기표현, 집중, 소통의 공간으로써의 역할로 변신해가고 있다. 예를 들어, 스타벅스는 이미 커피를 파는 게 아니라 문화를 파는 비즈니스라는 것을 강조해왔다. 고객의 적극적인 참여를 이끌어내어 심리적 주인의식을 느끼게 하고 고객경험을 최적화할 때, 지속가능하다.

그런데 실천에는 늘 어려움이 따른다. 예를 들어, 집중하는 공간과 소통하는 공간은 서로 상충관계에 있다. 물론, 도서관은 집중 공간의 특성에 역점을 둔다. 한편, 카페는 소통의 공간에 적합하다. 이들 비즈니스에서는 긴장관계를 염려할 필요가 없다. 그러나 커피숍이 소통과 집중의 공간이 되기 위해서는 상충관계를 해결해야 한다. 혁신은 바로 이러한 상충관계를 풀어내는 것이다. 종종 기술이 이러한 상충관계를 해결하는 수단이 되고, 인간 통찰력을 발휘할 수 있도록 해준다. 바로 디지사이트로 귀결된다.

온라인 플랫폼에 대한 심리적 주인의식

스마트폰은 생활필수품이 되었다. 누구나 소통을 위해 카카오톡을 이용한다. 일상을 공유하는 공간으로 페이스북, 인스타그램, 트위터 등의 소셜미디어를 이용한다. 이들을 이용한다고 돈을 내는 것은 아니다. 우리가 이용하는 소셜미디어는 온라인 플랫폼으로 양면시장이다. 양면시장에서는 서로 다른 2개 이상의 고객유형이 존재한다. 무료 서비스를 받는 이용자 고객과는 다른, 광고주 고객이 플랫폼 사업자인 카카오와 메타에 돈을 낸다.

새로운 기술을 통해 통찰을 발휘하여 비즈니스 모델을 발굴하는 자가 기업가이고 경영자이다. 카카오와 메타는 플랫폼 사업자이다. 플랫폼 사업자는 플랫폼을 이용하는 둘 이상의 고객을 연결하여 사업을 영위한다. 무료 이용자 고객은 플랫폼 사업의 자산이다. 다른 한편에 있는 광고주 고객을 끌어들이는 밑천이다. 플랫폼 사업자는 이용자 고객의 데이터를 확보하여 데이터 경제를 주도할 수 있는 위치를 점한다. 플랫폼 사업자가 이러한 비즈니스에서의 입지를 차지하는 데는 디지사이트가 발휘되었다. 이제 플랫폼 사업자들은 메타버스라는 공간으로 사업 영역을 변신하고 있다. 페이스북은 아예 사명을 메타로 변경했다. 메타버스는 새로운 고객경험의 공간이다.

우리는 카카오톡과 메타를 자주 이용한다. 메타에서는 공개 대상을 지정할 수 있어 좋다. 프라이버시가 필요한 가족과만 공유할 내용은 '특정친구'로 지정한다. 나만의 일상을 기록하는 데는 '나만보기'로 지정한다. 소셜미디어는 소통, 일상의 기록, 정보와 지식공유의 공간이다. 친구들의 근황을 파악하고 언론에서 접하지 못한 정보를 얻게 된다. 때로는 깊이 있는 지식을 얻는 전문도서 못지않은 경우도 있다. 우리는 메타를 이용하면서 페이스북 친구의 포스트에서 새로운 지식을 습득하는 경우를 자주 경험한다. 그 대표적인 예는 윤정구 교수의 페이스북이다[18]. 그는 새로운 시각으로 경영학 서적에서는 찾기 어려운 새로운 지식과 경험을 전달하고 있다. 따라서 SNS는 지식공유의 장이라 할 수 있다. SNS가 소통, 일상의 기록과 정보공유를 넘어서 지식공유의 장이 되는가에 대한 연구를 수행하였다. 이 논문에서는 소통과 관계의 목적으로 주로 활용되어 왔던 SNS가 지식공유의 장이 되고 있다는 것을 입증하였다 [18].

소셜미디어 플랫폼에서 이용자들은 콘텐트 생산자이다. 제조기업의 고객이 공동개발자라는 역할을 한다면, 소셜미디어에서 이용자들은 공동 가치창출자 역할을 한다. 이는 기업 활동에 대한 고객의 적극적인 참여의 대표적 예이다. 과연 플랫폼 이용자인 고객은 공동 가치창출자로서 플랫폼에 대한 심리적 주인의식을 갖는가?

메타(페이스북) 이용자 397명을 대상으로 조사하였다[19]. 응답자의 약 50%가 6년 이상 메타를 사용해 왔다. 고객참여와 심리적 주인의식의 상관관계가 아주 높았다. 상관관계가 높다는 것은 고객참여가 심리적 주인의식에 미치는 영향의 정도를 경로계수로 측정한다. 상관관계를 넘어 인과관계를 나타내는 경로계수는 0.943이었다. 1.0은 완전 상관관계를 의미하기에 이 경우의 경로계수는 매우 높다. 즉, 플랫폼에서 고객참여는 심리적으로 주인의식을 느끼게 하는데 지대한 영향을 준다는 말이다.

메타를 이용하면서 기업에 피드백을 제공하고, 적극적으로 콘텐트를 게재하는 이용자일수록 높은 심리적 주인의식을 갖는다. 높은 심리적 주인의식을 갖는 고객은 비즈니스 생태계에서 적극적으로 긍정적 입소문을 내고, 지인들에게 추천한다. 또한 그 기업 생태계에 불미스러운 문제가 발생하면 불매운동에도 적극 참여한다. 심리적 주인의식을 갖는 고객은 마치 자신의 일처럼 비즈니스 생태계의 발전을 위해 적극적으로 행동한다.

비즈니스 생태계에서 고객은 제품을 구입하는 구매자로서의 역할 그 이상을 하고 있다. 비즈니스 생태계 렌즈로 보면, 고객은 그 생태계의 구성원으로서 구매를 통해 기업에 투표를 하고 있다. 이는 마치 정치 생태계에서 유권자가 홀로 할 수 없는 일을 정당이나 정치인을 통해 성취하기 위해 유권자들이 선호하는 정당이나 후보자에게 투표를 하는 것과 같다. 비즈니스 생태계 관점에서 고객참여는 두 개의 차원에서 파악될 수 있다. 첫째는 기존의 마케팅 분야에서 연구되어 온 바와 같이 고객이 공동 가치창출자로서 기업 활동에 직접적으로 참여하는 경우이다. 둘째는 비즈니스 생태계의 구성원으로서 고객이 그 생태계를 통해 간접적으로 기업 활동에 참여하는 경우이다. 예를 들어, 고객은 협회나 NGO(Non Government Organization) 등과 함께 기업의 사회적 책임 활동에 참여한다. 또한 고객은 비즈니스 생태계에서 기업에 대한 긍정적 또는 부정적 입소문을 내기도 한다. 사회 정체성 이론은 고객이 기업에 대한 심리적 주인의식을 갖는다는 주장을 뒷받침해준다.

자아 정체성은 "스스로 생각하는 확고한 자기 자신의 상"이다. 인간은 사회적 동물이다. 자아 정체성은 자신이 소속한 사회나 조직에 영향을 받는다. 사람들은 조직 구성원으로 활동하면서 무엇이 그들의 일부이고 아닌지를 배우게 된다. 대상(사회, 조직, 집단, 상품 등)을 확장된 자아로 볼 때, 대상을 통해 자신을 정의함으로써 자아 정체성의 중심에 그 대상이 있게 된다. 조직 구성원은 조직과의 상호작용을 통해서 자아 정체성을 확립하고 유지하고 발전시킨다.

조직 구성원이 조직과 동일시하는 현상을 넘어서 소비자가 기업과 일체감을 느끼고 동일시하는 현상이 생긴다. 소비자가 기업과 일체감을 갖는다. 소비자-기업 동일시 현상은 사회 정체성 이론에 기반을 두고 있다.

특정 브랜드나 명품이 자아 형성에 도움이 되어 일체감을 갖는 경우, 소비자-기업 동일시 현상이 생긴다. 기업에 대해 갖고 있는 신념과 이미지가 자아개념과 부합되는 경우에도 소비자-기업 동일시 현상이 생긴다. 많은 연구에서 소비자-기업 동일시 현상은 입증되었다. 이는 소비자인 고객이 기업에 대한 심리적 주인의식을 갖는다는 것을 시사한다.

소비자에게 자신이 신뢰하고 좋아하는 제품이나 서비스를 제공하는 기업이 있다고 하자. 그 기업의 미션과 비전, 핵심가치가 자신의 정체성과도 부합된다. 또한 그 기업은 진정성을 갖고 사회적 책임 활동을 수행하면서 사회공헌도 잘 한다는 이미지가 강하다고 하자. 그러면 라젠드라 시소디어가 언급한 「위대한 기업을 넘어 사랑받는 기업」이 될 것이다[20]. 소비자는 그 기업의 정체성을 본받아 자신의 정체성 형성에 반영할 수 있다. 그러한 조직이나 기업이 되기란 쉽지 않다. 그것은 비즈니스 생태계 경영을 통해 가능하다.

비즈니스 생태계의 핵심 참여자, 고객 다시보기

최근 인공지능과 빅데이터에 대한 관심이 높다. 경영자는 이들 분석결과에 힘입어 고객에게 맞춤형, 개인화 서비스를 제공하고 고객경험을 최적화함으로써 고객 충성도를 높이고자 한다. 여기서 주의 깊게 살펴볼 면이 있다. 이러한 방법은 여전히 고객을 대상 및 객체로 본다는 점이다. 한편, 고객참여는 고객을 우리와 함께 하는 주체로 본다. 그런데 왜 쉽지 않은가? 고객은 무책임하고 위험하다. 사실 고객이 기업 활동에 참여한다고 어떤 책임을 부과할 수는 없다. 또한 고객은 어떤 동기부여 없이 참여하고자 하지도 않는다. 고객이 기업 활동에 참여하면 경쟁사에 기밀이 노출될 수 있는 위험도 따른다. 때로는 기업에 큰 혜택도 없이 비용만 발생시킨다. 그러나 고객만족과 고객경험을 최적화하기 위해서는 고객의 필요와 욕구를 파악해야 한다. 이에 고객을 대상으로 한 다양한 분석 방법이 동원되었다. 인공지능과 빅데이터도 마찬가지이다.

무엇에 언제 어디까지 고객을 주체로 참여하게 할 것인가? 비즈니스 생태계 관점에서 접근해 봐야 해답을 찾을 수 있다. 고객만족, 고객중심, 고객경험 경영 등에서는 고객을 분석 대상으로 본다. 고객을 대상과 객체로 보는 경영 방식으로는 고객의 심리적 주인의식을 이끌어낼 수 없다. 고객은 비즈니스 생태계의 핵심 참여자, 행위자, 이해관계자이다. 비즈니스 생태계 관점에서 고객을 보면 어떤 역할에 고객을 참여하게 할 것인가가 보인다[21]. 고객을 객체로 보는 경우는 "우리 기업은 고객을 위해 무엇을 할 것인가?"의 관점이다. 고객을 주체로 보는 고객참여는 "우리 기업은 고객과 함께 무엇을 할 것인가?"의 관점이다. 나아가 "우리는 고객과 함께 혁신한다."는 의미도 된다.

인공지능과 빅데이터는 인간 창의력을 촉진하고 증폭시키는 수단이자 도구이다. 디지털 기술은 고객과 함께 혁신할 수 있게 한다. 하지만 그러한 혁신을 성공으로 이끄는 것은 인간 전문가의 통찰력이 함께 발휘될 때이다. 그것이 곧 디지사이트이다.

참고문헌

[1] 로저 마틴, 디자인 씽킹 바이블 - 비즈니스의 디자인(현호영 옮김), 유엑스리뷰, 2009년.

[2] 자크 모노, 우연과 필연(조현수 옮김), 궁리출판, 2010.

[3] 앙투안 드 생텍쥐페리, 어린왕자(김화영 옮김), 문학동네, 2007년.

[4] 이상문, 임성배, 메타 이노베이션: 아무도 예측하지 못한 공동혁신의 미래, 한국경제신문사, 2016.

[5] 앵거스 플레처, 우리는 지금 문학이 필요하다 문학 작품에 숨겨진 25가지 발명품(박미경 옮김), 비잉, 2021.

[6] 원택, 성철 스님 임제록 평석, 장경각, 2018.

[7] 요한 하위징아, 호모 루덴스(이종인 옮김), 연암서가, 2018.

[8] 유발 하라리, 사피엔스 - 유인원에서 사이보그까지, 인간 역사의 대담하고 위대한 질문(조현욱 옮김), 김영사, 2015.

[9] 배철현, EBS 특별기획 통찰 - 동굴과 열정 그리고 자기성찰, 2016. 4. 25일 방영.

[10] Pierce, J. L., Kostova, T., & Dirks, K. (2001). Toward a theory of psychological ownership in organizations. Academy of Management Review, 26, 298-310.

[11] 법정과 최인호의 산방 대담, 꽃잎이 떨어져도 꽃은 지지 않네, 여백출판사, 2015.

[12] 유튜브, youtu.be/irDGJUyDakU에서 볼 수 있다.

[13] 셰릴 스트레이드, 와일드 4285km, 이것은 누구나의 삶이자 희망의 기록이다(우진하 옮김), 나무의철학, 2012.

[14] Joo, J. (2018), "Mediating role of psychological ownership between customer participation and loyalty in the third place, Journal of Distribution Science, Vol. 16, No. 3, pp. 5-12.

[15] Joo, J. (2020), "Customers' psychological ownership toward the third place," Service Business, Vol. 14, No. 3, pp. 333-360.

[16] 롤프 옌센, 드림 소사이어티(서정환 옮김), 리드리드출판, 2005.

[17] 롤프 옌센, 미카 알토넨, 르네상스 소사이어티 - 개인이 1인기업이 되고 1인시장이 되는 전혀 새로운 세상(박종윤 옮김), 36.5, 2014.

[18] 윤정구 교수의 페이스북, www.facebook.com/jeongkoo.yoon. SNS와 지식공유의 관계를 연구한 논문, 주재훈, "소셜네트워크서비스에서 지식공유에 대한 속성신뢰의 매개효과," 경영학연구, 제43권, 제3호, 2014, pp. 589 - 612.

[19] Joo, J. and Marakhimov, A. (2018), "Antecedents of customer participation in business ecosystems: evidence of customers' psychological ownership in Facebook," Service Business, Vol. 12, No. 1, pp. 1-23.

[20] 라젠드라 시소디어·데이비드 울프·잭디시 세스, 위대한 기업을 넘어 사랑받는 기업으로(권영설·최리아 옮김), 럭스미디어, 2008

[21] Joo, J. and Shin, M.M. (2018), "Building sustainable business ecosystems through customer participation: A lesson from South Korean cases," Asia Pacific Management Review, Vol. 23, No. 1, pp. 1-11.

DIGISIGHT :
Business Ecosystem Management

2. 고객 다시보기: 공동 창조의 길

기업의 사회적 책임 ESG

사회적 자본을 품은 비즈니스 생태계

"풍요와 만족은 대지의 선물을 서로 잘 교환하는 데 있다. 그러나 그 교환이 사랑과 부드러운 정의로 이루어지지 않는다면, 그것은 단지 어떤 자를 탐욕으로 어떤 자를 굶주림으로 이끌 뿐." - 칼린 지브란[1].

3.1 왜 기업은 사회적 책임 활동을 하는가?

위선과 진정성의 줄다리기

경영자의 사회공헌 활동은 다양하다. "김범수 카카오 이사회 의장은 재산의 절반 이상(5조원)을 사회문제 해결을 위해 기부하겠다고 밝혔다. 격동의 시기에 사회문제가 다양한 방면에서 더욱 심화되는 것을 목도하며 더 이상 결심을 늦추면 안 되겠다는 생각이 들었다."[2]. "김봉진, 우아한형제들 이사회 의장이 재산 절반 이상을 사회에 환원하기로 했다. 그는 세계적 기부클럽 '더기빙플레지(The Giving Pledge)'의 219번째 기부자로 등록됐다. 더기빙플레지는 워렌 버핏 버크셔해서웨이 회장과 빌 게이츠 마이크로소프트(MS) 창업자 부부가 2010년 함께 설립한 자선단체이다."[3].

워렌 버핏의 이야기다. "사람들이 그렇게 부자가 된 것은 사회의 도움이 있었기 때문이며, 따라서 일정한 부분은 사회에 빚을 진 셈이다."[4]. 김범수, 김봉진, 버핏 등은 자선적 활동을 통해 기업의 사회적 책임을 이행하고 있다.

기업은 직접 또는 비영리기관을 지원하거나 재단을 설립하여 사회에 공헌한다. 기업의 사회공헌 활동은 사회적 책임(CSR: Corporate Social Responsibility)의 일부이다. 기본적으로 기업이 미치는 사회에 대한 영향력이 클수록 책임도 커질 수밖에 없다. 여기서 사회란 구체적으로 누구인가? 기업 관점에서 사회를 바라다보면, 사회란 이해관계자들의 집합체이다. 정부를 포함하는 지역사회, 사업 파트너, 주주를 포함한 투자자, 고객, 종업원(SPICE : Society, Partner, Investor, Customer, and Employee, 기억하기 좋게 스파이시라 함) 등이다. 여기에 E(환경)를 하나 더 포함하여 SPICEE라 한다. 따라서 기업의 사회적 책임에는 환경에 대한 책임도 포함된다.

CSR은 기업의 사회적 공헌 뿐만이 아니다. 가장 근본적인 경제적 책임, 법적 책임, 윤리적 책임, 자선적 책임을 포함한다[5]. 경제적 책임이란 경제적 가치와 이윤 창출로 영속성을 유지할 책임이다. 법적 책임이란 제반 법규(법과 규제)를 준수할 책임이다. 윤리적 책임이란 법적으로 강요되지 않아도 사회통념에 의해 형성된 윤리적 기준을 자발적으로 따를 책임이다. 윤리적 책임을 다하는 기업은 사회로부터 정당성을 인정받는다.

대만의 폭스콘(Foxconn)은 애플의 아이폰을 생산하는 협력업체이다. 중국에도 공장이 있다. 폭스콘의 노동 착취는 국제노동기구에서 문제를 삼을 정도로 심각했다. 2010년 노동 착취와 반인권적 노동 문제는 노동자들의 자살 사태로 이어지기도 했다[6]. 비록 애플에게 협력사인 폭스콘의 노동착취에 대한 법적 책임을 물을 수 없다고 하더라도, 윤리적 책임은 따르게 된다.

자선적 책임(자유재량적 책임)이란 박애정신이 발현되어 나타나는 기부와 자원봉사 등의 사회공헌 활동이다. 사회경제생태계가 변하면, 현재의 윤리적 책임도 법적 책임으로 변화될 수밖에 없다. ESG(Environmental, Social, and Governance)가 제도화되면, 애플은 협력업체인 폭스콘의 인권문제에 대한 법적 책임을 져야하고, 그 결과는 결국 이익에 직접 영향을 미치게 된다.

사회경제생태계에서 기업도 개인과 같이 시민으로서의 역할을 한다. 기업시민(corporate citizenship)이라는 이름으로 CSR 활동을 실천하는 기업도 있다. 기업시민 활동은 자선적 책임의 실행 방법이다. 기업도 사회 구성원으로서 시민의 책무가 있다. 기업은 권리와 의무를 동시에 가진 법적인 인격체로서 지역 공동체의 구성원이자 시민이다. 기업은 이윤을 추구하는 동시에 선량한 기업시민으로서의 역할도 수행해야 할 책무가 있다. 포스코는 2019년 기업시민 헌장을 선포하였다. 기업시민이라는 경영이념을 모든 의사결정의 기준으로 삼겠다고 하였다. 현실은 녹록하지 않다. 항상 이익과 이념의 실천에서 줄다리기를 해야 하는 경우가 발생한다. 선언이 모양새로 끝나지 않는 진정성을 아는 데는 인내가 필요하다. 시장상황이 어려울 때도 끈을 놓지 않는 것이 중요하다.

현실은 참 다양하다. 사회공헌이나 CSR이 단지 착한 기업 이미지를 만들기 위한 전략에 지나지 않는가? 오랫동안, 대기업에서 홍보과 사회공헌부서에 근무하고 있는 CSR 팀장이 인터뷰에서 한 이야기이다. "홍보부서의 조직상에서 홍보와 대관 업무가 같이 있으면, 홍보가 죽어요. 홍보 기능이 죽어버리고 대관이 더 강해져버려요. 구조적으로 그렇게 돼 있어요. 그런데 홍보 내에서 언론이 있고, 사회공헌이 있으면, 사회공헌이 죽어요. 누가 거기 의지를 가지고 사회공헌을 추진하겠어요.

언론 홍보를 위해서 다 움직이는 거지요."

　대관(Government Relation)이란 기업이 국회, 행정부, 지자체, 공기업, 국책은행, 준정부기관 등과의 관계를 관리하는 업무이다. 기업은 CSR을 외치지만, 사실은 가장 후순위일 수밖에 없는 것이 현실이다. 정부 관련 기관 및 언론과의 관계와 관련한 업무가 우선이고, CSR은 그 뒷전이다.

　기업은 정부와 규제기관 및 언론보다는 지역사회와의 관계를 덜 중요시 할 수밖에 없었다. 그렇게 활동할 때가 도리어 기업에게는 유리하게 작동되는 사회경제생태계였다. 그러나 시대는 변하고, 사회경제생태계도 변화되어 왔다. 그 대표적인 예는 ESG이다. 기업의 CSR을 환경, 사회, 기업 지배구조로 구분하여 평가한다. 이러한 평가는 기업의 비재무적 성과로 나타나고, 재무성과와 함께 공시된다. 새로운 사회경제생태계에서 기업 위선은 잘 통할 수 없다. 기업이 내세우는 비전·미션·핵심가치와 다르게 조직이 움직인다면, 진정성이 결여되어 지속성을 기대할 수 없다.

　CSR을 적극적으로 이행하는 경우, 기업 가치가 훼손된다는 연구도 있다. CSR 활동은 기업 이익에 손해를 입힐 수 있다. 투자자들은 기업이 한정된 자원으로 CSR에 비용을 지출하여 경제적 가치에 부정적 영향을 준다고 인식할 수 있다. 특히, 주주와 경영자 간의 정보비대칭 현상이 클 경우는 더욱 그렇다. 소유와 경영이 분리된 기업에서 주주를 대신하는 경영자가 주주 이익보다는 경영자 자신의 이익을 위해 행동할 때 그렇다. 예를 들어, 경영자가 자신의 잘못을 덮기 위해 기업의 악재를 숨기거나 포장하기 위한 방편으로 CSR 활동을 하는 경우이다.

워렌 버핏은 소비자 시각에서 가격과 가치를 구분하였다. "가격은 소비자가 지불하는 것이고, 가치란 소비자가 받는 혜택을 지각하는 것이다." 일반적으로 가치를 기업 재무성과로 측정된 경제적 가치와 사회 문제 해결의 결과로 나타나는 사회적 가치로 구분한다. CSR이 사회적 가치 창출에 기여한다는 것은 자명하다. 그것으로 끝나는 것이 아니라 기업 이미지를 개선한다. 그렇다면, CSR과 경제적 가치와는 무관한가? 어떤 연결고리를 찾을 수 있는가?

CSR은 기업의 가장 근본적인 경제적 및 법적 책임을 넘어서 있다. 노벨경제학자인 밀턴 프리드먼은 경제적 및 법적 책임만을 강조했다. 그렇지만 기업윤리를 실천하고, 기업시민으로서 사회적 책임을 수행하는 것도 CSR의 중요한 영역이다. 대체적으로 윤리적 및 사회공헌 관점에서 CSR과 그 성과 및 기업 가치와의 관계를 분석해왔다.

전략적으로 사회적 책임 다하기

박애정신으로 사회에 공헌하는 것은 좋은 일이다. 그렇지만 기업이 본업에 지장을 초래하여 존속과 성장에 어려움을 겪는다면 어떻게 될까? 기업의 성과나 경쟁력에 도움이 되지 않는 사회공헌은 오래가지 않는다. 기업은 한정된 예산과 자원으로 사업을 수행한다.

전략의 부재는 능률은 물론이고 효과를 떨어뜨린다. 기업은 전략적 차원에서 CSR을 기획하고 실천한다. 본업과 관련성이 높은 분야에 핵심역량을 이용하여 사회 문제를 해결하는 것이다.

자사의 경영 이념 및 핵심역량과 부합하는가? 타사와 차별화가

가능한가? 등을 고려하여 사회적 책임 분야를 선정한다. 이를 전략적 CSR이라 한다.

기저귀와 화장지를 만들어 파는 유한킴벌리 제품의 원료는 나무다. 1984년에 시작한 숲 복원 프로젝트의 "우리강산 푸르게 푸르게" 캠페인은 지금도 지속되고 있다. 유한킴벌리는 소비자들에게 나무 심는 기업 이미지로 자리 잡고 있다. IT 기업이 인재양성을 위해 IT 관련 전공분야의 학생들에게 장학금을 지급하는 것도 그 예이다. 결국 우수한 인재가 IT 분야에 종사하도록 유도하는 것이다.

카카오는 더 나은 세상을 만들기 위한 약속과 책임이라는 슬로건을 내걸고 있다. "카카오만의 방식으로 사회문제를 해결하겠습니다. 사회를 지속적으로 변화시킬 수 있는 가장 효율적인 조직은 기업입니다. 기업은 건강한 생태계를 만들어야 하는 책임이 있습니다. 교통 약자를 위한 경로 안내 서비스를 제공하는 것, 이용자가 보다 쉽게 성범죄자 정보에 대해 알림을 받을 수 있도록 하는 것, 낭비 없는 생산과 가치 있는 소비를 위한 서비스를 제공하는 것, 모두 사회 문제를 해결하기 위한 카카오의 노력을 담고 있습니다. 카카오는 우리가 가진 기술과 자원으로 시스템 차원의 변화를 만들기 위해 노력합니다."

중소기업과 소상공인을 위한 네이버 스마트스토어도 마찬가지다. 무료로 소상공인이 쇼핑몰을 개설하여 운영하도록 지원한다. 쇼핑몰에서 네이버페이로 결제 시에는 결제 수수료를 받는다. 네이버는 스마트스토어의 상품을 네이버 쇼핑에 노출하여 판매하는 경우에는 매출액의 2% 수수료를 받는다. 네이버는 인터넷 관련 핵심역량을 이용하여 소상공인의 판매 애로를 해결하면서, 네이버의 전자상거래 및 결제서비스 사업과 연계하여 수익도 낸다. 본업과 관련 있는 분야에 CSR을 집중하라. 전략적 CSR이다. 기획 단계에서부터 기업 성과와 연계한 투자이다.

다음은 철강 분야 대기업에서 CSR에 책임을 맡고 있는 경영자와 인터뷰한 내용이다. 그의 이야기에서 기업의 사회적 책임은 본업과 연계된 전략의 일면이라는 것을 알 수 있다.

"각 기업별로 생각이 뭐냐 하면은 재원이 한정이 되어 있고, 또 관심 있는 영역이 있습니다. 업의 특성과 비즈니스를 잘 연결할 수 있는 그런 부분에 선택과 집중을 어떻게 할 것인가, 자원이 한정되어 있기 때문에 그런 부분에 기업이 많이 고민을 하고 있습니다. 다만, 이것을 통해 사회적인 현황 이슈나 문제를 기업적인 관점에서 선제적으로 잘 해결하는데 도움이 될까 고민을 하다보니깐 '이런 것을 꼭 기업에서 해야 돼?'라는 의문이 많이 듭니다."

기업은 그 시대가 직면한 사회적 문제를 해결하는 것으로부터 비즈니스 기회를 찾기도 한다. 이 경우의 CSR은 경제적 가치 창출을 염두에 둔 투자이다. 기업이 그 시대의 사회적 문제를 해결하고자 하는 경우는 정부의 지원도 받는다. 정부지원은 마중물이 된다.

CSR과 사회적 문제, 그리고 국제조약은 기업에게 책임을 넘어서 새로운 경제적 가치 창출의 기회가 된다. LGU+는 통신사업자이다. 유무선통신 그 자체만으로는 사업에 한계가 있다는 것을 이미 간파하였다. LGU+는 2010년 탈통신을 선언하고 핵심기술의 새로운 적용 분야를 찾고자했다. 그것은 법규와 국제조약 등과 맞물려 사회적 문제 분야가 되기도 한다. 탈통신이라는 비전으로 사회문제의 해결을 통해 궁극적으로 이익을 내는 분야를 탐색해 온 것이다. 예를 들어, 해양물 투기 금지 조약인 런던협약과 탄소배출권거래제 등에 영향을 받아 스마트클린과 환경모니터링 사업을 추진하였다. 이러한 비즈니스 기회는 정부의 지원 사업이 마중물이 되기도 한다. 이는 스마트 공장과 모빌리티 사업으로 진출하는 기술 축적과 사업 기회를 발굴하는 촉진제가 되었다.

두 마리 토끼 잡기: 공유가치창출

기업이 사회 문제를 해결하면서 동시에 이윤도 내고 성장하는 두 마리 토끼를 다 잡는 방법은 없을까? 전략적 CSR에서 좀 더 발전하여 사회적 문제 자체를 해결함으로써 기업이 수익도 내는 분야의 사업을 수행한다. 이를 공유가치창출(CSV: Creating Shared Value)이라 한다. 돈이 되는 분야를 찾아 사업을 수행하던 기업이 공공분야로 생각했던 사회적 문제를 해결하는 영역에서도 돈을 벌 수 있다는 것을 알게 되었다. 하버드대의 마이클 포터(M. E. Porter)와 마크 크래머(M. P. Kramer)의 연구가 소개되면서 학계와 현업에 상당한 바람을 일으켰다[7, 8]. 경쟁 환경에서 기업이 경제적 가치와 동시에 사회적 가치를 창출하는 것이 과연 가능할 것인가에 대한 의문은 여전히 남아 있다.

사회적 경제에 종사하는 사회적 기업, 협동조합, 마을기업 등은 사회적 가치 창출에 무게 중심을 둔다. 또한 영속적으로 존속하기 위해 경제적 가치도 함께 추구한다. 한편, CSV를 추구하는 기업은 경제적 가치에 역점을 두면서 사회문제를 해결하여 사회적 가치를 창출한다. CSV로 성공하기 위해서는 이익을 낼 수 있는 적합한 사회적 문제를 찾아내는 것이 중요하다.

CSV의 성공사례는 많이 소개되어 왔다. 사브밀러는 2016년 안호이저부시 인베브, AB InBev에 합병된 영국의 맥주회사이다. 사브밀러가 2011년 아프리카 모잠비크에 진출한 CSV 사례이다. 사브밀러가 아프리카 시장에 진출하는 데는 정부의 승인을 받지 못하는 장벽이 있었다. 사브밀러는 아프리카의 제1 농산물인 카사바를 주원료로 임팔라 맥주를 만들었다. 카사바는 고구마와 유사한 열대 구황작물이다. 농산물의 안정적 공급을 보장하고, 일자리를 창출하는 사회혁신이었다. 모잠비크 정부는 저소득층을 위한 임팔라 맥주의 소비세도 10%로 낮추었다. 사브밀러는 아프리카의 저소득층 지원과 동시에 신시장 개척을 통한 경제적 가치를 창출한 성공 사례가 되었다. 하지만 다국적 맥주회사들이 아프리카를 술독에 빠뜨린다는 비판도 받았다.

비영리조직인 공공기관은 공공성을 대표하고, 영리조직인 기업은 수익성에 역점을 둔다. CSR은 기업의 사회적 환경적 책임과 역할을 의미하기에 공공성을 중히 여긴다. CSV는 사회적 문제를 해결하면서 수익을 창출한다. 사회적 가치와 경제적 가치를 함께 추구한다. 하지만 수익창출에 무게 중심을 두고 사회적 문제를 해결한다는 점에서 수익성 비중이 높다. 사회적 기업은 공공기관이 해오던 역할을 떠맡아 지속적인 자립도를 살리기 위한 방편으로 수익을 추구한다. 따라서 사회적 기업은 공공성에 무게 중심을 더 두고 있다. 사회적 기업 외에도 사회적 경제에는 사회적 협동조합, 마을기업, 자활기업이 있다. 점차 영리기업도 문제없이 돈만 벌면 되는 시대는 저물고 있다. 영리기업이 이익을 내고 세금을 납부하여 공공기관이 해결해야 할 문제를 직접 떠맡아 해야 하는 시대로 가고 있다.

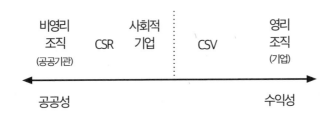

[그림 3.1] CSR, CSV, 사회적 기업의 관계

사회에 좋은 일을 하는 기업이 돈도 잘 버는가?

국내 100대 기업은 매출액 대비 사회공헌(기부금)에 0.14%(2020년)-0.18%(2019년)를 지출했다. 총 규모는 1조 7,145억 원으로, 기업당 평균 약 306억 원을 지출한 것으로 나타났다. 1만원 매출에 18원을 사회공헌에 썼다. 이는 다른 선진국에 비해 낮은 수준은 아니다(미국 0.17%, 일본 0.08%, 2004년 기준). 그런데도 한국사회에서 기업에 대한 이미지가 썩 좋은 것은 아니다. 이는 기업 위선(corporate hypocrisy) 때문이다. CSR로 세탁하여 기업이 사회에서 행한 잘못을 씻어내고자 한다고 보는 것이다. 이것은 CSR 활동에 대한 진정성이 부족하다는 의미이다.

좋은 일을 하면 좋은 결과가 돌아올까? 비즈니스의 근본은 주고받음에 있다. 우리의 삶도 그렇다. 위대한 성인들은 대가를 바라지 말고 선행을 베풀라고 했다. 그러나 비즈니스는 자선 활동이 아니다. CSR 활동을 통해 기업이 사회로부터 받은 것을 되돌려주는 것으로 끝나는가? 그 이후의 선순환 관계는 없는가?

「기브앤테이크」의 저자, 그랜트는 세상에는 3종류의 사람들이 있다고 했다. 기버(giver), 테이커(taker), 매처(matcher)이다. 매처란 당신이 받은 만큼 되돌려준다는 원리를 믿고, 인간관계란 호의를 주고받는 관계라 생각하는 사람이다. 대개 테이커보다 기버가 가난하고 성공 사다리의 아래에 있다. 그러나 성공 사다리의 꼭대기에는 기버가 있다. 실패한 기버는 남을 돕느라 정작 자기 일을 제대로 못하는 사람이다. 성공한 기버는 테이커와 매처가 쉽게 다가서지 못하는 행복과 삶의 의미를 비축한다. 성공한 기버는 실패한 기버보다 덜 이타적인 것처럼 보일지도 모르지만, 그들은 소진한 에너지를 회복하는 능력 덕분에 세상에 더 많이 공헌한다[9, p. 301]. 많은 연구에서 베푸는 행동은 행복과 삶의 의미를 향상시키고 더 열심히 일하도록 동기를 유발해 돈을 더 벌게 해준다는 사실을 강조한다. 베풂에 따르는 행복이 사람들을 더 열심히, 오랫동안 일하게 해준다는 증거는 아주 많다.

당신은 존재이유와 삶의 목적을 어디에 두고 있는가? 기업도 마찬가지다. 그래서 기업의 존재이유인 사명과 목적이 중요하다. 목적지향(purpose-driven) 기업이 늘어나고 있다. 2011년 비콥 인증(B Corporation Certification)을 받은 파타고니아가 목적지향 기업의 대표적인 사례이다.

미국에서 연봉이 적더라도 석유회사에 근무하기보다는 미술관이나 암 학회의 회계사로 일하는 사람들이 늘어나고 있다[9, p. 332]. 이 또한 사회경제생태계의 변화를 나타내고 이다. 이러한 변화는 좋은 일을 하는 기업이 우수한 인재를 채용할 수 있는 기회로 작용한다.

CSR은 기업의 이미지를 개선하고, 평판을 좋게 하는데 도움이 될 뿐인가? CSR과 사회의 관계를 엮는 선순환 고리를 찾기 위해서는 비즈니스 생태계와 지속가능성을 살펴보아야 한다.

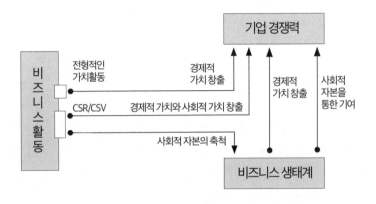

[그림 3.2] 기업 활동, CSR/CSV, 비즈니스 생태계, 사회적 자본, 기업 경쟁력의 관계: CSR은 비즈니스 생태계에 사회적 자본을 축적하여 기업 경쟁력에 기여한다.

3.2 ESG 경영

　　정부와 공공기관에서만 환경과 사회 문제를 해결하는 것은 역부족이다. 시대 변화에 따라 많은 국가에서는 이 사실을 간파해왔다. 사회적 비용을 누가 어떻게 부담할 것인가? 기업은 법인세를 내고, 정부가 세수로 사회적 비용을 부담하는 것으로 충분한가?

　　예를 들어, 2007년 유조선 충돌로 인한 태안반도에서의 기름 유출 사태, 2010년 멕시코만에서 석유시추시설 폭파에 따른 원유 유출, 2008년 금융위기 등이 주는 교훈은 무엇인가? 현명한 지도자들은 기업의 역할을 윤리적 및 자선적 책임이라는 CSR 활동에 맡겨두는 것으로는 부족하다는 사실을 깨달았다. 사태가 발생한 이후에 조치를 취하는 것으로는 한계가 있다. 그 보다는 그러한 사태가 일어나지 않도록, 기업 스스로가 예방하도록 법과 제도로 강제하는 것이 더 낫다. 그러한 인간의 깨달음이 ESG 탄생의 배경이 된다.

ESG 경영은 필수다

기업은 법을 준수하면서 돈만 잘 벌면 지속가능한가? 시대는 그것으로는 돈을 잘 벌기조차도 어렵게 만들고 있다. 기업의 사회적 책임이 ESG로 구체화되고 있다. ESG 경영이란 환경과 사회 문제도 해결하는 투명한 기업 지배구조를 갖는 전략적 접근이다.

첫째로, 기업은 환경오염을 방지하고 탄소배출을 줄이고 기후변화에 대응하는 노력을 해야 한다. 둘째로 기업은 인권을 보호하고, 산업재해를 줄여야 한다. 공급망의 협력사들이 ESG 활동을 하도록 촉진하고, 다양성(성별, 인종, 소수자 등)을 반영하고, 지역사회와의 좋은 관계를 유지하는 등 사회문제도 해결해야 한다. 셋째로 기업은 독립적 이사회와 감사위원회를 구성해야 한다. 투명한 공시시스템, 배당정책, 공정경쟁, 뇌물과 부패 방지 등의 건전하고 투명한 지배구조를 갖추어야 한다. 다시 말해, 환경과 사회로부터의 위험과 기회를 파악, 평가, 관리할 수 있는 지배구조를 갖추어야 한다. 기업 활동의 결과로 경제적 가치가 재무적 성과로 나타나듯이, ESG 경영 활동은 일차적으로 비재무적 성과에 반영된다.

모건스탠리캐피털인터내셔널(MSCI)과 한국기업지배구조원 등에서는 ESG 경영 성과를 지표로 측정하여 발표하고 있다. 향후 유럽을 중심으로 ESG 공시가 의무화될 것이다. 2030년에는 모든 코스피 상장사가 ESG 정보를 공시해야 한다. 현재, 일부 상장사의 경우, 투자자를 위해 증시정보로 재무정보 외에도 간략하게 ESG 관련 정보를 공시하고 있다. 여기에는 "재무정보에 대비되는 개념으로 재무에서 드러나지 않는 기업의 리스크 관리 지표이자 지속가능성 평가 지표이다"라고 명기하고 있다.

기업이 사업을 수행하는데 필요한 자금을 조달하는 자본시장은 ESG 경영에 긍정적 신호를 보내고 있다. 2006년 유엔은 책임투자원칙(PRI: Principles of Responsible Investment)을 제시하고, 투자결정 과정에서 ESG 요소를 반영할 것을 요청했다. ESG 경영 성과를 투자에 반영하는 사회적책임투자(SRI: Social Responsible Investment) 펀드가 증가하고 있다.

국민연금을 비롯한 연기금이 ESG 성과가 좋은 기업에 투자를 하는 데는 이유가 있다. 무엇보다도 위험을 줄이면서 장기적으로 안정적 수익을 내겠다는 연기금의 목적과 일치하기 때문이다. 전 세계 ESG의 책임투자 규모는 2006년 대비 2020년 16배 증가했다. 또한 국내에서도 국민연금은 2022년까지 기금의 50%를 ESG 관련 기업에 투자할 계획이다. 블랙록, 뱅가드, 스테이트스트리트는 미국 빅3 자산운용사이다. 블랙록(BlackRock)은 "ESG가 기업 재무에 실제적인 영향을 미친다."고 천명하였다. 블랙록에서 투자받은 기업은 ESG 경영 성과를 보고해야 한다.

외국 신용평가기관인 무디스(Moody's), 피치(Fitch Ratings), S&P(Standard & Poor's) 등은 물론이고 국내의 신용평가사도 ESG 평가 결과를 신용등급에 반영하고 있다. 한국기업평가, 한국신용평가, NICE 신용평가는 국내의 대표적 신용평가사이다.

투자기관으로부터 네거티브 스크리닝(negative screening)을 받을 수도 있다. 이는 특정 ESG 항목에서 부정적으로 평가되는 산업이나 기업을 포트폴리오나 펀드의 구성에서 배제하는 방법이다. 네거티브 스크리닝의 대상이 된 기업은 투자 대상에서 제외된다. ㈜한화가 무기사업인 분산탄사업을 매각한 것은 책임투자의 네거티브 스크리닝을 회피하기 위한 방안이었다. 한전이 해외의 석탄발전사업에 투자한 것은 책임 투자기관의 네거티브 스크리닝의 대상이 되었다. 블랙록은 한전에 대한 투자 중단 경고를 보냈다. 또한 노르웨이 국부펀드(GPFG)는 한전을 투자 금지 기업으로 지정했다. 한발 더 나아가 네덜란드 연기금(APG)은 한전에 투자한 자금을 회수했다.

투자 위험과 수익률의 관계를 고려하는 것은 투자의 상식이다. 투자 수익률을 예측하는데 대개 재무정보를 이용한다. 그러나 일반 투자자들이 투자 위험을 예견하기란 쉽지 않다. 이제 투자자는 ESG 지표를 보고 재무정보에 나타나지 않는 위험 요인을 객관적으로 파악할 수 있게 된다. ESG 성과가 안 좋은 기업은 규제와 법적 제재의 대상이 될 위험이 높다. 그뿐만이 아니다. 법적인 문제가 되지 않는 경우라도 소비자 불신과 불매운동의 대상이 되는 위험에 노출될 수 있다. ESG 경영을 잘 하는 기업은 이런 위험이 낮기 때문에 많은 투자를 받을 수 있다.

자산운용사는 ESG 지표가 좋은 기업에 투자함으로써 디폴트 위험을 줄이고 채권 가격의 안전성을 높이는 방안을 선택한다. 디폴트 위험이란 기업이 경영부진과 도산 등으로 인한 지불불능에 처할 위험이다. ESG 경영은 특히 치명적인 위험 상황에 노출될 가능성을 줄인다. 더 나아가 기업은 환경과 사회 문제를 해결함으로써 새로운 성장의 기회를 찾아 재무성과도 개선할 수 있다. 예를 들어, 2020년 테슬라는 탄소배출권 판매로 올린 수익이 16억 달러로 순이익의 2배가 넘었다.

'우리는 대기업도 상장기업도 아닌데, ESG가 무슨 상관인가?'라는 의문을 제기할 수도 있다. 그러나 공급망의 협력사도 ESG 경영을 하지 않을 수 없다. ESG 평가를 저해하는 기업과는 거래를 지속할 수 없게 된다. 예를 들어, 애플은 공급망의 모든 협력사를 위한 노동, 인권, 건강, 환경보호 등에 대한 행동수칙을 마련하여 협력사 평가에 반영한다. 또한 애플은 전력의 100%를 재생에너지로 대체하는 RE100(Renewable Energy 100) 캠페인에 참여함으로써 협력사에도 재생에너지 사용을 의무화하고 있다. 애플이 오늘의 ESG 경영에 이르기까지는 시대의 변화를 반영한 많은 깨달음의 과정이 있었다. 애플과 폭스콘 사태는 그 한 예이다.

국내의 대기업도 협력사에게 ESG 평가를 요구하고 있다. 앞으로 어떤 기업도 ESG를 피해갈 수는 없게 될 것이다. 그렇다면 ESG 경영으로 새로운 돌파구를 찾아가는 것이 경영자의 지혜로운 판단이다. 또한 기업이 처한 상황에 따라 재무적 성과와 비재무적 성과의 균형, 환경·사회·기업 지배구조 간의 조화를 찾는 것은 경영자의 몫이다.

수동적 전략과 능동적 전략

규제와 위험을 피해서나 투자를 받기 위해 ESG 경영을 하는 것은 수동적 전략이다. 한편, 기업이 ESG에 투자하여 건강한 비즈니스 생태계를 조성함으로써 재무성과와 통합하는 것은 능동적 전략이다. 후자의 사례로는 영국의 생활용품 기업인 유니레버, 미국의 아웃도어 기업인 파타고니아, 독일의 화학기업인 바스프를 들 수 있다. 이들은 ESG가 화두가 되기 전부터 진정성을 갖고 CSR을 해왔던 기업이다.

국내에서는 SK가 사회적 가치를 임원의 경영 평가에 반영하고 있다. SK는 재무성과로 측정되는 경제적 가치와 함께 사회적 가치도 성과로 측정하는 DBL(Double Bottom Line)을 추구한다. 또한 사회적 기업이 창출한 사회적 가치를 화폐로 환산하여 그에 상응하는 현금 인센티브를 제공하는 사회성과인센티브(Social Progress Credit: SPC) 프로그램을 운영하고 있다. SK는 재무성과와 더불어 사회적 가치를 측정한 비재무적 성과를 임원의 경영 평가에 반영하고 있다. 이는 전 세계의 기업 중에서도 앞선 행보라 할 수 있다. 그러나 SK그룹 차원에서 주도한 DBL이 전체 계열사에 확산되고 있는지는 명확하지 않다. 즉, 사회적 가치로 측정된 비재무적 성과를 재무성과와 함께 얼마나 어디까지 임직원 평가에 반영하는지는 지켜볼 필요가 있다.

ESG 경영은 세계적인 조류이다. 전 세계적으로 공감하는 데는 이유가 있다.

첫째 환경문제와 기후변화에 있다. 탄소배출을 줄이고 기후변화에 대응하는 것은 공공의 몫을 넘어서 기업이 적극 노력해야 할 영역이 되었다.

둘째, 기업이 돈을 벌어서 세금을 내는 것만으로는 여러 사회적 문제, 특히 금융위기와 같은 문제를 방지할 수 없다. ESG 경영으로 환경과 사회적 문제를 해결하는데서 새로운 성장의 기회를 찾아야 한다. 주주 자본주의의 한계를 극복하여 기업이 새로운 도약의 계기를 마련해야 한다.

셋째, 기업 지배구조의 투명성을 개선한다. ESG 경영은 환경과 사회 관련 지표를 개선하는데 종업원, 노동조합, 공급사를 비롯한 협력업체, 지역사회, 규제기관, 환경 등의 다양한 이해관계자를 고려해야 한다. 또한 기업 지배구조에서 주주뿐만 아니라 종업원과 채권자 등이 참여하는 기회를 확대해 가게 된다. 따라서 ESG 경영은 이해관계자 자본주의로 나아가는 계기가 된다.

사람들은 좋은 일을 하면서 돈도 잘 버는 기업을 원한다. 설문조사에서 Z세대의 133명 중 85%는 지금보다 더 나은 세상을 만들어가기를 원했다. ESG 경영은 전 세계적 흐름이다. 또한 ESG는 법규에 의한 규제의 대상이기도 하다. 더 중요한 것은 지구촌과 인류를 위한 사회적 압력이 점차 강하게 작용한다는 점이다. 모두가 다 가는 길에 함께 가지 않는 기업은 경쟁에서 낙오될 수밖에 없다.

위선을 넘어서 지속가능경영으로

기업이 내세우는 CSR 활동과 실제가 불일치하는 경우를 기업 위선이라 한다. 마찬가지로 겉보기에만 그럴싸하게 포장하는 ESG 워싱(washing)도 있을 수 있다. 늘 그렇듯이 거품은 있기 마련이다. ESG 열풍으로 기업이 사회에 행한 과오를 덮거나 일시적으로 이미지를 개선하기 위한 수단으로 악용할 수도 있다. 장기적 관점에서 평판과 신뢰를 구축하는 진정성 있는 접근이 지속가능한 ESG로 가는 길이다.

ESG는 공공재의 특성이 있는가? 공공재란 내 것 네 것으로 따질 필요가 없다. 이를 비배제성이라 한다. 우리 기업이 소비한다고 다른 기업의 쓸 것이 줄어드는 것도 아니다. 이를 비경합성이라고 한다. 그 대표적인 예는 공기이다. 비배제성이 적용되지만 경합성이 있는 경우는 공유재(commons)이다. 공동의 목초지와 물고기가 있는 연못은 공유재의 예이다. 누구나 사용할 수 있어 먼저 차지하는 사람이 임자다. 공유재가 잘 관리되지 않을 경우, 공유재의 비극이 나타난다.

우리 기업이 ESG에 더 예산을 지출해도 돌아오는 혜택이 그렇지 않은 경쟁사와 마찬가지라면 기회주의 행동이 발생한다. ESG에 예산을 지출하면 환경과 사회가 나아진다. 예산 지출의 결과로 사회적 가치가 창출되면 사회후생 수준이 높아진다. 이는 공공재가 갖는 특성이다. 그러나 투자 대비 자사에게 돌아오는 것은 상황 의존적이다. 규제와 위험 회피, 그리고 사업 기회는 기업에 따라 다르게 나타난다. 따라서 ESG에의 투자 결과는 공공재의 특성과 함께 사유재 특성도 있다.

ESG에의 투자가 기업 성과로 나타날까? ESG 투자로 가격 인상이라는 소비자 부담이 증가하지 않을까? 지속적인 ESG가 가능한가? 이러한 의구심은 있기 마련이다. 현실적으로 ESG 경영을 하는 기업은 환경오염을 줄이는 설비와 산업재해를 방지하는데 예산을 투입해야 한다. 또한 협력사와의 동반성장에도 지출해야 하기에 비용이 늘어날 수밖에 없다.

그러나 ESG에의 지출로 이해관계자 모두에게 혜택이 된다면 그것은 투자이다. ESG에의 투자는 건강한 기업 생태계를 조성한다. ESG에의 투자는 건강한 기업 생태계를 통해 기업 경쟁력으로 환원되기도 한다. 이와 더불어 ESG에 투자한 결과로 비재무적 성과가 개선되어 기업 가치가 올라가고, 재무적 성과와 통합되기도 한다. 이러한 선순환 결과를 가져오게 하는 것도 경영자의 몫이다. ESG 경영의 비재무적 성과와 재무적 성과 간의 놓친 연결 고리를 찾는 것은 경영자의 몫이다. ESG를 단순히 비용이 아니라 투자로 보는 전략적 사고가 필요하다.

ESG 경영에 대한 Z세대의 인식

1990년대 중반 이후에 출생한 Z세대는 현실주의, 개인주의, 윤리 중시적 특성이 있다. 모바일 기반에 익숙한 디지털 세대이다. 우리나라의 탄소중립이 완성되는 2050년이면 50대로 국가의 중추적 역할을 할 세대이다. 그들은 ESG에 대해 어떻게 생각할까?

2021학년도 1학기 학부 강좌 수강생 250명을 대상으로 설문조사를 하였다. 133명이 다음 4개 문항의 설문에 응답하였다. 리커트 7점 척도로 물었다(1: 매우 아니다, 4: 중간, 7: 매우 그렇다). 이들 중에서 증권 투자를 하고 있거나 경험 있는 응답자의 비율은 54%(72명)였다.

E. 나는 환경오염을 방지하고 탄소 배출을 줄이며 기후변화에 대응하는 노력을 기울이는 기업에 적극 투자하겠다.

S. 나는 인권을 보호하고, 다양성을 실천하고, 근로자의 산업재해를 줄이고, 지역사회와의 관계를 중요시하는 기업에 적극 투자하겠다.

G. 나는 기업 윤리를 준수하고 일감몰아주기를 하지 않으며 공정경쟁을 하는 투명한 지배구조를 가진 기업에 적극 투자하겠다.

C. 나는 더 나은 세상을 만들고 싶다.

응답자들은 기업 지배구조가 투명한 기업에 투자하겠다는 것에 가장 높은 점수를 주었다(5.43). 그 다음으로 환경(5.41)과 사회(5.29)였다. 환경, 사회, 기업의 지배구조 중에서 특히 지배구조를 중시하였다. 응답자들은 현재보다 더 나은 세상을 만들고 싶어 했다(5.93). 각 질문에서 매우 그렇다는 7점을 준 응답자 비율은 지배구조 28%(37명), 환경 26%(35명), 사회 22%(29명) 순이었다. 응답자의 45%(60명)는 현재보다 더 나은 세상을 만드는데 전적으로 동의했다. 오늘날 국내 기업에 대한 ESG 경영에서 전문가들이 한국 기업의 지배구조의 변화를 강조하는 것과 맥락을 같이 하고 있다.

조사에 따르면, 국내 기업의 지배구조가 비교적 낙후된 것으로 나타났다. 전문가들은 ESG 경영에서 기업 지배구조를 개선하는 것을 필두로 환경과 사회 지표를 관리할 필요가 있다고 강조한다. 사람들에게 더 나은 세상을 만들고자 하는 욕구가 있는 이상, ESG는 기업 경영에 사회적 압력으로 작용할 수밖에 없다.

기업의 사회적 책임에 변화를 주는 ESG 경영

기업은 경제적 가치(富)를 창출하여 세금을 낸다. 정부가 세금으로 사회적 가치를 창출하는 역할을 해왔다. 기업은 경제적 가치 창출에 역점을 두었고, 간접적으로 사회적 가치 창출에 기여해 왔다. 한때, 사회경제생태계에서 기업은 부를 창출하여 법인세를 잘 내는 것이 그 역할과 책임의 범위로 보았다. 그것은 밀턴 프리드먼(Milton Friedman, 1912-2006)의 이야기에서 잘 알 수 있다. "자유경쟁체제 하에서 정해진 규칙을 지키면서 기업 활동을 하는 한, 기업이 사회에 대해 책임져야 할 유일한 것은 기업 자원을 이용해 수익을 올리는 것이다."

오늘날 기업은 경제적 가치는 물론이고 사회적 문제를 해결하면서 직접 사회적 가치도 함께 창출할 책임을 떠맡게 되었다. 그것은 전세계적인 사회적 요구와 압력이 반영된 사회경제생태계에서 기업의 역할 변화에 기인한다. 비즈니스 생태계는 사회경제생태계의 하위 시스템이다. 스스로를 사회생태학자라 칭하였던 피터 드러커(Peter F. Drucker, 1909-2005)는 공(정부)조직군, 사(기업)조직군, 사회(NGO와 가정) 조직군이라는 세 개의 조직군(government, private or business, and social sector)이 각자 그 역할과 책임을 다하도록 상호 견제와 균형이 작동되는 사회를 기능적 사회(functioning society)라 하였다. 사회구성원인 개인이 행복하기 위해서는 자본주의 사회경제 체제가 제대로 잘 기능하는 사회여야 한다 [10, 11]. 오늘날에는 사조직군의 역할과 책임이 점차 확대되고 있다. 다시 말해, 공조직군과 사회조직군이 사조직군에 요구하는 역할과 책임이 확대되고 있다. 이는 사회의 권력기관인 기업이 사회에서 차지하는 비중과 그 영향력과도 집적 관련되어 있다. 따라서 오늘날 기업은 직접 사회적 가치를 창출하여 경제적 가치와의 균형을 잡아갈 때 지속가능하다.

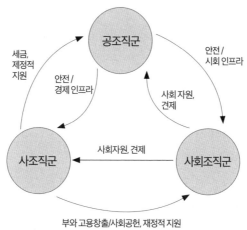

[그림 3.3] 사회경제생태계의 균형 잡기

ESG란 지속가능한 비즈니스 생태계로의 변화를 구체화하는 하나의 경영 방식이다. 비즈니스 생태계란 기업의 이해관계자자인 행위자들(actors)로 구성된 상호의존적이고 상호관련된 시스템이기 때문이다. 일부의 전문가들은 비즈니스 생태계를 가치사슬 전체로 확장된 기업이라 보기도 한다. ESG 경영에서도 진정성 있는 기업이 결국 비즈니스 생태계에 변화를 주고, 자사에 유리한 방향으로 사회경제생태계에도 영향을 줄 수 있다.

ESG는 건강하고 지속가능한 비즈니스 생태계를 만들어가는 경영전략이다. ESG와 CSR 둘 다는 비즈니스 생태계 관점에서 볼 때 건강한 생태계를 위한 투자이다. 건강한 비즈니스 생태계와 기업 성과나 경쟁력과 연계하는 선순환 고리를 찾는 것은 경영자의 몫이다. 기업은 특히, ESG 경영의 초기 단계에서 한정된 자원으로 재무적 성과를 희생하면서 ESG에 투자해야 한다. 여기서 발생하는 갈등을 풀어가는 것도 경영자의 몫이다.

기업의 존재이유를 뜻하는 미션이나 비전을 드러내는 슬로건을 보자.

"우리는 우리의 터전, 지구를 되살리기 위해 사업을 합니다(파타고니아)."

"지속가능한 삶 계획(유니레버)."

"사람과 지구에 친화적 전략(이케아)."

"지속가능한 에너지로의 세계적 전환을 가속화하라(테슬라)."

"더불어 함께 발전하는 기업시민(포스코)."

"우리는 지속가능한 미래를 위해 화학을 창조한다(바스프).".

허울 좋은 구호들인가? 실천을 위한 과제인가? 여기서 진정성이 입증된다. 오랜 기간 끈질기게 지켜볼 때만 이를 알 수 있다.

마하트마 간디의 진정성에 대한 이야기이다. 사탕을 끊지 못하는 아이에게 간디의 말 한 마디를 보름이나 기다려야 했던 어머니에 대한 이야기이다. 간디는 자신도 사탕을 즐겨 먹고 있었기에 보름간 사탕을 끊고 나서야 아이에게 사탕이 해로우니 그만 먹으라고 말했다고 한다. 진실이 드러날까 염려하면서 진정성에 가장 목매인 사람은 사기꾼이라고 한다.

피터 드러커는 1955에 펴낸 「경영의 실제」에서 "기업은 일하는 손만 고용할 수 없다. 일터에는 항상 그 손의 주인이 함께 온다."고 했다[12]. 인간이라는 노동자에게는 가치관, 태도, 개성이 있다. 인간이라는 노동자는 단지 인적자원을 넘어서는 무엇인가이다.

드러커는 기업의 이익에 대해 도덕성을 부여한 학자이다. 이익을 내지 못하는 조직은 존속할 수 없다. 드러커는 이익을 단순히 잉여금이 아니라 사업을 영위하기 위해 들어갈 비용이라 보았다. 즉, 향후의 사업에 투자할 자금이다. 기업이 이익을 내는 것은 장기적으로 성장하기 위한 유일한 방법이다. 이익은 고용을 창출하고, 신사업과 신시장을 개척하기 위한 유일한 수단이다. 이러한 관점에서 드러커는 이익을 추구하는 기업의 존재에 대한 도덕적 타당성을 부여한 사회생태학자이다. 드러커는 일찍이 사회경제생태계에서 거대한 힘을 발휘하는 기업이 이익만을 추구하는 것으로는 충분하지 않다는 것을 간파하고 있었다.

캘리포니아경영연구소의 링크레터(Karen E. Linkletter) 연구원은 드러커의 경영사상이 비즈니스 라운드테이블(BRT: Business Roundtable) 선언문의 근간이 된다고 주장하였다. 2019년 미국 최고경영자 모임인 비즈니스 라운드테이블은 다음의 선언문을 발표했다. "고객에게 가치를 제공하고, 종업원에게 투자하고, 협력 업체와 공정하고 윤리적으로 거래하고, 지역사회를 지원하고, 장기적인 주주 가치를 창출하는 이해관계자들 모두가 기업의 필수적인 목적이다." 선언문은 주주 자본주의를 넘어서 이해관계자 자본주의를 지향하고 있다. 50주년인 2020년, 세계경제포럼의 주제는 '이해관계자 자본주의로 어떻게 세계가 직면한 긴급한 문제를 해결할 것인가?'였다. 누군가가 앞서 길을 내면, 언젠가는 모두가 자연스럽게 그 길로 간다.

누구를 위한 부인가? 주주, 이해관계자, 비즈니스 생태계

기업가란 자신의 돈과 지식 및 경험을 투자하여 위험을 무릅쓰고 사업을 하는 경영자이다. 점차 창업자가 기업가로서 경영 활동을 하다가 2세대를 지나면서 소유와 경영이 분리된 전문경영인 체제로 들어간다. 주주총회에서 이사를 선임하고 이사회에서 CEO를 임명한다. 단순하게 말하자면, 기업 지배구조란 주주(오너)가 CEO로 하여금 자신을 대신하여 종업원들이 자산을 이용하는 것을 통제하는 기제(mechanism)이다.

경영자는 주주의 부 극대화를 목표로 일한다. 주주가 회사에서 최후의 책임을 지는 주인(소유자)이라는 점에서 주주 자본주의(shareholder capitalism)라 한다. 주주는 잔여재산청구권자이다. 주주가 가진 주식의 수에 따라 주주에게 잔여재산을 분배한다. 종업원은 노동의 대가로 임금을 받고, 채권자는 이자를 받고, 정부는 법인세를 받는다. 임금을 지급하지 않거나 이자를 내지 않으면 법적 제재를 받는다. 또한 이익에 대한 법인세를 내야 한다. 그러나 주주는 손실이 발생하면 챙길 것이 없다. 배당은 받을 수도 있고 못 받을 수도 있다. 파산해도 주주는 임금, 이자, 세금을 내고 남은 잔여재산에 대한 청구권을 갖는다. 그래서 주주는 이해관계자들 중에서 최후의 책임자로 본다.

워렌 버핏이 인수한 신문사가 우여곡절 끝에 이익을 내게 되었다. 회사가 거둔 수익을 직원들이 배분받을 수 있는지에 대한 질문에 대한 응답에서도 알 수 있다. "위험을 감수하는 주체는 자본이고, 따라서 보상받는 주체도 자본이다. 직원들은 일하고, 들인 시간과 노력에 따라서 더도 아니고 덜도 아니게 딱 그만큼 봉급을 받으면 된다."[13, pp. 913-914].

물론 현실적으로 대부분의 투자자들은 시세 차익을 보고 투자한다. 미국에서 평균 주식보유기간은 점점 짧아지고 있다. 1940년대 7년, 1987년 2년, 2007년에는 7개월이다. 국내의 경우는 3-5개월이다. 코스피는 4.9개월, 코스닥 1.1개월이다(2020년 8월).

회사는 기본적으로 이해관계자들 간의 계약의 집합체이다. 주주는 기업을 소유하지 않는다. 단지, 주식을 소유할 뿐이다. 따라서 회사의 주주는 제한된 권한(소유권)을 갖는 계약 관계에 있다. 즉, 주주는 기업의 계약에 따라 제한된 권리를 갖는다. 마찬가지로 종업원과 채권자 등도 계약에 따라 제한된 권리를 갖는다. 단기적 시세 차익을 놀리는 주주들보다는 종업원이 더 기업에 대한 애착을 갖고 봉사한다.

이해관계자 자본주의에서는 기업의 주인을 주주를 비롯한 이해관계자로 본다. 또한 기업의 이익은 주주만이 아니라, 종업원과 채권자 등의 이해관계자들에게 균형있게 배분되도록 기업을 경영한다. 기업에는 내부 이해관계자와 외부 이해관계자가 있다. 종업원, 경영자, 이사회, 주주는 기업 내부의 이해관계자이다. 고객, 공급자, 은행을 비롯한 주주 외의 투자자는 기업과 직접 상호작용하는 외부 이해관계자이다. 정부, 지역사회, 환경 등도 기업 운영에 중요한 외부 이해관계자이다.

1950-60년대에 경영이론으로 탄생한 이해관계자 자본주의는 2008년 금융위기, 기후변화, 빈부격차, 불평등 등으로 인해 재점화되었다. 미국이 주주 자본주의를 채택한다면, 독일은 이해관계자 자본주의에 가깝다. 독일 기업에서는 경영이사회를 감독하는 감독이사회를 두고 있다. 종업원이 감독이사회 이사의 과반수이상을 임명한다.

2008년 금융위기는 단기의 주주 부를 극대화하는 데서 초래되었다. 이해관계자 자본주의가 장기적 주주 부를 극대화하는데 도움이 된다는 것에는 대부분의 전문가들이 동의하고 있다. 그러나 주주 자본주의와 이해관계자 자본주의 중에서 어느 제도가 더 나은 가에 대해서는 합의점은 없다. 이해관계자 자본주의에서 경영자는 주주 외에도 노동자를 비롯한 이해관계자들의 이익을 대변하는데 어려움이 있고, 도덕적 해이가 심화될 수 있다. 예를 들어, 모두를 위한다는 것을 구실로 실제로는 경영자 자신의 이익을 위해 행동한다. 주주에게는 노동자 이익, 노동자에게는 주주 이익을 위해서라는 변명거리를 주는 위험이 따른다.

ESG 경영은 환경과 사회에의 지출로 비재무적 성과를 개선한다. 이는 결국 이해관계자들의 이익으로 대변된다. 결국 ESG 경영은 경영자가 주주 외에도 여러 이해관계자들을 고려한 경영전략을 실천하는데 따른 갈등을 풀어준다. 환경오염을 줄이는 설비와 근로자의 산업재해를 방지하는데 지출을 늘리는 것에 주저할 필요가 없다. 그것은 결국 비재무적 성과가 경영자의 평가에 반영되기 때문이다.

자사의 개별적 노력만으로 ESG 경영을 실천하는 데는 한계가 있다. 가치사슬의 협력사를 비롯한 사업 파트너들이라는 이해관계자들이 함께 해야 한다. ESG에서 추구하는 가치와 방향 및 행동규범 등을 이해관계자들이 공유하는 것이 ESG 경영을 성공으로 이끄는 첫 걸음이다. 비즈니스 생태계의 공유목적에는 이러한 ESG 경영의 핵심가치와 행동규범을 내포하고 있다. 결국 ESG 경영은 이해관계자들과 함께 기업 생태계를 지속가능하게 하는데 일조한다. 따라서 ESG 경영도 비즈니스 생태계 경영의 일부이다.

3.3 투자를 되돌려 주는 사회적 자본

OECD는 주거, 소득, 직업, 공동체, 교육, 환경, 시민참여, 삶의 만족, 안전, 일과 삶의 균형이라는 11개 항목을 삶의 질(Better Life Index)을 나타내는 지표로 측정하고 있다. 어느 한 나라의 자연자본, 경제자본, 인적자본, 사회적 자본을 11개 차원의 지표로 나타낸 것이다.

공동체 차원은 그 나라의 사회적 자본을 나타낸다. 2018년 OECD 40개국 중에서 우리나라의 사회적 자본은 거의 꼴찌를 차지하고 있다. 그리스와 멕시코가 우리의 뒤를 잇고 있다. 한국의 경우, 어려움에 처했을 때 도움을 요청할 수 있는 친척, 친구 또는 이웃이 없다고 응답한 사람의 비율이 19.2%로 가장 높았다. OECD 평균은 8.6%였다. 이는 사회적 지원 수준이 최하위라는 뜻이다. 한국인의 주당 사회적 교류시간은 4.9시간인데, OECD 평균은 6시간이었다. 한국에서 사회적 자본이 취약한 면을 알 수 있다.

취약한 사회적 관계망에서는 경제적 기회가 제한되고, 다른 사람들과 교류가 부족하고, 고립감은 커진다. 사회적으로 고립된 사람은 사회에 공헌하기도 힘들고 사회로부터 영감을 받기도 어렵다.

디지사이트

사회적 자본은 사회적 관계로부터 쌓이게 되는 신뢰와 호의이다. 이는 개인, 집단, 조직에게 혜택과 위험의 기회를 제공한다. 사람들은 소중한 정보를 얻고, 사회에 영향력과 통제력을 발휘하고, 위기를 헤쳐 나갈 결속력을 갖는다. 이것이 사회적 자본으로부터 받는 혜택이다.

우회적으로 표현한 사회적 자본에 대한 워렌 버핏의 이야기이다. 「스노볼」에서 버핏은 자신이 미국에서 태어난 덕분에 부자가 될 수 있었다는 것을 난소 로또에 비유하였다[13, pp. 340-341].

"아시다시피 나는 이 세상에 살면서 상당히 괜찮았습니다. 내가 1930년에 미국에서 태어날 확률은 50 대 1 정도로 나한테 불리했습니다. 하지만 나는 어머니의 자궁에서 나와 미국이라는 나라에 태어나면서 로또에 당첨이 된 겁니다. 다른 나라에서 태어났더라면 내가 거둘 수 있었던 성공의 가능성은 훨씬 적었을 겁니다.

어머니의 자궁에 쌍둥이 둘이 있다고 칩시다. 둘 다 명석하고 에너지가 넘칩니다. 이때 어떤 사람이 이 아이들에게 이렇게 말한다고 칩시다. '너희들 가운데 한 명은 미국에게 태어날 것이고, 또 한 명은 방글라데시에서 태어날 것이다. 만일 방글라데시에서 태어난다면, 세금은 한 푼도 내지 않을 것이다. 그렇다면 방글라데시에서 태어나는 아이의 소득은 미국에서 태어난 아이의 소득에 비해서 몇 퍼센트나 될까?' 이 말은, 어떤 사람의 운명은 그 사람이 사는 사회와 관계가 있지 오로지 타고난 특성에 의해서만 결정되는 게 아니라는 사실을 암시합니다. '내 힘으로 모든 걸 다 이루었어.'라고 말하는 사람, 즉 자기가 호레이쇼 (19세기 말의 미국 아동문학가, 가난한 소년이 근면과 절약과 정직으로 성공한다는 내용의 성공담을 담은 소설들을 썼다)의 주인공이라고 생각하는 사람들조차도 미국에서 태어났기 때문에 방글라데시에서보다 평생 더 많은 소득을 벌어들인다고 말할 겁니다."

버핏은 이미 사회적 자본의 중요성을 간파하고 있었다. 두 나라 간에 축적된 사회적 자본의 차이가 성공의 차이를 만들어내는 것에 영향을 준다. 여기서는 거시적 차원의 사회적 자본을 이야기하고 있다. 공공재 특성이 강한 사회적 자본은 그 사회의 구성원 누구에게나 혜택으로 돌아간다. 버핏의 사회에 대한 이야기는 공공재로써의 사회적 자본이다.

사회적 자본이 네 것 내 것으로 갈리지 않는 공공재라면, 그 사회의 누구에게나 혜택으로 돌아간다. 사회적 자본의 구루인 하버드대의 로버트 퍼트남(Robert David Putman)도 사회적 자본은 공공재로써 배제성이 없다고 했다. 배제성이 없기 때문에 자본 축적에 기여한 정도에 관계없이 그 사회 구성원들이 혜택을 본다. 지역사회나 국가 등의 거시적 차원에서 측정된 사회적 자본으로 협력 네트워크, 규범과 신뢰 등이 있다. 협력 네트워크가 잘 구성되어 있고, 호혜적 규범과 신뢰가 잘 구축된 사회나 국가에서 기업을 하면 거래비용도 절감할 수 있다. 공동체 구성원 모두의 이익으로 되돌아온다. 또 다른 한편으로는 기회주의적 무의승차도 존재한다. 사회적 자본을 쌓는데 투자하지 않고, 그 혜택만 누리고자 하는 개인이나 집단은 늘 존재하기 때문이다.

그런데 사회적 자본은 공공재의 특성을 갖기도 하지만, 그 혜택의 정도가 개인이나 조직에 따라 다르게 돌아간다. 부르디외(Bourdieu)의 주장처럼 미시적 차원에서 보면, 사회적 자본은 개인단위의 자산이다. "타인이나 집단에 비해 한정된 자원을 얼마나 효율적으로 활용할 수 있는 위치를 차지하는가의 문제이다."[14]. 어떤 기업이 외부 집단이나 사회와의 관계로부터 얻는 정보나 혜택은 개인에 따라 다르게 나타난다. 같은 사회 네트워크에서도 자원을 동원할 수 있는 개인의 능력이 다르다. 개인이 동원할 수 있는 사회적 자본은 개인의 지위나 능력에 따라 달라진다. 마찬가지로 기업이 사회로부터 받는 사회적 자본의 혜택은 다르게 나타난다. 기업이 사회에 기여한 바에 따라 그 기업에 환원되는 사회적 자본의 혜택이 다를 수 있다. 그렇다면 사회적 자본은 공공재 특성을 넘어서 사유재 성격을 갖기도 한다.

사회적 자본 축적에 더 많이 기여한 조직이 더 많은 혜택을 누릴까?

사회에서 개인에 따라 사회적 자본으로부터 받는 혜택이 다르다는 것은 이미 입증되었다. 한 때 외부에서 대학 총장을 모셔오고, 기업의 사외이사나 임원에 정부 관료 출신을 앉히는 관행이 있었는데, 그 이유도 그 사람이 갖는 사회적 자본과 관련이 있다. 개인의 지적 자본보다는 그 사람의 정보력과 영향력이라는 사회적 자본이 더 큰 혜택으로 조직에 돌아온다고 보았기 때문이다.

박사학위 논문심사를 받았던 졸업생의 전화를 받았다. 그는 대형 기획사에서 근무하고 있었다. 그는 "계속 쌓아왔던 내 지식을 매일매일 싹싹 빼간다는 느낌을 받는다."고 했다. 그런데 그가 아는 것만으로는 해결할 수 없는 어려움에 처하게 될 때가 있다고 했다. 함께 근무하는 동료는 선배와 지인들에게 전화하여 물어보고 바로 해결책을 알아내었다. 그런데 정작 본인은 홀로 공부해서 해결하려고 하니 시간적으로 어려움을 겪는 경우가 많다고 했다.

당시 그에게 SNS를 권한 적이 있다. 자신이 공부하여 쌓은 지식과 경험은 인적자본이다. 한편, 졸업생의 직장 동료가 선배와 지인 등의 인적 네트워크를 활용하는 것은 사회적 자본이다. 학교의 선후배, 오랫동안 끈끈한 유대관계를 맺어온 지인, 친인척인 경우는 서로 믿고 비밀스러운 정보와 지식을 공유한다. 또한 기꺼이 서로 도움을 준다. 이는 강한 정서적 연대 관계로부터 오는 결속형 사회적 자본으로 학연, 지연, 혈연을 중심으로 형성된 사회 관계망에 형성된 것이다. 한편, SNS는 서로 잘 알지 못하는 다양한 사람들의 연결망이다. 여기에는 약한 연대를 통해 사회적 자본이 형성된다. SNS에서는 평소 알지 못하던 사람들이 친구 관계를 맺거나 팔로워가 된다. 깊은 정서적 유대 관계는 없다. 경조사에 부조를 하는 것도 아니지만, 일상을 공유하고 소통하고 정보와 지식을 공유한다. SNS에서는 약한 연대 관계를 통해 연결형 사회적 자본이 형성된다. 결속형은 배타성이 강하지만, 연결형은 개방적이다. 강한 연대감을 이룬 경우, 서로 기밀의 고급 정보를 나눌 수 있지만, 외부와는 배타적이다.

미국에서 강한 연대 관계의 사람들보다는 약한 연대 관계에 있는 사람들이 더 많은 직장을 알선했다는 연구도 있다. 항상 강한 연대가 좋은 것만은 아니다.

연결고리 찾기

기업이 사회적 책임을 수행하는 것은 기업의 존재이유나 목적에 기여하는가? 이에 대한 많은 연구가 있었다. 대부분의 연구자들은 기업의 사회적 책임 활동이 재무적 성과에 직접적으로 주는 영향을 알아보고자 했다. 그 연구결과는 일치하지 않았다. 간과했던 어떤 다른 연결고리가 존재하는가? 기업 목적이 좁게는 이윤추구나 주주 부의 극대화일 수 있고, 넓게는 지속가능한 경쟁우위나 경쟁력 또는 존속과 성장일 수 있다.

기업의 사회적 책임 활동의 결과는 어떻게 기업 성과나 경쟁력으로 귀착될까? 공유가치창출(CSV) 활동은 기업이 사회적 문제를 해결하여 사회적 가치와 동시에 경제적 가치를 추구한다.

일찍이 피터 드러커가 이야기했듯이 사회혁신을 통해 비즈니스 기회를 찾는 것이다. 기업은 사회적 문제를 해결하여 사회적 가치를 창출함과 동시에 경제적 가치도 창출할 수 있다. 기업의 사회적 책임 활동이 기업의 경제적 가치를 창출하는가? CSR과 기업 성과간의 직접적 관계에 대해서는 긍정과 부정의 주장이 엇갈린다.

비즈니스 생태계 관점에서 사회적 자본의 역할을 파악해보면 놓쳤던 연결고리를 찾을 수 있다. 기업의 사회적 책임은 지속가능한 비즈니스 생태계에의 투자이다. 이로 인해 비즈니스 생태계에 사회적 자본이 축적된다. 이는 다시 기업의 지속가능한 경쟁우위를 지원하고 성장에 기여한다. 우리는 이러한 연결고리를 찾기 위한 연구를 수년 간 진행했다. 한국과 미국 기업의 경영자들과 인터뷰를 하면서 자료를 축적하고 분석했다. 비즈니스 생태계, 사회적 자본, 지속가능성을 함께 고려할 때 기업의 사회적 책임과 기업 목적 간의 연결고리를 찾을 수 있었다.

홀푸드는 지역 농산물 생산자 대출 프로그램(LPLP: Local Producer

Loan Program)에 2,500만 불을 지원했다. 지역 농가를 후원함으로써 다양한 제철 경작물을 생산하도록 장려하고, 결과적으로 유통비도 줄인다. 그래도 홀푸드 식품은 비싼 편이다. 1년간 방문했던 오리건주 포틀랜드에 있는 포틀랜드대학의 식단에는 식재료에 지역농산물을 사용한다는 안내가 메뉴와 함께 비치되어 있었다. 홀푸드는 홀플래닛재단(Whole Planet Foundation)을 설립하여 사회공헌 활동을 해왔다. 홀푸드는 건강한 식생활에 대한 소비자 교육을 위하여 5명의 의사를 고용하고 있다. 홀푸드가 진정성을 갖고 지속적으로 사회적 책임 활동을 수행하는 것은 기업 목적이 비즈니스 생태계의 목적과 일치하기 때문이다. 홀푸드의 사회적 책임 활동은 기업 목적 나아가 비즈니스 생태계를 위한 투자이다. 다음은 우리가 인터뷰한 홀푸드 북서부 지역 부사장의 이야기이다.

"우리 회사에 5명의 의사가 있습니다. 그들은 영양과 건강에 대한 교육도 합니다. 당신이 건강한 음식을 먹고 건강하게 살면, 의료비 청구가 줄어든다고 믿기 때문입니다.

사람들에게 바른 식생활을 교육하기란 어렵고, 대단히 감성적인 문제입니다. 그러나 우리의 고객들은 계속 학습하고자 한다고 믿고 있습니다. 연결 통로를 만들어주고 건강한 미래로 가도록 길을 내주어야 합니다.

이러한 일을 하는데 투자를 하는 것은 건강한 식생활을 통해 오래 살고, 오랫동안 쇼핑을 할 수 있다는 기대 때문입니다. 이런 일은 캠페인이 아니고, 더구나 광고 캠페인이 아닙니다. 그것은 바로 십자군 운동과 같습니다. 세상을 바꾸자는 비장한 임무입니다."

기업의 사회적 책임 활동으로 직접적인 경제적 성과를 기대할 수는 없다. 그러나 비즈니스 생태계의 이해관계자들, 특히 고객을 비롯한 지역사회와 상호작용을 통해 신뢰를 쌓고 결속력을 강화하게 된다. 그 결과로 비즈니스 생태계에 사회적 자본을 축적하게 된다.

"CSR을 통해 지역의 이해관계자들과 자주 만나고 소통함으로써 우리의 가치와 문화를 공유하며, 사람들은 우리가 말하는 것을 이해하게 됩니다. 그렇게 함으로써 우리를 믿는 사람들이 늘어납니다.

만약 올바른 일을 위해 힘쓰면, 비즈니스는 번창합니다. 그게 바로 우리가 믿는 바입니다. CSR은 그 중의 하나입니다. 해양관리 활동으로부터 직접적인 기업 성과는 없습니다. 홀플래닛재단의 활동으로부터도 직접적인 기업 성과는 없습니다. 건강한 식품운동으로부터도 직접적인 기업 성과는 없습니다. 그러나 우리는 이해관계자들과 함께 하고, 우리와 같은 생각을 하고 같은 일을 하는 사람들을 끌어들인다고 믿습니다. 따라서 지역사회와 강한 결속력이 형성됩니다. 그리고 그것은 비즈니스를 번창하게 합니다."

홀푸드가 오랜 기간 쌓아온 신뢰가 있기 때문에 고객은 홀플래닛재단의 기금 모금에도 참여한다. 홀푸드의 식생활 변화를 위한 다양한 사회혁신 활동으로 유기농 식품 소비가 급속히 증가했다. 또한 고객의 신뢰와 세상을 바꾸고자 하는 홀푸드의 가치를 고객이 공유하기 때문에 고객은 기꺼이 기부한다. 물론 유기농 식품 시장이 성장하면 홀푸드도 함께 성장한다. 홀푸드 창업 당시에 유기농 식품 시장 규모는 0.01-0.001%였다. 2014년 유기농 식품 소비는 4%로 창업 당시와 비교하면

1천 배 이상 증가하였다. 그 시장은 지금도 계속 성장하고 있다. 결국 홀푸드 생태계의 사회적 자본이 기업 경쟁력으로 되돌아오는 선순환 구조라는 증거이다. 홀푸드는 더욱 담대한 목표로 나아가고 있다. 그것은 홀푸드의 목적과 한 방향으로 가고 있다.

"한 때 유기농 식품이 비장한 목표였지만, 더욱 공격적으로 나아갔습니다. 그래서 홀플래닛재단을 설립했습니다. 우리는 빈곤 퇴치를 목표로 합니다. 우리의 고객들도 그 재단을 설립하는데 자금을 투자했습니다. 고객이 낸 자금의 100%가 마이크로론(microloans, 소액대출)으로 제3세계의 빈곤 퇴치에 사용됩니다. 우리는 식생활을 바꾸고, 건강한 사회를 만들고자 합니다."

1981년 홍수로 텍사스 오스틴 홀푸드 1호점이 물에 잠겼지만 고객들과 주민들의 도움으로 위기를 모면하고, 속히 영업을 재개하게 되었다. 이는 국내에서도 여러 언론을 통해 소개된 오래된 이야기이다. 이 또한 홀푸드 생태계의 사회적 자본이 주는 혜택이다.

유사한 사례는 또 있다. 2011년 일본 동부 지역에 지진과 쓰나미가 발생하여 기업에 막대한 손실과 재앙을 초래하였다. 이런 상황에서 몇몇 기업들은 필요한 자원을 신속하게 동원하여 재난복구가 가능했으며 생산을 재개할 수 있었다. 올컷과 올리버는 5개 기업의 사례와 심층 인터뷰를 통해 수집한 자료를 분석했다[15]. 재난으로부터 그렇게 신속하게 자원을 동원하고, 생산을 재개할 수 있었던 것은 사회적 자본의 역할이었다. 재난 극복을 위한 지역사회의 지원은 가격이나 기타 조건에 대한 사전 계약이 없이 이루어졌다. 이는 사회적 자본의 역할이다.

코스트코 부사장과의 인터뷰 내용에서도 사회적 책임 활동으로 비즈니스 생태계에 사회적 자본이 축적되어 그것이 기업 경쟁력이 된다는 것을 알 수 있다[16]. 코스트코는 지역사회, 공급자, 고객들에게 다양한 방식으로 투자하여 호의적 관계를 맺고 명성을 쌓아 사회적 자본을 형성한다[17, 18, 19].

"우리는 매년 세전이익의 1%를 어린이 건강과 교육 부분에 기부합니다. 공급자, 지역의 농부들과의 장기적 관계를 중히 여깁니다. 농장에서 함께 일하기도 하고, 그들 자녀들을 위한 학교를 세우기도 합니다.

우리는 단순히 상품만 판매하기 위해 투자하지 않습니다. 사람들이 편안하게 쇼핑하는 느낌을 받도록 매력적인 환경을 갖춥니다. 종업원들의 복지와 교육을 위해 노력하고, 그들을 보살피기 위해 투자하기도 합니다.

우리는 종업원, 고객, 공급자와 함께 올바른 일을 하기 때문에 명성을 쌓아갑니다. 우리는 그러한 것을 광고하거나 떠들썩하게 공식적으로 공개하지 않습니다. 고객들은 우리가 사실 그대로 낮은 자세로 임한다는 것을 고맙게 여기고 있으며, 그들이 본 그대로(광고나 과장하지 않은 상태 그대로)를 좋아합니다."

코스트코는 공급자들을 비롯한 비즈니스 생태계의 이해관계자들이 올바른 일을 하도록 도움을 주고 있다. 예를 들어, 태국에서 새우를 공급하는 업체가 올바른 방식으로 새우 양식을 하도록 돕고, 어린이가 노동에 동원되지 않도록 한다. 그 외의 이해관계자들에게도 CSR을 통해 올바른 일을 하도록 돕고 있다. 코스트코의 부사장과의 인터뷰에 따르면, 좋은 일을 하면 좋은 일이 일어난다고 믿기 때문에 특별히 광고를 하지도 않는다.

코스트코의 사회적 가치 창출로 결속력이라는 비즈니스 생태계의 사회적 자본이 축적되어 결국 기업 성과로 환원되는 과정을 알 수 있다.

"30년 전에 사업을 시작할 때는 사회적 가치와 사회적 자본에 대한 개념을 생각하지 않았습니다. 그때는 단지, 기업 윤리를 준수하는 것, 어떻게 윤리강령을 지킬 것인가를 고민했습니다. 시간이 지남에 따라 그런 것을 하는 것이 되어야 성공적이라고 믿게 되었습니다. 우리의 경쟁사인 샘스클럽(Sam's Club, 월마트의 회원제 할인점)은 연간 매장당 매출액이 8,900만 불인데, 우리는 1억 5천만 불입니다. 경쟁사가 우리보다 더 나은 자원을 동원하고 있습니다. 그런데 왜 경쟁사는 1억 5천만 불이 되지 못합니까? 그 이유는 연결에 있습니다. 일종의 경쟁우위라 할 수 있는 시간에 따라 우리가 창출해 온 결속력 때문입니다."

기업의 사회공헌 활동이 기업 평판을 좋게 한다는 것은 잘 알려진 사실이다. 평판은 기업의 신뢰와 직접 관련되어 있다. 좋은 평판이 신뢰를 준다. 또한 좋은 평판은 고객의 기업에 대한 충성도를 높인다. 좀 비약하면, 좋은 평판은 사회적 자본이 된다.

과연 기업의 사회공헌 활동이 비즈니스 생태계의 사회적 자본을 축적하여 기업 평판에 영향을 주는가를 조사하였다[20]. 경주에 본사를 둔 공기업인 한국수력원자력(한수원)을 대상으로 조사하였다. 한수원은 봉사활동, 교육 및 장학지원사업, 지역경제협력사업, 주변환경개선

사업, 지역복지사업, 지역무역진흥사업 등으로 지역사회에 공헌하고 있다. 지역의 대학생과 교직원을 대상으로 설문조사를 통해 자료를 수집하여 분석했다. 이미 잘 알려진 바와 같이 한수원의 사회공헌 활동은 평판에 좋은 영향을 주었다. 여기서 또 하나의 경로를 발견하였다. 사회공헌 활동이 한수원 생태계의 사회적 자본 형성에 기여하고, 이를 통해 기업의 평판이 향상된다는 점이다. 달리 말하자면, 한수원의 사회공헌 활동을 높게(또는 긍정적으로) 평가할수록 기업의 평판이 좋은 것으로 인지한다. 또한 기업의 사회공헌 활동을 긍정적으로 보는 사람들은 기업이 사회적 자본을 형성하는데 더 큰 기여를 한다고 지각한다. 한수원의 사회적 자본 형성에 대한 기여도가 높다고 지각한 응답자일수록 한수원에 대한 평판도 좋았다. 연구는 이전의 연구에서 CSR과 그 성과 간의 관계에서 고려되지 못했던 간접적 관계를 분석하였다. 즉, CSR은 기업 평판에 직접적으로 영향을 주는 것보다는 도리어 사회적 자본을 통해 간접적으로 더 강한 영향을 미치는 것을 입증하였다.

CSR이 궁극적으로는 사회에 공헌하는 것을 넘어서 사회적 자본을 축적하는데 기여하고, 이를 통해 기업 평판을 개선하는 결과로 기업에 되돌아온다. 따라서 CSR의 정당성이 확보되는 셈이다.

CSR의 많은 부분은 ESG 경영으로 실천되고, 그 결과는 기업의 비재무적 성과로 나타난다. 또한 CSR은 비즈니스 생태계의 사회적 자본을 축적함으로써 기업 경쟁력으로 환원된다.

사회적 자본이 그 사회에 배태된 자본일지라도 기업에 따라 사회적 자본의 혜택을 누리는 정도는 다를 수 있을까? 우리는 그 질문에 대한 해답을 찾고자 비즈니스 생태계 관점에서 수년 간 연구를 진행했다. 답은 "그렇다" 이다. 그렇다면, 기업의 사회적 자본 형성에 기여한 바는 결국 비즈니스 생태계를 통해 기업 경쟁력으로 환원되는 셈이다. 사회경제생태계 관점에서 기업이라는 사조직군의 역할은 단순히 경제적 가치 창출을 넘어선다. 기업은 사회적 문제를 해결하고 사회적 가치를 창출할 때 지속가능하다. 어떻게 보면 정부와 공공기관이 떠맡아야만 했던 역할을 기업과 사회가 상호 보완적으로 수행할 때 인류사에 변화와 발전을 가져올 것이다.

참고문헌

[1] 칼린 지브란, 예언자, 무소의뿔, 2012. p. 56.

[2] 경향비즈, 2021. 2. 8.

[3] 한겨레, 2021. 2. 18.

[4] 앨리스 슈뢰더, 스노볼1: 워런 버핏과 인생 경영(이경식 옮김), 랜덤하우스, 2009, p. 487.

[5] Carrol, A. B., The pyramid of corporate social responsibility, Business Horizons, 34(4), 1991, pp. 39-48.

[6] 박종훈, 성연달, 이홍기, "윤리경영의 범위: 애플과 폭스콘", Korea Business Review, 17(4), 2013, pp. 183-217.

[7] Porter, M. E., and Kramer, M. R., Strategy & society: The link between competitive advantage and corporate social responsibility. Harvard Business Review, 84(12), 2006, pp. 78-92.

[8] Porter, M. E., and Kramer, M. R., Creating Shared Value, Harvard Business Review, Vol. 89 Issue 1/2, 2011, pp. 62-77.

[9] 애덤 그랜트, 기브앤테이크(윤태준 옮김), 생각연구소, 2013.

[10] Shin, Minsuk, Balancing the tension between freedom and responsibility through Peter F. Drucker's MBO&SC. Creativity & Innovation, 9(2), 2016, pp. 119-135.

[11] Shin, M. M, and Lee, J. Requirements, principles, and performance of corporate federalism: A case of MNC-SME alliance, Sustainability, 11(9) 2019:2617.

[12] 피터 F. 드러커, 경영의 실제(이재규 옮김), 한국경제신문사(한경비피), 2014.

[13] 앨리스 슈뢰더, 스노볼2: 워런 버핏과 인생 경영(이경식 옮김), 랜덤하우스, 2009.

[14] 장시준(2014), 교육은 사회자본의 형성, Economy 21(7월호 커버스토리), http://www.economy21.co.kr/news/articleView.html?idxno=1004449

[15] Olcott, G. and Oliver, N., Social capital, sensemaking, and recovery: Japanese companies and the 2011 earthquake, California Management Review, 56(2), 2014, pp. 5-22.

[16] 2014년 6월, 우리는 코스트코 국제담당 부사장과의 인터뷰 약속으로 미국 워싱턴주 시애틀에서 북동쪽, 자동차로 30분 거리의 이사과를 찾았다. 코스트코 매장이 있었고, 정작 본사 건물을 찾을 수 없었다. 이곳저곳을 헤매다가 주차장 관리 요원에게 물었다. 바로 옆에 있는 건물이 본사건물이고, 국제담당 부사장의 사무실이 있다고 하였다. 그리고 보니 건물에는 단지, 'Price Costco'라는 작은 표지돌 하나가 있을 뿐이었다. 그러니 본사 건물인지를 알 수 없었다. 거창한 표지나 현수막 같은 것을 찾아볼 수 없었다. 겉치레가 없다는 것이 사실이었다는 것을 알 수 있었다. 문제는 여기서부터였다. 약속시간이 토요일 오전이었다. 출입구는 잠겨 있었고, 밖에서 보기에 건물 내부에는 아무도 보이지 않았다. 휴대폰으로 전화를 걸었지만, 없는 번호라는 메시지가 나올 뿐이었다. 그때 마침 보완관이 와서 사정을 얘기했다. 전화번호를 확인할 필요가 있어 건물 안으로 들어가 부사장이 보낸 이메일을 확인했다. 번호의 끝 단위 한자리를 잘못 입력했던 것이다. 부사장과 통화를 했고, 그는 매우 미안함을 표현했다. 그는 약속했던 날이 토요일이라는 것을 인지하지 못했다고 하였다. 그리고 우리가 원하는 일시와 장소를 정해주면 그곳으로 가겠다고 했다. 포틀랜드대학의 연구실에서 1시간 이상을 그와 인터뷰할 수 있었다. 시애틀에서 포틀랜드까지는 자동차로 3시간의 거리다. 그는 직접 운전하여 연구실에 왔던 것이다. 여기서 두 가지 사실을 깨닫게 되었다. 첫째는 약

속이다. 이를 지키는 것은 곧 믿음이고, 사람과 그 조직에 대한 신뢰이다. 둘째는 전화번호와 같은 중요한 숫자는 반드시 확인할 필요가 있다. 국제담당 부사장과 인터뷰 약속을 할 수 있었던 것은 스페인어학과의 교수 초대로 특강을 온 부사장을 만난 것이 계기가 되었다. 스페인어학과 교수의 친절한 소개 덕분이었다. 인터뷰를 마친 며칠 뒤 인사겸 교수님의 연구실을 찾았으나 문은 잠겨있었다. 연구실 문에는 다음 글이 종이쪽지로 붙어있었었다. "삶을 심각하게 살기에는 너무 짧다." 얼마 후 교수님은 작고하셨다는 학교의 공지 글을 읽었다.

[17] 주재훈, 신민석, 엄태인, "기업 경쟁력의 새로운 원천으로 비즈니스 생태계와 사회적 자본의 역할," 정보시스템연구, 제23권 제4호, 2014, pp. 93-117.

[18] Joo, J., Eom, M. T., and Shin, M. M., Finding the missing link between corporate social responsibility and firm competitiveness through social capital: A business ecosystem perspective, Sustainability, 2017, 9(5):707.

[19] Joo, J., Eom, M. T., and Shin, M. M., Executive practices for corporate sustainability: a business ecosystems perspective, International Journal of Business Research, Vol. 16, No. 1, 2016. pp. 133-146. 우리는 13명의 경영자들과 13시간 동안 심층 인터뷰를 했다. 녹음한 인터뷰 자료를 필사하여 A4 용지로 309쪽에 달하는 자료를 분석했다. 심층 인터뷰는 큰 주제에서 시작하여 더 이상의 궁금증에 대한 응답이 없을 때까지 이어졌다. 자료에서 각 문장과 문단에서 핵심 개념을 도출하였다. 유사한 개념들을 묶고 추상화하여 범주화하였다. 최종 범주들 간의 관계를 연결하여 이론을 도출하였다. 이러한 연구방법을 근거이론(grounded theory)이라 한다. 비즈니스 생태계 관점에서 경영자는 이해관계자들을 분석하여 공유목적을 도출한다. 그들의 역할을 명료하게 하고 그들 간의 갈등을 풀어내어 공진화를 통해 공유목적을 달성하기 위한 선순환 체계를 이끌어 내는 것이 기업의 지속가능경영에 이르게 하는 경영자의 중요한 역할이다. 사회과학 분야의 연구 방법론은 양적연구와 질적연구로 대변된다. 근거이론은 현상학적 연구(phenomenology), 문화기술적 연구(ethnography), 사례연구(case study)와 더불어 사회과학 분야에서 널리 사용되는 질적 연구방법론이다. 근거이론은 자료를 토대로 이론을 발견하는 귀납적 접근법이다.

[20] 주재훈, 기업의 사회적 책임과 기업 명성간의 관계에서 사회적 자본의 매개역할: 한수원의 CSR에 대한 지역대학의 지각. 상경연구논집, 11권, 3호, 2020, pp. 63-71.

DIGISIGHT :
Business Ecosystem Management

IV

이해관계자와
경영의 모험

"경제의 본질은 사람들의 삶의 질을 높이는 방향으로 나아가는
동시에 인간의 존엄성을 추구함으로써 사람들의 살림살이에서 발
생하는 문제점을 해결하는 것이다."

– 칼 폴라니(Karl Polanyi)

4.1 이해관계자 자본주의와 비즈니스 생태계 경영

기업, 경영철학, 경영자의 역할

비즈니스 생태계의 균형과 조화를 이루는데 니체 철학이 주는 시사점은 크다. 비즈니스는 철학이 아니다. 그러나 비즈니스에는 철학의 원리가 관통한다. 경영원칙 또한 그 방향과 맥을 같이 한다. 시대도 그렇고, 훌륭한 경영자들의 이력을 살펴보아도 그렇다. 경륜과 경험이 더해 감에 따라 경영자들은 점점 더 그들의 경영원칙에 철학을 담아낸다. 경영철학은 전략경영의 토대가 된다.

니체는 힘에의 의지(Wille zur Macht, will to power)와 위버멘쉬(Ubermensch)를 강조했다. 힘에의 의지란 상승적 삶에의 의지이다. 그것은 자신의 삶에 주인이 되고자 하는 의지, 지배하고자 하고 더 강해지고자 하는 의지, 더 나은 것에 이르고자 하는 의지이다. 권력의지로 번역되기도 한다. 위버멘쉬는 건강한 인간이자 창조적 인간으로 초인이라 번역하기도 한다.

니체의 철학에 비유하자면, 비즈니스 생태계 이해관계자들의 힘에의 의지가 상호작용을 함으로써 그 생태계는 건강하고 지속적으로 성장한다. 건강하고 지속가능한 비즈니스 생태계를 가능하게 하는 경영자와 기업가는 진정한 위버맨쉬이다.

아담 스미스(1723-1790) 사후, 90여 년이 지난 1883년 니체는 「차라투스트라는 이렇게 말했다」의 1부를 출간했다. 니체는 「차라투스트라는 이렇게 말했다」에서 상대의 힘 상승은 자극과 격려가 되기에 자신에게도 좋다고 하였다. 바로 긍정적 강화작용이다. 영원회귀에의 진리를 체득하고, 힘에의 의지를 실현시키는 인간이 위버맨쉬이다. "인간은 극복되어야 할 그 무엇이다. 인간은 짐승과 위버맨쉬 사이에 놓인 밧줄이다. 심연 위에 걸쳐진 밧줄이다."[1]

비즈니스 생태계 경영자는 아슬아슬한 밧줄을 타듯이 이해관계자들 간의 갈등과 긴장관계에서 균형을 잡아가는 위버맨쉬이다. 모든 인간은 누구나 초인이 될 수 있듯이, 경영자도 위버맨쉬가 될 수 있다.

누구에게나 힘에의 의지가 작용한다. 인간은 자신의 삶에서 주인이 되고자 하고, 지배자가 되고자 하며, 모험을 감행하고 위험을 무릅쓴다. 힘에의 의지는 최고의 경지에 이르고자하는 욕망이자 원동력이다. 이는 상승하고자 하는 욕구, 자기를 초월하고자 하는 의지, 자기 극복, 창조적 의지, 절대 긍정, 삶에의 의지이다. 힘에의 의지는 자기 긍정을 통해 무언가를 창조하고 생성하는 힘을 고양시키고자 하는 것이다. 대상 세계(우리가 바라보는 세계)와의 상호작용 영역을 확장하고 통제하려는 우리 존재 고유의 자발적 경향이다. 잠재력을 발휘하고 수월성을 실현하려는 끊임없는 열정이다. 힘에의 의지가 발현되는 동기는 대상을 지배하는 것이 아니다. 그것은 균형을 찾아가는 것이다[2].

힘에의 의지는 인간의 인식 영역과 실천적 삶을 규정하는 원리로 작용한다. 이성과 감각작용에 대한 규제 원리로 작용한다. "힘에의 의지란 무언가를 격렬하게 원하고 획득하는 데 있는 것이 아니라 창조하고 산출하는 데 있다." 여러 힘에의 의지를 세력화하여 뜻하는 바에 이른다. 다수의 힘에의 의지는 관계의 세계를 이룬다. 관계의 세계에서 중심은 어디에나 있다. 모든 참여자의 힘에의 의지가 관계를 이룬다[3].

힘에의 의지는 서로 지배하고자 하는 경쟁 관계 때문에 상호 강화작용을 통해 함께 발전한다. 마찬가지로 비즈니스 생태계에서 각 참여자들은 경쟁하고 견제하면서 협업한다. 때로는 참여자들 간에 세력화로 경쟁한다. 어떤 생태계 내의 참여자들이 세력화할 수 있고, 다른 생태계의 참여자들과 함께 세력화하기도 한다. 이러한 세력화는 균형에 이르게 하고, 공생하게 만든다. 예를 들어, 법과 제도를 만들 때를 보라. 비즈니스 생태계의 이해관계자들이 세력화를 통해 힘에의 의지를 서로 강화한다. 이해관계자들이 무력화될 때, 그 비즈니스 생태계는 건강할 수 없고, 지속가능할 수 없다. 세력화를 통해 상호 강화된 힘에의 의지를 통해 비즈니스 생태계는 건강하게 성장한다. 차라투스트라의 말을 빌리자면 그렇다.

건강하고 지속가능한 비즈니스 생태계는 이해관계자들의 동적 균형과 조화를 이루어내는 경영을 통해 가능하다. 니체의 말을 빌리면, 노와 사가 세력화를 통해 다투는 것은 서로의 힘에의 의지가 경쟁하여 상승작용으로 더 발전하는 계기를 만든다. 창조적 힘으로 작용하여 힘싸움과 긴장관계가 발전의 동력이 된다.

여러 개인의 힘에의 의지는 관계 속에서 조율된다. 관계 속에서 다수 힘에의 의지가 상호 강화작용을 하여 개인들의 성장을 돕는다. 개인의 힘에의 의지가 자기극복의 과정을 통해 발현되듯이, 비즈니스 생태계의 이해관계자들도 역할을 다할 때, 자격을 갖춘다. 비즈니스 생태계의 이해관계자들의 관계도 그렇다. 비즈니스 생태계의 이해관계자들이 세력화하여 자신들의 역할에 대한 혜택의 공정성을 주장하는 것은 정당하다. 플랫폼 노동자가 조합을 구성하여 플랫폼 사업자에게 자신들의 몫을 주장한다. 그것은 니체가 말한 힘에의 의지를 실천하는 방편이다. 결국에는 건강한 비즈니스 생태계의 균형을 유지하고 지속가능성에 긍정적 영향을 미친다. 때로는 비즈니스 생태계 간의 경쟁에서도 유리하게 작용한다.

소비자는 단순한 상품의 구매자를 넘어서 건강한 비즈니스 생태계에 투자를 한다. 소비자가 특정 상품을 구매하고 서비스를 이용하는 것은 마치 정치인에게 투표하듯이 그 생태계에 투표로 힘에의 의지를 표현하는 것이다. 그래서 이해관계자들의 힘에의 의지가 세력화되어 상승효과를 낸다. 사람들이 힘에의 의지를 실현하기 위해서는 자격을 갖추어야 한다. 그렇듯이 비즈니스 생태계의 이해관계자들이 혜택을 누리기 위해서는 각자의 역할을 제대로 수행해야 한다. 비즈니스 생태계의 각 참여자인 이해관계자의 힘에의 의지란 자격을 갖추고 생태계에서 역할을 다하고자 하는 내재적 힘이자 노력이다. 비즈니스 생태계의 이해관계자들은 세력화하여 견제를 통해 균형을 이루고, 공유목적을 달성함으로써 지속가능하고 건강한 생태계를 만든다.

이해관계자 자본주의와 비즈니스 생태계 경영

시대의 변화에 따라 주주 자본주의는 점차 이해관계자 자본주의로 향하고 있다. 1970년대 부각하여 1980년대 큰 바람을 일으켰던 신자유주의의 열기는 2008년 금융위기로 많이 수그러들었다. 영국 대처주의, 미국 레이거노믹스, 시카고학파와 밀턴 프리드먼은 신자유주의를 대표한다. 주주 자본주의도 그 흐름을 같이 한다. 신자유주의 시대에 주주 자본주의가 그 어느 때보다 강력한 힘을 받았다. 김봉률 교수는 신자유주의와 주주 자본주의가 각광을 받은 것에는 그리스 신화도 한 몫했다고 주장한다.

"남들보다 더 뛰어나게 더 많이 가지게 되는 승자독식의 상황 속에서만 그리스 신화의 제우스, 헤라클레스, 아킬레우스와 같은 영웅이 탄생한다. 그건 다수가 억압받고 불평등해지는 상황이다. 영웅숭배는 승자가 되기를 갈망하고 승자의 편에서 사고하고자 한다. 이윤기의 「그리스로마신화」와 「만화로 보는 그리스신화」는 백만 부에서 천만 부 정도가 팔렸다. 이건 생존경쟁이 치열해지고 승자독식의 신자유주의가 사회경제체계 전반을 지배하기 시작했던, 1997년 IMF 이후의 사회분위기와 무관하지 않다. 문제는 청소년들이 이 만화책과 비슷한 책들을 제외하고는 책을 읽을 시간이 없다는 것이다. 그렇기 때문에 이 만화책이 미친 영향은 더욱 심각할 수 있다. 그리스 신화 속의 영웅들은 가해자의 영웅이다. 왜 공존과 조화를 내세우지 않고 투쟁과 승자독식의 경쟁윤리를 당당하게 내세우는 그리스 신화와 같은 것이 필요할까? 그 문화의 기울어짐, 나는 그것이 고대그리스에서 왔다고 생각한다. 고대

그리스의 것이 오늘의 서구근대문명, 즉 자본주의 한 날개를 만들었다."
[4, pp. 7-8; p. 41; p. 63, p. 168, p. 395]

경제학과 경영학의 관점에도 어느 정도의 차이가 있다. 경제학에서는 영리조직인 기업의 목적은 이윤추구에 있다고 본다. 그러나 경영학에서는 기업 경영에서 이윤은 동기이지 궁극적 목적이라고 가르치지 않는다. 이윤은 필요조건이지만 충분조건은 아니다.

주주 중심의 경영에서 최근 점차 이해관계자를 배려하고 중요시하는 경영으로의 변화 조짐이 나타나고 있다. 이러한 변화 역시 아직 주주가 우선이고 중심에 있다는 사실을 배제하지 않는다. 이해관계자 배려와 중시에서 이해관계자와 함께 비즈니스 생태계를 건강하고 풍요롭고 지속가능하게 하는 것이 경영자의 역할이다.

다보스포럼에서 2020년과 2021년 두 차례 연속으로 이해관계자 자본주의가 화두였다. 주주 자본주의에서는 경영진이 장기적 주주 이익을 극대화하는 것이 기업 전체의 이익을 위한 결정이라고 보고 있다. 주주 자본주의 근본 원리는 다른 이해관계자들과 비교하여 주주가 잔여위험을 떠안는 잔여이익청구권자라는 데 있다. 기업의 여러 이해관계자들 중에서 잔여위험을 부담하는 주주에게 지배권을 준다. 주주가 불규칙한 현금 유입과 유출 차이에서 발생하는 잔여위험을 떠안기 때문이라 본 것이다.

한편, 기업이 망하면, 주주, 경영자, 노동자, 사회 등의 이해관계자들 모두가 피해를 본다. 그 기업에만 유용한 특수한 숙련을 오래 쌓은 노동자들일수록 피해가 크다. 평판에 엄청난 손상을 입고 종종 형사처벌을 받는 경영자들도 있다. 기업 주변에 길을 닦거나 기반시설을 제공

디지사이트

한 정부와 사회도 피해를 본다. 그러나 투자자들이 제공한 금융자본은 가장 특수성이 낮기 때문에 그들의 피해가 가장 적다고 주장하는 이들도 있다.

기업의 주인은 주주이고, 경영자는 주주의 대리인으로 보는 것이 대리이론이다. 경영자는 주주의 부를 극대화하도록 기업을 경영한다. 경영자의 기회주의 행동과 도덕적 해이를 막기 위해 주주의 견제 역할이 중요하다. 주주 자본주의도 결국에는 주주만이 아닌 기업의 모든 이해관계자들의 부를 극대화하는 방향으로 나아갈 수밖에 없다.

2020년 세계경제포럼에서 기업인들은 기업의 건강하고 지속가능한 발전을 위해서 주주 자본주의에서 이해관계자 자본주의로 전환해야 한다고 주장했다. 이어서 2021년 다보스포럼의 이해관계자 자본주의의 실행을 핵심 주제로 다루었다.

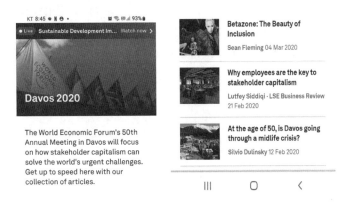

[그림 4.1] 스위스 다보스에 열리는 세계경제포럼 50주년: 이해관계자 자본주의는 세계의 긴급한 문제를 어떻게 해결할 것인가의 대주제를 다루었다.

4. 이해관계자와 경영의 모험

이해관계자 자본주의 시대에서 비즈니스 생태계 경영은 더욱 중요시 된다. 공유목적에는 이해관계자들이 공동으로 지향하는 미션과 비전을 담아내야 한다. 물론 비즈니스 생태계 경영은 주주 자본주의에서 장기적으로 주주의 부를 극대화하는 데도 도움이 된다. ESG 경영은 빤짝 열기로 식을 수 있다. 그러나 비즈니스 생태계 경영과 지속가능경영은 시간이 지나면서 더욱 부각될 수밖에 없다. 왜냐하면, ESG 경영은 비즈니스 생태계 경영과 지속가능경영의 도구적 방법이기 때문이다.

세계경제포럼 회장, 크라우스 슈밥은 이해관계자 자본주의에서 기업의 목적을 이윤 추구나 주주 부의 극대화로 보지 않았다. 기업의 목적은 모든 이해관계자들이 지속가능한 공유가치창출에 참여하도록 하게 하는 것이다[5]. 슈밥이 주장하는 기업의 목적은 결국 비즈니스 생태계의 공유목적과 부합된다.

비즈니스 생태계에서 이해관계자들의 역할과 그 영향력도 변화되고 있다. 경영자는 이러한 변화를 경영전략에 반영해야 한다. 무디스, 스탠다드앤푸어스, 피치 등의 신용평가기관은 물론이고, 은행도 지속가능성과 ESG를 신용평가와 기업가치 평가에 반영한다. 환경과 인권을 보호하면서 이익을 내는 기업이 좋은 신용평가를 받고, 은행에서 저이자로 융자를 받을 수 있다.

세상의 큰 흐름은 쉽게 변하지 않는다. 그러나 그 흐름을 변화시키고자 하는 샘이 오랫동안 솟아나야 새로운 물꼬가 트인다. 사회경제 생태계 관점에서 직접 행동을 취하는 것은 사조직군이고, 압력을 행사하고 환경을 조성하는 것은 공조직군이다. 그러나 흐름의 변화를 일으키는 샘을 만들어 내는 것은 사회조직군이다. 지속가능성 보고서 가이드라인을 수립해온 비영리기구인 GRI(Global Reporting Initiative)와 IFRS재단(국제회계기준재단)의 국제지속가능성기준위원회(ISSB)가 ESG 공시기준을 마련해 왔다. 사회책임투자도 종교단체, 시민단체, 대학 등에서 출발하여 자산운영사를 비롯한 기관투자자에 이르게 되었다.

사조직군, 공조직군, 사회조직군이라는 행위자들로 구성된 사회경제생태계에서 그들의 역할과 영향력의 정도는 시대에 따라 변화되고 있다. 비즈니스 생태계 이해관계자들의 역할과 영향력도 변화될 수밖에 없다. 이러한 변화를 분석하여 공유목적을 달성하도록 동적 균형과 조화를 만들어 내는 것은 비즈니스 생태계 경영의 핵심이다. 동적 균형이란 시간 차원과 관계 차원에서 정체적이지 않고 변화하는 특성을 의미한다. 균형과 조화는 시대의 흐름을 늘 고려해야하기에 동적이다.

우버 생태계의 이해관계자

미국의 경우, 직접 고용을 하는 경우가 독립계약자와 계약하는 경우보다 20-30% 비용이 더 나갈 수 있다[6]. 그것은 독립계약자에게는 보험(고용보험, 연금보험, 건강보험, 산재보험)과 복지혜택을 제공하지 않아도 되기 때문이다. 프리랜서 관점에서는 자유를 담보로 20% 정도의 수입을 덜 받는 꼴이다. 이에 더하여 플랫폼 사업자가 20%의 수수료를 떼어가는 경우, 플랫폼 노동자의 소득은 곱으로 낮아진다.

정규직 노동자와 비교하면 그렇다. 정규직 노동자가 하는 일을 프리랜서가 대신한다고 하면 그렇다. 정규직 노동자가 갖는 파이가 있다고 하자. 기업은 정규직을 고용하는 경우에 비해 플랫폼 노동자를 고용하면 20%의 비용을 절감한다. 이는 결국 플랫폼 노동자 소득의 20%가 줄어드는 셈이다. 플랫폼 사업자가 20%를 수수료로 가져간다. 그런데, 그 수수료로 수익을 챙기는 대부분의 플랫폼 사업자는 흑자를 내지 못하고 있다.

플랫폼 사업자는 투자 지출과 관리에 들어가는 비용 대비 손익분기점에 도달하지 못하고 있다. 그런 가운데서도 한때 우버는 리프트와의 경쟁으로 택시 요금을 인하했다. 요금 인하로 승객 이용자는 늘어났다. 이는 우버가 벤처캐피털로부터 투자를 받는 기회로 작용했다. 플랫폼 사업자들이 적자로도 사업을 할 수 있는 것은 투자금을 받을 수 있기 때문이기도 하다. 투자자는 미래 시장가치를 고려한다. 이는 쿠팡도 마찬가지이다.

우버의 요금 인하는 택시 기사의 공급 감소로 이어지지는 않았다. 그것은 노동시장 전반에서의 공급 초과가 여전한 것과도 연관된다. 낮은 임금으로도 우버 택시 일을 해야만 하는 상황에 직면하기 때문이다. 실제 우버 생태계 참여자들 간의 상호작용은 더욱 복잡하다.

우버 생태계의 이해관계자란 플랫폼 사업자인 우버, 독립계약자인 택시기사, 승객인 고객, 투자자, 지역사회, 규제기관 등이다. 우버 경영자는 이들 이해관계자들의 복잡한 관계를 파악해야 한다. 이해관계자들의 역할과 혜택을 분석해야 한다. 지역사회와 규제기관이 우버 생태계에서의 역할과 영향에 대해서는 이후에 살펴본다. 비즈니스 생태계 경영이란 바로 지속가능성과 공유목적이라는 관점에서 이해관계자들의 역할과 갈등을 풀어내는 것이다. 사회적 책임투자자는 임금인하로 택시기사 고객에게 손해를 입히는 기업에 투자하지 않을 것이다. 깨어 있는 소비자라면 요금이 낮다고만 해서 이용하지는 않을 것이다.

투자자의 투자 성향도 변화하고 있다. 2016년, 수십 명의 대학교수들이 참여한 세미나에서 발제자, 어윤일 교수는 미국에서 자녀들이 원하는 장난감을 모두 사주었다고 했다. 그 말은 실제로 장난감을 사준 것이 아니라, 자녀를 위해 그 회사의 주식에 투자했다고 하는 말이었다. 최근 자녀에게 용돈이나 장난감 대신 그 기업의 주식을 사주는 부모들이 늘고 있다. 자녀를 위한 투자로 인기를 끌고 있다. 자녀가 자전거를 좋아하면 자전거 회사의 주식에 투자해둔다. 이렇게 투자자의 투자 성향도 변화하고 있다. 자녀가 좋아하는 제품이나 서비스 기업의 주식을 사 두는 사람들이 늘어나고 있다. 장남감이나 용돈 대신 자녀가 좋아하는 상품이나 서비스 기업의 주식에 투자한다. 이러한 투자는 기업 생태계에의 투자이다. 전 메리츠자산운용 대표 존리는 "주식은 내가 그 기업과 동업하는 것이다. 기업이 성장하면, 나도 성장한다."라고 했다. 그의 투자 방식에 공감하는 투자자들이 증가하고 있다.

4.2 「경영의 모험」을 통해 본 비즈니스 생태계의 이해관계자들

2014년, 여러 신문에서는 빌 게이츠가 추천하는 도서로 「경영의 모험(Business Adventures: Twelve Classic Tales from the World of Wall Street」)을 소개했다[7]. 1970년에 이 책은 절판되었다. 빌 게이츠는 고인이 된 저자(John Brooks, 1920-1993) 자녀의 허락을 받고, 다시 이 책을 출판하게 했다. 빌 게이츠는 왜 이 책을 추천하는가? 책의 내용도 궁금했지만 빌 게이츠가 공감하는 이유가 무엇인가에 대한 호기심이 강하게 작동했다.

존 브룩스가 뉴요커(The New Yorker)에 1950년대와 60년대에 게재한 글을 책으로 엮었다. 50년대 중반에서 60년대 중후반까지 미국의 비즈니스 세계를 다루고 있다. 인터뷰를 통해 느낀 내용을 중심으로 보충 자료와 함께 12개의 이야기로 소개하고 있다. 간접적이기는 하지만 마치 경험하듯 구체적으로 열거하고 있다. 기업가들은 그 구체적인 상황 전개에서 자신들의 비즈니스에 대한 영감을 받을 수 있겠다는 생각이 든다. 12개 이야기는 각각 다른 비즈니스 생태계를 다루고 있다[7]. 특히, 우리는 각 비즈니스 생태계에서 이해관계자들 간의 갈등과 그 갈등을 풀어내는 과정에 매료되었다. 12가지 경영에 대한 이야기를 통해

디지사이트

서로 다른 비즈니스 생태계의 이해관계자들과 공유목적을 파악해본다.

주제별 제목	비즈니스 생태계의 이해관계자
에드셀의 운명	포드자동차 에드셀 생태계의 이해관계자인 경영진 및 직원, 소비자 고객, 자동차 딜러, 광고대행사, 연구조사기관, 언론사, 소비자협회, 링컨-머큐리 사업본부 등의 관계를 통해 에드셀 사업 실패의 원인을 본다.
누구를 위한 세금	규제기관인 국세청과 기업의 갈등을 다루었다.
비공개 정보가 돈으로 바뀌는 시간	경영진 및 직원과 규제기관인 증권거래위원회와의 갈등을 다루었다.
주식을 움직이는 손	증권시장에서 개인 투자자, 뮤추얼펀드, 증권거래소 등의 이해관계자들의 복잡성을 다루었다.
제록스 제록스 제록스 제록스	제록스의 사례로 기업가, 지역사회, 노조, 주주 간의 긴장관계를 다루었다.
선량한 고객 구하기	증권사, 뉴욕증권거래소, 채권 은행, 투자 고객과의 관계를 다루었다.
같은 말을 다르게 해석하는 회사	GE 생태계에서 경쟁사, 규제기관, 경영진 및 직원이라는 이해관계자들의 관계를 다루었다.
마지막 코너	소매점 사례를 통해 주주, 규제기관(뉴욕증권거래소), 기업가의 관계를 다루었다.
기업가의 본질은 무엇인가?	미국 정부의 공직 생활에서 기업가로 변신한 CEO와의 인터뷰를 통해 기업의 목적을 이야기한다.
주주들의 계절	5개 기업의 주주총회를 통해 본 비즈니스 생태계의 이해관계자들인 이사회, 소액 주주, 경영진과의 관계를 이야기한다.
개는 물기 전에 모른다	비즈니스 생태계에서 경영진, 직원, 규제기관(법원), 경쟁사의 관계를 다룬 이야기이다. 특히, 경영진과 직원의 갈등에 주목할 필요가 있다.
파운드화 구출 작전	글로벌 금융시장에서 이해관계자인 뉴욕 연방준비은행과 각 국의 중앙은행들 간의 국제적 공조 과정을 다루고 있다.

〈표 4.1〉「경영의 모험」 사례별 비즈니스 생태계

4. 이해관계자와 경영의 모험

에드셀의 운명: 완벽한 시스템, 준비된 실패

포드자동차가 막대한 투자를 하여 1957년에 출시하였으나, 약 2년 만에 판매 부진으로 생산을 중단한 에드셀의 사례를 소개하고 있다. 그 실패의 원인을 시장조사의 한계, 브랜드명, 출시 시기, 품질 등에서 찾고 있지만 브룩스는 달리 보고 있다.

브룩스는 에드셀 사업이 실패한 이후의 5명의 삶을 추적했다. 그들은 에드셀의 개발, 디자인, 마케팅 등을 주도했던 에드셀 사업본부의 중역들이었다. 그들은 에드셀의 몰락과 함께 포드자동차를 떠났다. 그렇지만 그들 모두는 에드셀 사업을 최고의 경험으로 여기고 있었다. 이것이 이후 그들 삶에 커다란 영향을 주었다는 것을 알 수 있다. "가끔 장애물을 만나 넘어지는 일이 생기지만, 내면까지만 무너지지 않는다면 다시 일어날 수 있다."

기업전략에서는 시장을 비즈니스 생태계로 보기도 한다. 예를 들어, 60년대까지 대형(메인프레임) 컴퓨터 시장을 지배했던 IBM은 70년대에 개인용 컴퓨터 시장을 개척했다. 대형 컴퓨터 시장은 기존의 IBM의 컴퓨터 비즈니스 생태계이다. 개인용 컴퓨터를 개발하여 새로운 시장을 개척함으로써 IBM은 새로운 개인용 컴퓨터 생태계를 구축한 것이다. 헨리 포드는 T형 모델을 개발하고 대량생산시스템을 도입하여 중상층 고객의 새로운 시장을 개척했다. 이것으로 포드자동차는 1910년대 이전과는 다른 새로운 자동차 생태계를 구축했다.

포드자동차의 에드셀 사업은 새로운 자동차 비즈니스 생태계를 구축하기 위한 시도였다. 50년대 중후반에 나타나는 미국인들의 라이프 사이클 변화에 맞는 자동차 생태계를 구축하고자 했다. 그런 의도는 브룩스의 다음 글에서도 짐작할 수 있다. "저소득 운전자들이 연 소득 5천 불을 넘어서면서 낮은 신분을 버리고 중간가격대의 자동차로 바꾸려 한다." 물론 실패로 끝났지만, 이 사례를 통해 포드 생태계, 나아가서는 자동차 생태계의 일부를 엿볼 수 있다.

이 장을 읽다보면, 악순환의 과정에서 에드셀 비즈니스 생태계의 이해관계자들 간의 갈등이 드러남을 알 수 있다. 임직원(최고경영자위원회, 미래계획위원회 등), 소비자 고객, 자동차 딜러, 광고대행사, 연구조사기관, 언론사, 소비자협회, 링컨-머큐리 사업본부를 비롯한 포드자동차의 타 사업 등이 에드셀 생태계의 이해관계자이다. 에드셀 이름이 선정되기까지의 예를 보자. 광고대행사가 공모한 1만 8,000개 이름 중에 6,000개, 그 중에서 최종적으로 4개를 선정하여 제안하였다. 비즈니스에서도 언제나 정치 논리가 통하는 법이다. 이사회의장은 결국 6,000개에 있지도 않았던 에드셀을 선정했다. 에드셀(Edsel)은 당시 회장이었던 헨리 포드 2세의 아버지이자 창업자인 헨리 포드의 아들 이름이다. 악순환의 과정에 접어들면 내부 이해관계자들 간에도 갈등이 일어난다. "포드자동차에서 같은 종류의 치열한 사내 경쟁에 직면한 포드와 링컨-머큐리 사업본부의 일부 구성원들은 처음부터 공공연히 에드셀의 몰락을 바랐다."

에드셀 생태계에서 진짜 보석은 고객과의 관계에서 찾을 수 있다. 소비자 고객의 욕구를 제대로 파악하지 못했다. 시장조사를 광범위하게 했다고 하지만, 브룩스는 실제로는 에드셀 설계가 끝난 후에 시장조사를 착수했다고 쓰고 있다. 결국 시장조사는 마케팅과 홍보를 위한 목적에 있었던 것으로 보인다. 소비자들의 소득이 늘어나 승차감이 좋은 약간의 고급차에 대한 욕구가 강하다고 보았다. 그러나 에드셀이 시장에 나오는 시점에서 소비자들은 긴축에 들어갔고, 도리어 중소형의 낮은 가격대를 선호하고 있었다. 에드셀 이후의 상황과 비교해볼 필요가 있다. 에드셀의 실패로 헨리 포드 2세는 신차 개발에 소극적이었다. 그러나 리 아이아코카(Lee Iacocca)의 설득으로 1964년 포드 머스탱(Ford Mustang)이 탄생했다. 머스탱의 성공은 베이비붐 세대의 욕구를 잘 알아차렸기 때문이다.

때를 잘못 만난 것인가? 아니면 보석을 잘못 찾아가고 있었던 것인가? 문제는 대대적인 광고와 홍보보다는 더 근본적인 것에 있다. 고객과의 관계이다. 소비자 자신도 알아차리지 못하는 욕구를 제대로 찾아내지 못했던 것이다.

누구를 위한 세금인가? 편법과 위선이 판치는 세금의 모형

1913년부터 제도로 자리 잡게 된 미연방 소득세법의 변화과정을 이야기하면서 60년대 국세청장을 지낸 두 사람과의 인터뷰 내용을 담고 있다. 제도의 신뢰와 관련된 재미있는 이야기가 있다. 유럽에 비해 미국의 징세 효율성이 높았다. "미국이 유럽보다 유리한 점은 전통이다. 미국 소득세는 백성을 희생으로 자신의 금고를 채우기 위해서 탄생하거나 발전한 것이 아니다. 선출된 정부가 공공의 이익에 봉사하기 위한 노력의 결과로 탄생했다." 제도에 대한 신뢰는 그 나라의 역사문화와 관련이 있다.

이 장에서는 소득세법의 공정성과 복잡성 간의 갈등으로 발생되는 다양한 현실적 문제를 사례와 함께 다루고 있다. 이해관계자들의 다양성을 공정하게 반영하다보면, 얼마나 복잡하고 어려운 세법으로 변모하는지를 알 수 있다. 브룩스는 공정성을 지향하면서도 공정하지 않은 미국의 소득세법을 비판하기도 한다. 채권 이자와 스톡옵션 등으로 벌어들인 자본 소득에 대한 세율이 근로 소득보다 낮아, 부자와 고소득자가 세금을 적게 내기도 한다. 또한 소득세법의 복잡성으로 세무전문가의 도움을 받을 수 있는 고소득자가 더 절세할 수 있다. 조세 영역은 비즈니스 생태계에서 규제기관과 관련되어 있다. 조세와 관련된 규제기관과 기업의 갈등을 이해하는 데 도움을 준다.

비공개 정보가 돈으로 바뀌는 시간: 부에 대한 인간의 본성

1960년대 중반, 텍사스걸프(1981년 프랑스 석유회사 토탈, Total이 인수했다)가 캐나다에서 막대한 황화물 광맥을 발견했다. 경영진과 탐사에 참여한 직원들은 물론이고 그 가족 및 지인들은 비공개 정보를 이용하여 텍사스걸프 주식을 대량으로 매입했다. 주가는 3배 뛰었다. 전형적인 비공개 정보를 이용한 내부자 거래에 대한 증권거래법 위반 사례이다.

모바일 시대인 오늘날에는 기업 정보를 공시하면 즉시 투자자들이 공유하지만 그 당시에는 일정한 시간 지연이 발생했다. 기업 내부 정보를 알렸다 하더라도 투자자들이 그것을 인지한 타당한 시점을 언제로 볼 것인가는 중요한 문제였다. 투자자들이 정보를 인지한 후에, 임직원들이 주식을 매수했다면 법원에서 문제될 게 없었기 때문이다.

경영진과 직원, 투자자, 증권거래위원회라는 규제기관 등의 이해관계자들에 대한 이해를 돕는 것이 중요하다. 당장의 이득을 쫓아가다 보면 비즈니스 생태계의 다른 이해관계자와의 갈등으로 진짜 보석을 놓치게 된다. 증권거래위원회의 소송으로 텍사스걸프의 내부자 거래 관련자의 대부분은 법의 심판을 받았다.

주식을 움직이는 손: 언제 누구에게 닥칠지 모를 위험

1962년 사흘 동안 1929년 이래로 주식이 최대로 폭락한 사태는 주식 시장에서 개인 투자자, 뮤추얼펀드, 증권거래소 등 이해관계자들의 복잡성을 이해하는데 도움이 된다. 당시 시장의 이해관계에 따라 움직인 뮤추얼펀드는 주식시장의 안정을 찾는데 기여했다. 주가가 하락했던 때에 개인 투자자들이 주식을 매도해도 뮤추얼펀드는 도리어 주식을 매입했다. 이는 주식 폭락 장세를 막는데 긍정적 효과로 작용했다.

세계 최초의 증권거래소는 1611년 암스테르담에서 생겨났고, 1688년 호세 데 라 베가가 「혼돈 속의 혼돈」을 펴냈다. 브룩스는 1962년 주가 폭락의 혼란 속에서 미국 투자자들의 행동은 300여 년 전의 그것과 다를 바 없다고 이야기한다. 수 세기의 시간이 지나도 인간의 근본적인 욕망에는 큰 변화가 없다.

제록스 제록스 제록스 제록스: 기업의 책임은 어디까지인가?

복사기를 처음으로 세상에 선보인 전 제록스(Xeorx) 회장, 조셉 윌슨(1909-1971)과의 인터뷰를 담고 있다. 그의 이야기를 통해 기업가의 모험, 수익, 사회적 책임의 긴장관계와 균형을 잡아가는 내용을 다루고 있다. 특히, 서서히 표출되는 노조와의 갈등에 대한 염려를 암묵적으로 들어내고 있다. 60년대까지 윌슨은 노조와의 원만한 관계와 균형을 잘 잡아왔다. 그러나 반대기류가 서서히 표출되는 느낌을 받고 있었다. 이해관계자들 간의 긴장이 악화될지 모른다는 위기감을 느끼고 있었다. 구체적으로 여기서는 지역사회, 노조, 주주, 기업가 간의 긴장이다.

"제록스의 비영리 활동과 기업의 책임이라는 점에서 분노를 느끼는 사람들이 있습니다. 단순히 자신들의 돈을 다른 사람들에게 준다고 불평하는 주주들의 이야기가 아닙니다. 그런 견해는 설 자리를 잃고 있습니다. 내가 말하는 것은 지역사회 이야기입니다. 우리는 시민의 책임이라고 간주하는 것과 훌륭한 사업 사이에서 갈등도 발견하지 못했습니다. 하지만 그런 시기가 찾아올지 모릅니다. 우리는 소리 소문 없이 일부 흑인 젊은이에게 바닥을 닦는 일과 같은 단순한 일을 넘어서는 일자리를 찾도록 도우려고 노력했습니다. 노조의 협력을 받았습니다. 하지만 나는 미묘한 방식으로 밀월 관계가 끝났다는 사실을 알게 되었습니다. 뭔가 보이지 않는 반대 기류가 있습니다."

비즈니스 생태계에서 이해관계자들 간의 갈등을 풀어가는 일이 기업가의 중요한 역할이라는 것을 엿볼 수 있다.

선량한 고객 구하기

콩기름 상품 선물거래 사기로 인해 발생된 증권사의 지급불능 사태를 풀어가는 이야기이다. 당시 뉴욕증권거래소 이사장이었던 키스 펀스턴과의 인터뷰를 중심으로 다룬 내용이 전개된다. 증권사의 부도가 뉴욕증권거래소에 미치는 파장을 고려한 갈등 해결 과정을 잘 묘사하고 있다. 가장 시급한 문제는 고객들의 현금과 증권을 온전히 변상하는 것이었다. 이 경우에서의 이해관계자란 증권사, 뉴욕증권거래소, 채권 은행, 투자 고객 등이다. 서로 다른 이해에 얽힌 행위자들이 공동의 목적을 향해 어떻게 합의해가는지를 잘 나타내고 있다. 펀스턴의 마지막 이야기가 인상적이다. "사람의 공적 책임 개념은 진화한다." 마찬가지로 기업의 사회적 책임 범위도 변하고, 비즈니스 생태계도 이해관계자들과 함께 공진화해 간다.

같은 말을 다르게 해석하는 회사: 담합, 거짓말, 그리고 커뮤니케이션의 뻔한 오류들

가장 재미있게 읽었던 장이다. 1950년대 중후반 제너럴일렉트릭 (GE)사가 가격담합으로 미국 독과점금지법을 위반하여 홍역을 치르게 되는 과정을 파헤치고 있다. 재미있는 두 개의 키워드, '눈 찡긋하기'와 '공중 엄호'가 인상적이었다. 브룩스는 최근에도 우리 사회에서 화두가 되고 있는 진정한 소통이란 무엇인가에 대한 문제를 제기하였다. 전기 제조산업에서의 가격담합과 담합 입찰 공모에서 경영진이 어떻게 처벌

받지 않고도 교묘한 소통 방식으로 피해가는지를 짐작하게 한다. 당시 GE는 반독점금지법을 준수하기 위한 자체의 자율준수규정을 8년 정도 운영해왔다. 그러나 기업 윤리경영의 원칙과 실행에는 큰 괴리가 존재했다. 기업 내부에서는 물론이고 기업과 타 조직 간의 소통에는 커다란 장애물이 존재했다.

소통 방식은 이러했다. 보스가 부하 직원에게 경쟁사 담당자를 만나 레스토랑을 가거나 가격 이야기를 하는 것은 우리 회사의 규정에 어긋난다고 말을 하면서 눈을 찡긋한다. 공식적으로는 경쟁사와 가격 담합해서는 안 된다고 하면서 실질적으로는 그렇게 하는 게 회사에 이득이 된다는 것을 넌지시 전달하는 것이다. 청문회에서 GE 관리자의 이야기이다. "제 공중 엄호가 사라졌다고요. 공중에서 나를 엄호해주던 방어막이 사라졌단 말입니다. 내 보스는 더 이상 주변에 없고, 내 동료들도 모두 사라졌으며, 이제 나는 다른 철학을 가진 보스 밑에서 일해야 했습니다. 과거에 내가 배우고 따랐던 철학은 이제 모두 쓸모가 없는 것이 되었지요." 공중 엄호가 바로 가격 담합을 하여 회사에 돈을 두둑하게 벌어오라는 세력들이라 보면 된다.

기업 이념과 핵심가치가 전사적으로 실행되는 데는 상당한 시간이 걸리고 장애요인이 존재한다. 가격담합으로 기업 간의 자유 경쟁을 제한하거나 고객에게 손해를 주어서는 안 된다는 윤리원칙과 그 실행은 다른 차원의 문제이다. 기업의 진정성을 엿볼 수 있다. 어떻게 보면, 경영진은 교묘하게 피해갔다. 즉, 위험을 회피하는 정략을 폈다고 볼 수 있다. 자율준수규정을 정하여 직원들에게 이를 따르라고 지시하고, 실제로는 대세나 분위기에 따라 행동하도록 넌지시 암시한 것이다. 법정

4. 이해관계자와 경영의 모험

에서 문제가 되면 책임을 면하고, 문제가 되지 않으면 수익을 챙길 수 있다.

GE 생태계에서 경쟁사, 규제기관, 경영진 및 직원이라는 이해관계자들에 주목할 필요가 있다. 기업 생태계에 따라 보석을 찾아가는 방향과 길이 다르다. 이해관계자인 경쟁자와 가격담합으로 이익이라는 보석을 쫓아가는 생태계가 당연시 되고 있었다. 이해관계자들 간의 진정한 소통은 원칙과 실행이 일관성을 갖고 실행되는 진정성에 있다고 본다. "철학은 높은 수준에 도달한 것으로 보이지만, 소통은 아주 낮은 수준에 머물러 있는 것 같다."는 브룩스의 지적에서 당시의 GE 생태계를 엿볼 수 있다. 경쟁자와 협력하여 긍정적인 방향으로 비즈니스 생태계를 조성해가는 경우도 있다. 그러나 이 경우는 경쟁자들과 담합하여 이득을 챙겨, 결국에는 이해관계자인 규제기관 때문에 대가를 혹독하게 치르는 사례이다. 비즈니스 생태계의 혜안을 갖지 못하면 경험과 시행착오를 통해 커다란 대가를 치르고 난 후에야 보석을 찾아갈 방향을 제대로 알아차리게 된다. 기업가는 비즈니스 생태계에서 이해관계자들의 균형을 잡아가야 지속적인 성장을 가능하게 한다.

마지막 코너: 월스트리트를 위협한 어느 촌뜨기의 도전

미국의 셀프서비스 소매점 체인의 사장인 손더스가 자사주를 대량으로 매입하여 주가를 조작한 사례이다. 「경영의 모험」에서 유일하게 1929년 대공황 이전의 이야기를 하고 있다. 그는 경영실적이 괜찮은 자사의 주가를 떨어뜨리는 세력에 분노하여 은행에서 1,000만 불을 빌려

작전에 들어갔다. 주가는 고공행진했다.

대공황 이후에는 코너(corner)가 등장할 수 없었기에 브룩스는 그를 마지막 코너라 하였다. 시장에 유통되는 특정 주식을 싹쓸이하다시피 매입하여 그 주가를 떨어뜨리는 세력을 궁지로 몰아넣는 것을 코너라 한다. 여기서는 공매도 작전 세력이다. 미래에 주가가 하락할 것으로 예상되는 주식을 증권회사에서 빌려서 팔고, 나중에 주가가 하락하면 헐값에 사서 갚는 것을 공매도라 한다.

대개 뜻하지 않은 곳에서 문제가 터진다. 뉴욕증권거래소는 월스트리트에 불어 올지 모를 광풍의 두려움 때문에 그 주식 거래를 정지시켰다. 이 사례는 주주, 규제기관(뉴욕증권거래소), 기업가의 관계를 이해하는데 도움이 된다. 가끔은 과신이 주는 대가가 가혹하다. 대니얼 카너먼(Daniel Kahneman)은 「생각에 대한 생각(Thinking Fast and Slow)」에서 경영자는 자신의 시장예측능력을 지나치게 과신하는 경우가 있다고 했다[8]. 비즈니스 생태계에서 이해관계자들의 복잡한 관계를 제대로 파악하지 못하면 그렇다. 손더스는 규제기관인 뉴욕증권거래소가 위협을 느껴 예상치 못한 엉뚱한 카드로 자신을 막다른 길로 몰고 갈 수 있다는 것을 알아차리지 못했다.

대니얼 카너먼은 경영자의 낙관론에 입각한 과신이 자본주의 엔진이 되기도 한다고 했다. 긍정적 확신을 가질 때 모험할 수 있기 때문이다. 어떻게 보면 손더스도 피해자일 수 있다는 생각이 든다. 큰돈을 벌겠다는 동기로 시작하는 사업을 막아서는 안 된다. 점진적으로 깨달아가는 과정이 중요하다. 비즈니스 생태계의 혜안을 가진 기업가는 더 빨리 깨닫게 되고, 기업을 지속가능한 성장으로 이끈다.

4. 이해관계자와 경영의 모험

기업가의 본질은 무엇인가? 본질을 꿰는 자에게 성공은 덤이다.

D&R(Development and Resource)사의 창립자 데이비드 릴리엘선 (David E. Lilienthal)이 공직에서 기업가로 변신한 경험담을 담고 있다. 그가 오르지 돈만 추구하는 태도에 중독되지 않고 기업가정신을 발휘하는 경험을 이야기하고 있다. 1979년 D&R은 해체되었다. 그러나 그의 이야기를 통해 기업의 목적이 무엇인가를 이해하는데 도움이 된다.

기업가로서의 릴리엘선이 궁극적으로 추구하고자 한 가치관이 그의 일기장의 한 구절에 들어나 있다. "내가 원하는 것은 세상 사람들의 삶을 빚어내고 거기에 큰 영향을 미치는 이 흥미진진한 활동의 관찰자가 되는 것이었다. 외부에서 바라보는 관찰자가 아니라 무대 안에서 바라보는 관찰자가 되는 것이었다."

주주들의 계절

1966년 존 브룩스가 5개 기업의 주주총회를 다니면서 경험한 이야기이다. AT&T, GE, 제약회사 화이자(Phizer), 1986년 GE가 인수한 RCA(RCA Corporation, 1919-1986), 위성통신회사 콤샛(COMSAT, Inc)이다. 주주총회장에서 벌어지는 일을 통해, 특히, 소액주주의 형태를 잘 이해할 수 있다. 비즈니스 생태계의 이해관계자들인 이사회, 소액 주주, 경영진과의 관계를 이해하는데 도움이 된다.

소액주주들이 서로 다른 다양한 제안을 하지만 거의 모두 부결된다. 소스 부인과 같이 5개 주주총회 중에서 4개에 참석하여 발언하는

열성적인 소액주주도 있다. 여기서 소액주주들이 제안하는 공통 사안
은 집중투표제이다.

개는 물기 전에 모른다.

　　기업 비밀을 알고 있는 직원이 경쟁사로 가더라도 그 직원이 기업
비밀을 누설했다는 증거가 없는 이상은 책임을 물을 수 없다. 우주개발
분야에 종사하던 한 젊은이(도널드 올게무스)가 경쟁사의 유리한 근무 조
건을 받아들이면서 벌어진 소송 사건을 다루고 있다. 기업 비밀을 빼냈
다는 증거가 있기 전에는 알 수 없다는 판결이 잘 소개되었다. 이것이
'개는 물기 전에 모른다.' 라는 의미이기도 하다. 기업 비밀과 직업이전
의 자유를 대비해 볼 수 있다.

　　비즈니스 생태계에서 경영진, 직원, 규제기관(법원), 경쟁사의 관계
를 다룬 이야기이다. 특히, 기업은 직원을 어떻게 대해야 하는가? 그에
대한 교훈을 준다.

파운드화 구출 작전

　　책의 마지막 장이지만 가장 긴 분량이다. 뉴욕의 연방준비은행,
총재 헤이스와 부총재 찰리 쿰스와의 이야기에 초점을 맞추고 있다.
1964년의 영국 파운드화 위기를 극복하는 과정에서 일어나는 일을 자
세하게 묘사하고 있다. 외환시장에서 파운드화를 지키려는 세력과 환
투기를 하는 세력들의 다양한 모습이 들어난다. 외환보유고가 바닥이

나고 파운드화의 가치가 내려가는 상황에서 영국은 기준 금리를 인상한다. 하지만 외환시장에서 파운드화의 가치는 하락한다. 영국의 외환보유고 감소로 인한 파급효과, 그것이 증권시장에 미치는 영향, 국제협력 과정을 잘 묘사하고 있다. 뉴욕 연방준비은행은 세계의 여러 중앙은행과의 협조로 영국을 돕기 위한 차관을 마련한다.

여기서는 이해관계자들의 공유목적에 유의할 필요가 있다. 공유목적은 파운드화에서 야기될 금융위기로부터 세계의 금융시스템을 보전해야한다는 것이었다. 공유목적에 대한 공감대를 이루어 협업을 이끌어내는 과정에서 뉴욕 연방준비은행의 역할이 잘 묘사되어 있다. 비즈니스 생태계에서 공유목적이 뚜렷해야 하고, 이해관계자들이 공감해야 이를 달성하기 위해 서로 협업한다.

디지사이트

참고문헌

[1] 프리드리히 니체, 차라투스트라는 이렇게 말했다(장희창 옮김), 민음사, 2004.

[2] 전경갑, 욕망의 통제와 탈주- 스피노자에서 들뢰즈까지, 한길사 2004.

[3] 백승영, 니체, 삶을 묻다: 1강 - 6강, 2020.
   https://www.youtube.com/watch?v=vbyx_830q3k

[4] 김봉률, 문명의 불안 – 그리스 신화와 영웅숭배, 도서출판 3, 2021.

[5] Schwab K. and Vanham, P., Stakeholder Capitalism : A Global Economy that Works for Progress, People and Planet, John Wiley & Sons Inc., 2021.

[6] 새라 케슬러, 직장이 없는 시대가 온다: 경제적 자유인가, 아니면 불안한 미래인가(김고명 옮김), 더퀘스트, 2019.

[7] 존 브룩스, 경영의 모험(이충호 옮김), 쌤앤파커스, 2015.

[8] 대니얼 카너먼, 생각에 대한 생각(이진원 옮김), 김영사, 2012.

V

플랫폼 경제가
여는 미래

"호랑이 줄무늬는 밖에 있지만, 사람의 줄무늬는 안
에 있다." 라다크 속담, 「오래된 미래 - 라다크로부터
배우다」
- 헬레나 노르베리-호지(양희승 옮김), 중앙북스

5.1 구글의 가격결정 정책이 왜 문제가 되는가?

일반적으로 가격은 시장에서 수요와 공급에 의해 결정된다. 기업이 자사 제품과 서비스 가격 결정의 주체이다. 그런데 경제학에서 양면시장 또는 다면시장이라고 하는 온라인(또는 디지털) 플랫폼 사업자에게는 꼭 그렇지도 않다. 기업의 가격 결정이 사회적 문제로 회자되기도 한다. 구글의 사례를 통해 이를 살펴본다.

스마트폰 사용자들은 앱마켓인 애플 앱스토어나 구글 플레이스토어에서 앱을 내려받는다. 한때, 애플 앱스토어에서 웹툰 앱을 구매해야 하는 아이폰 사용자는 구글 플레이에서 구입하는 안드로이드폰 사용자보다 30%의 가격을 더 지불했다. 그것은 애플은 앱스토어의 유료 앱에 대해 인앱결제(In App Payment)로 판매액의 30%를 수수료로 부과했지만, 구글은 수수료를 부과하지 않았기 때문이다. 2020년 구글도 인앱결제 방식을 강제하여 수수료를 부과하겠다고 발표한 바 있다. 그런데, 구글이 앱마켓에서 판매하는 앱에 대해 수수료를 부과하는 것이 왜 문제가 되었는가? 구글이 디지털 콘텐트에 대해 인앱결제를 발표한 때, 개발사와 협회 등은 언론을 통해 많은 문제를 제기하였다. 한 기업의 수수료가 사회적 문제로 확산되었다. 이는 비즈니스 생태계 관점에서 살펴봐야 한다.

인앱결제란 애플 앱스토어와 구글 플레이스토어 등의 앱마켓에서 판매하는 모든 앱은 해당 앱마켓의 결제시스템을 이용해야 하고, 판매 앱에 대해 일정한 수수료를 부과하는 정책이다. 구글은 게임 앱의 경우에만 인앱결제를 적용해 왔다. 이후에는 음악, 영화, 만화 등의 모든 디지털 콘텐트에 대해 구글 결제시스템을 이용하도록 강제하여 앱 개발사가 판매 수수료를 15-30% 부담하도록 하겠다고 선언한 바 있다.

앱 개발사들이 앱을 판매하는 장터인 앱마켓은 대표적인 온라인 플랫폼이다. 구글은 온라인 플랫폼 사업자이다. 통신3사가 제공하던 T스토어, 올레마켓, U+스토어와 네이버 앱스토어가 통합된 원스토어는 국내의 대표적인 앱마켓이다. 그러나 대부분의 앱은 애플 앱스토어와 구글 플레이에서 거래되고 있다. 구글은 검색 플랫폼, 클라우드 플랫폼, 앱마켓 플랫폼 등을 통해 사업을 영위하는 플랫폼 사업자이다. 앱마켓 플랫폼은 스마트폰 운영제체(OS: Operating Systems)에 의존적이다. 즉, 아이폰에는 iOS가 탑재되어 있다. 그 외의 안드로이드폰이라고 하는 스마트폰에는 안드로이드 운영제체가 탑재되어 있다. 아이폰 사용자들은 앱스토어의 앱만을 이용할 수 있다. 안드로이드폰에서는 구글 플레이의 앱을 이용한다. 물론, 안드로이드라는 운영체제 플랫폼은 개방형이라 원스토어와 같은 다른 앱마켓도 설치하여 사용할 수 있다.

먼저 구글의 미션을 보면, 구글이 왜 안드로이드 운영체제를 개발하여 앱마켓을 개설했는가를 알 수 있다. 구글의 미션은 "전 세계의 정보를 체계화하여 모두가 편리하게 이용할 수 있도록 하는 것"이다. 모바일 시대에서 소비자들은 스마트폰으로 정보를 찾고, 소통하고, 활동한다. 스마트폰의 가장 기본이 되는 플랫폼은 운영체제이다. 그 운영체제 플랫폼 위에서 검색 플랫폼이 작동된다. 또한 앱마켓 플랫폼이 중개하여 다양한 앱이 이용된다. 모두가 편리하게 이용하도록 하는 미션을 실현하기 위한 전략의 일환으로 안드로이드와 구글 플레이가 개발된 것이다. 이렇게 보면, 미션은 단지 구호에 지나치는 것이 아니다. 미션과 비전은 기업의 미래를 보는 창이다.

구글은 앱마켓 플랫폼을 지속적인 사업으로 운영하기 위해서 비용을 조달하고 투자도 해야 한다. 구글은 플랫폼에서 개발사의 판매 수수료로부터 수익을 창출한다. 구글은 15-30%의 수수료 수익 중에서 점차 게재 파트너인 통신사나 스마트폰 제조사에게 지급하는 비율을 낮추어도 될 정도로 안드로이드가 시장지배력을 갖게 되었다. 구글이 안드로이드 운영체제를 개발하여 시장을 개척할 때, 스마트폰 제조사와 통신사(국내의 SK텔레콤, KT, LG유플러스)와 협력해야 했다. 다른 경쟁사의 운영체제가 아닌 안드로이드를 탑재하기 위한 유인책이 필요했기에 초기에는 수수료의 90%를 게재 파트너사들에게 지불했다. 안드로이드폰에 구글 플레이 앱을 선탑재하게 하는 유인책이기도 했다. 시대와 상황의 변화에 따라 소위 갑을 관계는 변화되기 마련이다. 이러한 변화를 주도하는 것도 비즈니스 생태계 경영의 목표이기도 하다.

구글 플레이 플랫폼에 참여하는 앱 개발사는 한국인터넷기업협회를 통해 구글의 인앱결제 강제 정책이 시장지배적 지위를 악용한 것으로서 공정하지 않다고 주장했다. 또한 과다한 수수료를 부과하여 콘텐트 사업자의 발전을 저해한다. 나아가 소비자 부담을 증가시키게 된다는 성명을 발표하였다. 플랫폼 비즈니스 생태계에 참여하는 행위자들 간의 이해관계가 충돌하고 있다. 구글 플레이 생태계의 이해관계자들이란 플랫폼 사업자, 앱 개발사, 앱 이용자, 게재 파트너(이동통신사), 협회, 규제기관 등이다. 가장 직접적인 긴장관계는 플랫폼 사업자와 개발사로부터 표출된다. 그러나 개발사는 구글 플레이 플랫폼에 계속 참여하는 한 그 영향력을 직접 발휘하기란 쉽지 않다. 근본적으로 플랫폼 사업자가 수수료를 결정하기 때문이다.

따라서 한국인터넷기업협회를 비롯한 8개 협회와 언론을 통해 앱 이용자인 소비자와 규제기관이 영향력을 발휘하도록 할 수 밖에 없다. 플랫폼 사업자인 구글은 이러한 긴장관계를 해소하고 상충관계를 풀어야 한다. 사회적 압력이 가해지면, 규제기관은 공정거래법과 전기통신사업법 등을 들여다보게 된다. 예전에는 플랫폼 사업자의 결정이니 하고 울며 겨자 먹기로 받아들였던 문제이다. 이제는 한 배에 탄 플랫폼 참여자들이 각자의 방식으로 영향력을 행사하게 된다. 한국웹툰산업협회, 한국웹소설산업협회, 한국만화가협회, 웹툰협회, 한국웹툰작가협회, 한국만화웹툰학회, 한국스토리창작협회, 한국인터넷기업협회 등이 구글 플랫폼 참여자를 대표하는 단체이다. 결국, 구글은 단기적 이윤을 넘어선 비즈니스 생태계의 지속가능성을 기반으로 의사결정을 할 수 밖에 없게 된다. 규제기관은 시장지배력을 통해 경쟁을 저해하는지를 바라다보게 된다.

구글, 애플과 같은 플랫폼 사업자는 플랫폼 참여자인 플랫폼 이용사업자들의 이해관계를 조정할 수밖에 없다. 플랫폼 사업자인 구글이 펴고자 한 인앱결제 정책에 대해 플랫폼 이용사업자들은 규제기관 및 언론의 이해관계자들과 세력화로 대응하였다. 그 결과 언론에서 구글 갑질방지법이라 회자되었던 인앱결제 의무화를 방지하는 전기통신사업법 개정안이 국회를 통과하게 되었다. 이는 온라인 플랫폼에 참여하는 이해관계자들의 역학관계가 기존의 사업에서와는 다르게 나타난다는 것을 알 수 있는 사례이다. 또한 이는 비즈니스 생태계의 이해관계자들이 세력을 키워 유리한 생태계를 조성해가는 한 사례이기도 하다.

문제의 핵심은 구글과 같은 플랫폼 사업자가 시장지배력을 통해 부를 착취하는가에 있다. 노벨경제학상을 받은 조지프 스티글리츠는 「불만시대의 자본주의」에서 부의 창조와 부의 추출은 다르다고 강조하고 있다[1]. 부의 창조가 국부의 원천이 되는데, 이는 과학기술과 지식의 발전을 통해 생산성을 향상시켜 부를 창출하는 모든 행위이다. 부의 추출은 지대 추구와 같이 한 사람이 다른 사람을 착취하는 방식으로 부를 가져오는 모든 행위이다. 스티글리츠는 시장지배력이 부의 추출의 중요한 요소라 하였다. 시장지배력을 통해 수익을 추출하는 행위는 플랫폼 비즈니스 이전에도 있어왔던 흔한 일이다. 스티글리츠는 과도한 시장지배력을 제어함으로써 경제 내에서 경쟁을 회복하는 것이 정부의 역할이라 하였다. 전기통신사업법 개정을 통한 인앱결제의 의무화를 법으로 금지하는 것은 시장지배력에 의한 부의 추출에 무게를 둔 결정이라 할 수 있다. 그렇다면 사업자 관점에서 플랫폼을 개발하여 운영하고 발전시키고자 하는 동기는 어디에서 찾아야 할까? 플랫폼 생태계의 사업자들이 풀어야 할 과제가 되었다.

5.2 플랫폼이 미래를 주도할 것인가?

플랫폼 포트폴리오와 기업 생태계

플랫폼 사업자들은 한 개의 플랫폼이 아닌 다수의 플랫폼을 포트폴리오로 구성하고 있다. 구글은 검색 플랫폼에서 사업을 시작하였다. 구글은 유튜브라는 동영상 플랫폼을 통해서도 수익을 창출한다. 구글의 안드로이드 운영체제 플랫폼에서 앱마켓(구글 플레이) 플랫폼이 작동된다. 일종의 플랫폼 포트폴리오이다. 구글의 비즈니스 생태계 경영의 하나인 플랫폼 포트폴리오 전략을 구글의 목적과 연계하여 들여다보자. 구글은 "전 세계의 정보를 체계화하여 모두가 편리하게 이용할 수 있도록 하는 것"이라는 목적 하에서 PC를 이용한 웹 기반에서 모바일 비즈니스로 확대했다. 그 첫째는 2008년 출시한 구글 안드로이드 운영체제라는 플랫폼 비즈니스이다. 애플은 스마트폰 하드웨어와 소프트웨어를 묶는 폐쇄형 플랫폼 기업이다. 애플의 아이폰에서는 iOS라는 플랫폼이 작동된다. 전 세계 스마트폰 단말기 제조사는 무료로 구글 안드로이드 운영체제를 이용한다. 구글은 안드로이드 플랫폼에 누구나 참여하여 앱을 개발할 수 있는 개방형 플랫폼을 제공한다. 이것을 기술적으로는 프로그램 코드를 공개하는 오픈소스(open source) 정책 및 개방형 API(Application Programming Interface)라 한다. 이는 플랫폼을 통한 기업 생태계 확장 전략의 일환이다. 안드로이드 플랫폼과 함께 검색 플랫폼인 크롬(Chrome)이 작동된다.

안드로이드 플랫폼에 구글 플레이라는 앱마켓 플랫폼이 작동되어 개발사들(플랫폼 이용사업자들)은 여기서 다양한 앱을 거래하고 있다. 개발사들이 제공하는 앱 자체도 하나의 플랫폼이다. 예를 들어, 메타나 트위터도 안드로이드라는 플랫폼에서 작동되는 소셜네트워크서비스를 제공하는 플랫폼 사업자이다.

구글은 플랫폼 비즈니스로 어떻게 수익을 창출하는가? 대부분의 수익은 광고에서 나오기 때문에 서르닉은 「플랫폼 자본주의(2016)」에서 광고 플랫폼이라 하였다[2]. 구글 플레이라는 앱마켓도 구글 플랫폼 포트폴리오 중의 하나이다. 플랫폼 사업자인 구글은 광고 플랫폼에서 플랫폼 서비스에 대한 이용료를 부과하는 방식으로 수익원을 다원화하는 카드를 꺼낸 것이었다. 과연 그것이 시장지배력에 의한 것인가? 전기통신사업법은 플랫폼 사업자가 "거래상 지위를 부당하게 이용해 특정한 결제 방식을 강제하는 행위"를 금지하도록 개정되었다. 시장지배력과 관련된 문제이다. 그러나 플랫폼 사업자가 제공하는 서비스에 대한 정당한 대가를 수수료로 부과하지 못하게 하는 것을 법으로 규정할 수는 없다. 플랫폼 사업자는 새로운 방식으로 서비스에 대한 수익원을 확보하는 방법을 찾을 것이다.

구글이나 애플과 마찬가지로 카카오와 네이버도 플랫폼 포트폴리오로 구성된 기업 생태계를 경영하고 있다. 카카오 생태계는 검색 플랫폼, 커뮤니티 플랫폼, 카카오택시를 포함하는 모빌리티 플랫폼, 카카오뱅크를 포함하는 금융 플랫폼 등의 포트폴리오로 구성되어 있다.

플랫폼 사업자는 플랫폼에 참여하는 기업과 소비자들, 즉 이해관계자들을 위해 그 생태계에 투자를 해야 한다. 이러한 투자를 통해 앱마켓에서 거래가 활성화되어 참여자들도 혜택을 받을 수 있다. 예를 들어, 앱마켓에서 앱 개발사들은 앱을 판매하여 수익을 창출한다. 소비자인 이용자들은 플랫폼을 통해 앱을 구매하거나 서비스를 받는다. 플랫폼은 이들 두 고객들을 연결하여 거래가 성사되도록 중개역할을 한다. 플랫폼 사업자 또한 수익원이 필요하다. 플랫폼 사업자는 플랫폼 포트폴리오를 통해 다양한 수익원을 확보해 가는 것도 기업 생태계 경영의 한 방식이다. 비즈니스 생태계를 좀 더 구체적으로 알기 위해서는 플랫폼, 플랫폼 비즈니스, 플랫폼 경제를 이해할 필요가 있다.

반도체도 플랫폼이다

2021년 한국경영학회와 한국유통학회의 행사 주제는 플랫폼 커머스였다. 양향자 국회의원은 행사의 인사말에서 "반도체는 세상을 디자인하는 플랫폼이다."라고 했다. 양의원은 삼성전자 연구보조원으로 입사하여 상무를 역임했다. 양의원은 상업계 고등학교를 졸업하고 타자기 밖에 모르던 자신이 삼성전자에서 드로잉 업무를 담당하다가 이대로 내가 죽을 수도 있겠다는 생각이 들었다고 했다. "어떻게 다르게 일할까?" "어떻게 바르게 일할까?" 그녀는 "세상을, 세상 사람들을 손톱만한 반도체 플랫폼에 초대하는 일을 하는 것이 그 해답"이라고 했다.

플랫폼이란 "패러독스 사회의 해결이다."라고 했다. 즉, 반도체라는 플랫폼으로 고밀도, 고속력, 저전력, 고성능, 저가격의 문제를 해결하는 것은 상충관계를 풀어내는 과정이다. 반도체 플랫폼은 소자의 크기가 작아야하기 때문에 모순 상황을 해결하는 과정의 연속이다. 모순처럼 보이는 문제를 해결하기 위해서는 결국, 비즈니스 생태계를 보는 혜안을 가져야한다. 비즈니스 생태계 혜안을 가질 때, 경영자는 익숙한 것과도 결별할 수 있다. 그것은 또한 디자인 씽킹의 출발점이기도 하다.

플랫폼과 비즈니스 생태계

아마존, 구글, 마이크로소프트, 메타, 알리바바닷컴, 네이버, 카카오 등은 세계 경제를 이끌어 가는 기업이다. 거기다가 제4차 산업혁명, 디지털 전환, 인더스트리 4.0 등으로 전통적 제조기업도 스마트 제조와 서비스화로 디지털 기반을 통해 플랫폼을 다지고 있다.

플랫폼 경제와 관련하여 긱 경제와 공유경제라는 용어를 혼용하여 사용하기도 한다. 폭 넓게는 디지털 경제라는 용어가 가장 보편적으로 사용된다. 여기서 먼저 다양한 용어에 대한 개념적 관계를 알아둘 필요가 있다. 개념간의 관계를 제대로 파악하여 연계해 갈 때 지평이 넓어진다. 그것에서 지식이 확장되고 학문의 토대가 강건해진다. 또한 창의적 능력이 쌓이고 문제에 직면하여 통찰력이 발휘된다.

플랫폼과 비즈니스 생태계는 어떤 관계로 보아야할까? 아주 단순하게 표현하면, 비즈니스 생태계란 경제적 공동체이다. 경제적 공동체는 공동체의 범위를 어디까지로 두는가에 따라 규모와 유형이 다양하다. 따라서 어떤 비즈니스의 플랫폼에 참여하는 경제 주체들의 공동체로 한정할 필요가 있다. 여기서 참여 주체를 행위자(actor) 또는 이해관계자(stakeholder)라고도 한다.

플랫폼이란 비즈니스 활동의 장(場) 또는 공간이다. 플랫폼은 비즈니스 활동의 무대가 된다. 이는 생산, 유통, 소비가 이루어지는 장·토대·기반 시스템이다. 넓게는 비즈니스 생태계의 행위자들(참여자들 또는 이해관계자들이라고도 함)이 가치를 창출하고 거래하는 기반구조 또는 매개체를 플랫폼이라 한다. 어떤 기업도 비즈니스 활동의 장이 되는 플랫폼이 있기 때문에 그것을 파악하는 것이 비즈니스 생태계 경영의 시발점이 된다. 여기서는 플랫폼을 폭넓게 정의하였다. 좀 더 구체적이고 현실적인 관점에서 플랫폼이 무엇이고, 왜 플랫폼 사업자가 뜨고 있는가를 알아보자.

플랫폼은 철도역에서 기차와 승객이 만나는 물리적 접점으로 사용되었지만, 온라인 비즈니스의 발전과 더불어 널리 회자되었다. 인터넷과 디지털 기술은 플랫폼의 기능을 확대시켜주었다. 대개 디지털과 인터넷을 기반으로 하는 플랫폼을 온라인 플랫폼이라 한다. 일반적으로 쉽게 이해하기 위해서는 온라인 플랫폼을 플랫폼으로 한정하여 이야기한다.

카카오택시는 어떻게 고객 자산을 확보했는가?

누구나 한 번쯤은 이용했을 카카오택시는 전형적인 플랫폼 비즈니스이다. 카카오택시(카카오 T) 앱을 이용하여 택시기사와 승객이 만난다. 승객이 스마트폰 앱으로 택시를 호출하면, 인근의 택시기사와 연결되어 택시가 도착한다. 카카오택시는 앱을 통해 온라인으로 택시를 호출하고 카카오페이로 지불한다. 단지, 물리적 이동은 오프라인에서 택시로 한다는 점에서 O2O(Online to Offline) 서비스라 한다. 물론 승객은 승객용 앱, 택시기사는 기사용 앱을 설치해야 한다. 앱이 승객과 기사를 연결하고 매칭해주는 플랫폼 역할을 한다.

온라인 플랫폼, 앱이 탄생하기 전에 비해 신속하고 편리하게 택시를 이용할 수 있게 되었다. 택시기사는 쉽고 빠르게 더 많은 승객에게 서비스를 하게 되었다. 여기서 카카오택시라는 플랫폼에는 승객고객과 기사고객이 존재한다는 것을 알 수 있다. 플랫폼 사업자(카카오) 관점에서 보면, 택시기사와 승객이 모두 해당 앱을 많이 이용해야 시장이 확대된다. 서로 다른 고객 집단, 이를 고객군이라고 하자. 이와 같이 고객군이 둘 이상인 경우는 양면시장(two-sided market)이라 한다. 고객군이 셋 이상인 경우를 다면시장(multi-sided market)으로 구분하기도 하지만, 여기서는 이 또한 양면시장으로 표현한다. 물론 온라인 플랫폼 이전에도 양면시장이 존재했다. 신용카드사의 경우를 보면, 카드이용자 고객과 가맹점 고객이 존재하기에 양면시장이다. 한편, 현대자동차와 같은 최종 소비자를 대상으로 제품을 판매하는 비즈니스는 단면시장(single-sided market)에서 사업을 하고 있다.

카카오택시가 성공하기 위해서는 두 고객이 앱을 설치하여 이용하도록 해야 한다. 카카오는 카카오톡 이용자 고객 기반을 활용할 수 있었다. 카카오톡 앱을 사용하는 이용자들은 누구나 간편하게 카카오택시 앱도 사용할 수 있도록 하였다. 문제는 많은 택시기사가 등록하여 이용하도록 하는 것이 관건이었다.

1997년 창업하여 코스닥에 상장하고, 한 때 농구단까지 운영했던 인터넷기업이 있었다. 골드뱅크는 "광고를 클릭하면 돈을 준다."는 광고로 많은 회원을 모았지만 닷컴붕괴 이후에 사라졌다. 인터넷기업에서 고객이 자산이기 때문에 일정수준 이상(critical mass)의 고객을 확보하는 것이 무엇보다도 중요하다. 여하튼 골드뱅크는 고객을 확보하는 새로운 방식을 실천했다. 아이디어를 언제 어디에 어떻게 활용하여 실천하는가는 비즈니스 성공에 핵심이 되기도 한다.

초기에 카카오택시는 앱을 이용하는 경우에 1일 2,000원, 한 달에 최대 4만원까지 지급하는 행사를 통해 기사회원 6만 명을 모았다. 이렇게 하여 카카오택시는 두 고객을 연결하는데 성공한 셈이다. 택시기사도 우선 배차권을 갖기 위해서는 회비와 수수료를 낸다. 이렇게 일정 수준 이상의 고객이 확보된 이후에는 플랫폼 사업의 지배력이 달라진다.

기본적으로 플랫폼은 참여자들을 연결하고 매칭하는 기능을 한다. 카카오택시는 그 자체로는 큰 수익원을 확보하지 못했다. 플랫폼은 새로운 사업을 유발하고, 기존의 다른 플랫폼과 연계되어 확장해간다. 카카오블랙, 카카오대리, 카카오내비, 카카오T블루 등으로 플랫폼이 확장되어 오늘날의 카카오모빌리티라는 기업이 탄생하게 되었다. 오늘날 카카오는 커뮤니티 플랫폼, 금융 플랫폼, 모빌리티 플랫폼, 커머스 플랫폼 등에 기반을 둔 거대한 플랫폼 사업자가 되었다. 카카오는 플랫폼 포트폴리오로 그 생태계를 경영하고 있다.

온라인 플랫폼의 유형과 역할

다양하고 복잡한 현상을 유형화해 보는 것은 개념을 파악하고 상호 관계를 명료하게 하는데 도움이 된다. 온라인 플랫폼이란 재화 또는 용역의 거래와 정보교환 등 상호작용을 목적으로 하는 인터넷 홈페이지, 모바일 응용프로그램 및 이에 준하는 전자적 시스템이다. 온라인 플랫폼 중개서비스업자(플랫폼 사업자)란 온라인 플랫폼 이용사업자와 소비자 간 재화 등의 거래의 개시를 직접 알선하는 서비스 제공을 업으로 하는 자를 말한다. 온라인 플랫폼 이용사업자(입점업체)란 온라인 플랫폼 사업자와 계약을 체결하여 온라인 플랫폼 중개서비스 등을 제공받는 사업자이다.

플랫폼 비즈니스 생태계의 핵심 참여자들은 온라인 플랫폼 사업자, 플랫폼 이용사업자, 소비자이다. 플랫폼 사업자는 정보교환매개, 연결수단제공, 거래중개의 역할을 한다. SNS와 C2C 중고마켓 등은 단순히 정보교환매개의 역할을 한다. 가격비교사이트와 SNS 쇼핑 등은 연결수단제공 역할을 한다. 오픈마켓, 숙박앱, 배달앱, 앱마켓 등은 거래중개의 역할을 한다. 온라인판매사업자는 온라인 플랫폼 이용사업자와 자체 인터넷 사이트 사업자로 구분된다. 오픈마켓 입점 사업자, 블로그, 카페, SNS 플랫폼 이용 판매사업자는 온라인플랫폼 이용사업자이다. 홈쇼핑, 종합쇼핑몰, 개인쇼핑몰, OTT(Over The Top) 등은 자체 인터넷 사이트 사업자이다.

온라인 플랫폼의 종류는 다양하다. 마치 시대에 따라 다양한 사업이 출현하여 새로운 비즈니스 모델이 출현하듯이 그렇다. 유형으로 분류하는 것은 동질성이 있는 것은 함께 묶고, 다른 유형은 서로 배타적이며, 가능한 현상의 모든 것을 포괄하게 하는 것이다.

서르닉은 2016년 그의 저서 「플랫폼 자본주의」에서 5가지로 온라인 플랫폼을 나누었다[2]. 이는 데이터의 생산, 축적, 활용에 역점을 두고 디지털 경제에서의 플랫폼을 유형화한 것이다.

유형	개요	예
광고 플랫폼	인터넷 이용자 고객에게는 검색이나 커뮤니티 등의 포털과 소셜네트워크 서비스를 제공하고, 광고주 고객에게는 맞춤형 광고 서비스로 서로 다른 두 고객군을 연결하는 플랫폼	구글, 메타, 네이버, 카카오 등
클라우드 (cloud) 플랫폼	소프트웨어, 하드웨어, 네트워킹 등의 IT 자원을 빌려주는 플랫폼	아마존, 마이크로소프트, IBM, 구글, 드롭박스, 네이버, KT, LG U+,
산업 플랫폼	소비자 고객에서 공급자에 이르는 가치사슬의 모든 참여자들을 산업인터넷 기반에서 생산 프로세스를 연결하고 통합하는 스마트 제조 플랫폼: 제조 디지털 전환	GE, 지멘스, 델컴퓨터, 포스코, 크리에이터블, 스마트그리드 등
제품 플랫폼	제품의 서비스화로 주문 또는 구독 방식으로 빌려주고 서비스를 제공하여 수익을 창출하게 하는 플랫폼	집카, 스포티파이, 판도라, 롤스로이스, GE, 신도리코의 복사기렌탈, 정수기렌탈
린(lean) 플랫폼	핵심역량을 기반으로 자산과 노동을 외주화(아웃소싱)하여 가치를 창출하는 플랫폼	우버, 에어비앤비, 태스크래빗, 파이버, 크몽, 배달의민족, 요기요

〈표 5.1〉 온라인 플랫폼의 유형

* 「플랫폼 자본주의」 내용을 정리하고 보완하였다.

5. 플랫폼 경제가 여는 미래

온라인 플랫폼에 대한 이들 분류가 완전히 상호 배타적이거나 포괄적이지는 않다. 한 기업에서 다수의 비즈니스가 이루어지듯이 여러 플랫폼이 존재할 수 있다. 기업은 다수의 플랫폼 포트폴리오로 구성된 조직이다. 예를 들어 아마존은 상거래 플랫폼, 아마존웹서비스(AWS)의 클라우드 플랫폼, 메커니컬터크의 린 플랫폼 등을 연계 및 통합 운영하는 플랫폼 사업자이다. 네이버도 광고 플랫폼에서 출발하여, 클라우드 플랫폼, 린 플랫폼 사업자이다. 서르닉은 앞으로 플랫폼 비즈니스가 자본주의 발전에 중추적 역할을 할 것으로 내다보았다. 특히, 클라우드 플랫폼, 산업 플랫폼, 제품 플랫폼이 발전할 것이라 하였다. 한편, 광고 플랫폼과 린 플랫폼에 대해서는 비관적 전망을 내놓았다.

중요한 것은 플랫폼 사업자의 역할에 있다. 무엇보다도 참여자들을 위한 가치를 창출하지 못하는 플랫폼은 지속성이 없다. 첫째 역할은 플랫폼 참여자들을 연결하고 중재하는 것이다. 둘째는 데이터를 축적, 가공, 활용, 자산화하는 것이다. 셋째는 플랫폼과 참여자들의 신뢰를 구축하는 것이다.

에어비앤비는 호스트(빈방을 대여해주는 플랫폼 이용사업자)와 여행자를 중개한다. 종종 호스트는 여행자의 예약을 거절한다. 예를 들어, 호스트는 파티를 즐기려는 젊은 여행자 고객(베를린 파티 여행객)의 요청을 거절한다. 에어비앤비는 그 이유를 발견하기 위해 거절 프로젝트를 실행했다. 인사이트 분석팀에서는 최근에 거절한 호스트들을 대상으로 자료를 수집하고 인터뷰를 하였다. 거절 이유를 분석하는데 데이터 트라이앵글법을 사용하였다. 양적 분석과 질적 분석을 실시하여 같은 결론에 이르는지를 알아낸다. 분석 결과를 토대로 호스트가 염려하는 문제가 발생하는 것을 사전 또는 사후에 예방하는 방법을 제안한다. 이렇게 함으로써 고객의 경험을 최적화하여 호스트와 여행자 고객 모두로부터 신뢰를 쌓아간다. 이는 에어비앤비가 단순 중개 서비스를 넘어서 신뢰 형성을 하는 사례이다.

플랫폼의 신뢰에 대해서는 차후에 더 논하기로 하고 여기서는 데이터의 중요성에 대해 살펴본다. 데이터를 지배하는 조직이 세상을 지배한다. 왜 정보가 아니고 데이터인가? 정보는 수신자에 따라 의미와 가치가 달라진다. 원료가 되는 데이터는 수신자에 따라 다른 가치를 주도록 쉽고 신속하게 저비용으로 언제나 가공될 수 있다. 그것이 인공지능과 빅데이터를 포함한 정보통신기술의 능력이다.

구글, 네이버, 카카오, 메타와 같은 기업은 광고 수입 비중이 높다. 원래 인터넷은 소통을 위한 가상공간으로 검색, 콘텐츠, 커뮤니티가 중심이 되었다. 구글은 야후나 라이코스에 비해 검색 분야의 후발주자이다. 회원 등록에서 쿠키를 이용한 검색 활동 등으로부터 이용자 고객에 대한 막대한 데이터를 축적하여 분석하고 있다. 이러한 데이터를 기반으로 구글의 애드워드 광고주에게 맞춤형 광고로 광고효과를 극대화한다. 이용자 고객을 위한 개인화 서비스가 가능하게 된다. 물론, 개인정보를 보호해야한다. 이를 위해 특정 개인과 그 정보가 연결되지 않는, 즉, 개인을 특정할 수 없는 비식별 개인정보를 이용한다. 비식별 개인정보를 자산으로 하는 신규 사업이 가능하다. 메타도 이용자 고객이 생산하는 콘텐츠를 자산으로 광고주에게 맞춤형 광고 서비스를 제공하여 수익을 창출한다. 따라서 광고 플랫폼 사업자는 이용자 고객에게 정보, 지식, 소통, 커뮤니티의 가치를 제공한다. 한편으로는 광고주 고객에게 개인화 서비스로 광고 효과를 극대화하고 있다. 물론, 앞으로 광고 시장이 어떻게 변화될 것인가에 따라 광고 플랫폼의 미래는 달라질 것이다.

자동차를 이용한 이동 서비스를 제공하는 집카와 우버를 보자. 제품 플랫폼인 집카는 자동차를 보유하여 이동서비스를 제공한다. 하지만 린 플랫폼인 우버의 경우는 자동차를 보유하지 않고 이동 서비스를 가능하게 한다. 린 플랫폼에서는 물리적 자산의 소유나 노동을 최소화한다. 군더더기 없는 날씬한 의미를 갖는 린(lean)은 자동차를 중심으로 한 제조업의 린 생산시스템에서 유래되었다. 린 생산방식은 재고를 낭비로 보고 비용을 줄이고자 하는 도요타의 적시생산시스템(JIT: Just-In Time)을 바탕으로 가치있는 제품을 최소비용으로 신속하게 개발하는 것으로 제조기업에서 각광을 받아왔다. 그러나 지나친 외주화(아웃소싱)로 린 방식이 조직에 한계로 작용하기도 한다. 특히, 비용절감에 역점을 둔 노동의 외주화는 고용불안과 변화에 대한 두려움을 초래하여 장기적으로 조직에 부정적 영향을 주기도 한다. 오늘날 대부분의 경우 린 플랫폼을 통해 공유경제가 실현되고 있다.

재능공유 플랫폼도 린 플랫폼의 유형에 해당한다. 이스라엘의 파이버(Fiverr)는 2010년부터 그래픽/디자인, 마케팅, 프로그래밍, 애니메이션, 번역 등의 전문 서비스를 중개하고 있다. 파이버는 프리랜서와 창업자(인력 채용기업)를 연결하여 중재한다. 파이버는 프리랜서들의 온라인 공동체이다. 전 세계의 프리랜서들은 누구나 여기에 등록할 수 있다. 예를 들어, 홈페이지 개발과 디자인 작업이 필요한 창업자는 정규직을 채용하지 않는다. 대신 파이버의 프리랜서에게 맡긴다. 프리랜서들이 하는 일은 교정에서 백서, 논문, 보고서 등의 작성까지 다양하다. 파이버에는 20쪽의 전문 백서를 작성하는데 1,350불을 제안하는 프리랜서의 이력이 올라와 있다.

파이버에서 프리랜서는 자신의 전문지식을 파는 판매자이고, 창업자는 전문지식을 구매하는 고객이다. 파이버에서는 노동을 공급하는 프리랜서는 판매자이고, 전문 인력이 필요한 수요자인 창업자는 고객이라 한다. 파이버에 일감을 맡기는 고객의 대부분이 창업기업이다. 고객이 선택한 프리랜서가 일을 맡아 계약기간 내에 작업을 마친다. 고객이 지불한 돈의 80%는 프리랜서에게 돌아가고, 나머지 20%는 파이버가 수수료로 챙긴다. 사실, 파이버 플랫폼에는 노동을 공급하는 프리랜서 고객과 노동을 필요로 하는 수요자인 창업자 고객이 있다. 그러나 파이버에서 노동은 하나의 상품이다. 판매자와 고객이라는 용어 자체가 그것을 쉽게 표현하고 있다. 상품 거래에서의 직설적인 용어를 그대로 쓰고 있다. 프리랜서 공동체를 만들어, 그들이 서비스하는 전문지식이라는 상품을 소비자인 창업자들에게 판매하는 장터이다. 거래 단위로 긱(gig)을 쓴다. 하나의 긱 단위가 5불이다. 5불은 노동단위의 최소가격인 셈이다. 최소 5불에 프리랜서를 고용할 수 있다는 의미이기도 하다.

국내에서는 크몽과 숨고가 대표적인 재능공유 플랫폼이다. 일감을 의뢰하는 수요자인 구매자 관점에서 전통적으로 기업은 근로자를 고용하여 일을 처리하거나 전문업체에 일을 맡기는 방식을 취해왔다. 그런데 재능공유 플랫폼을 이용하는 동기는 무엇인가? 노동인력의 수요자인 기업의 동기는 낮은 비용과 고용 유연성에 있다. 노동 공급자인 프리랜서는 재능공유 플랫폼을 이용하여 자유롭고 편리하게 일감을 찾을 수 있다. 그러나 현실적으로 정규직 근로자가 아니기에 원할 때 일감이 늘 있는 것이 아니고, 소득이 낮다. 그들은 직장에 고용되어 있지 않아 근로기준법 상의 근로자가 아니다. 그들은 4대 보험을 비롯한 사회안전망의 보호를 받을 수 없기 때문에 불안정한 삶을 살아간다.

파이버는 창업자나 소기업의 고객에게 비용절감을 첫째로 홍보하고 있다. 어떻게 비용을 낮추는가? 저소득 국가의 프리랜서들이 등록하고 있기에 그것이 가능하다. 인도, 파키스탄, 나이지리아, 방글라데시 등의 프리랜서들이다. 온라인 플랫폼은 IT 개발은 인도에, 디자인은 태국에, SNS 관리는 필리핀에 맡길 수 있도록 연결하고 매칭한다.

재능공유 플랫폼 사업자, 프리랜서, 의뢰자 고객이 비즈니스 생태계의 핵심 참여자이다. 지속가능한 선순환 체계를 만들기 위해서는 연결과 매칭의 역할을 넘어서 플랫폼에서 신뢰를 구축하는 것이 중요하다. 일감을 맡기는 측과 일을 하는 사람이 서로 믿고 거래하는 장을 만드는 것이 가장 기본적인 신뢰 형성 방법이다. 일감을 의뢰한 고객은 완성된 프로젝트에 만족해야 한다. 프리랜서는 프로젝트를 완료하고 약속된 대금을 제대로 지급받도록 보증해야 한다. 두 고객이 믿고 거래할 수 있도록 재능공유 플랫폼 사업자는 에스크로 역할을 한다. 이것은 오픈마켓이 판매자와 구매자를 위한 대금결제예치 서비스를 제공하는 것과 같다. 더 중요한 것은 전문가의 지식 품질을 보증하는 것에서 신뢰가 구축된다. 노동 수요자인 고객은 프로젝트의 품질을 보증받아야 한다. 노동 공급자인 프리랜서는 전문가로서의 적정 대가를 지급받을 수 있어야 한다.

파이버에서 고객은 프리랜서의 이력, 평점, 리뷰를 살펴보고 작업을 수행할 프리랜서를 선택한다. 프리랜서의 평판이 신뢰의 한 방안으로 이용되고 있다. 신뢰할 수 있는 완성도 높은 작업을 원하는 고객은 파이버 프로(Fiverr Pro)를 이용한다. 파이버는 직접 심사를 거친 검증된 전문가들을 중개하는 방안으로 파이브 프로를 도입했다. 즉, 일정 요건을 갖춘 검증된 프리랜서를 프로 셀러(Pro Seller)로 지정하는 서비스를 통해 플랫폼 신뢰를 개선하고 있다. 이는 옥션과 G마켓에게 우수 판매자를 지정하는 파워셀러와 파워딜러와 유사하다.

일찍이 피터 드러커가 이야기했듯이 지식노동자의 과업을 정의하기도 쉽지 않다. 더욱이 그 품질을 측정하는 것은 더욱 어렵다[3]. 특히, 표준화된 척도로 측정하기 어려운 전문지식을 중재하는 온라인 플랫폼에서 신뢰를 구축하기란 쉽지 않다. 신뢰 구축의 혁신적 방법으로 비즈니스 생태계의 지속가능한 선순환 체계가 구축될 때, 린 플랫폼의 미래는 밝다. 그런데, 플랫폼에서 노동을 중재하는 비즈니스가 비판을 받는 이유는 무엇인가? 플랫폼 노동자의 작업 환경에 대한 사회적 문제를 해결해야 한다는 사회적 압력이 강해지고 있다. 사회안전망에 대한 문제는 법과 제도의 개선을 통해 점차 해결될 것이다. 더욱 큰 문제는 인식의 문제이다.

[그림 5.1] 클레어몬트대학의
피터 드러커 초상

　파이버에서의 판매자와 고객이라는 용어를 따져보자. 이는 마치 집창촌에서 몸을 파는 방식과 유사하다. 또한 아마존이나 옥션과 같은 전자상거래에서 상품을 판매하는 것과 다를 바 없다. 전문가 지식을 데이터나 정보와 같이 객관화하여 분리 가능한 형식지도 있다. 한편, 전문가와 분리될 수 없는 암묵지도 있다. 노동의 공급자와 수요자 관점에서 용어를 정화할 필요가 있다. 촘스키는 "언어가 사고를 지배한다."고 했다. 예를 들어, 기업의 난제를 해결하기 위해 집단지성을 이용하는 개방형 혁신 플랫폼인 이노센티브(Innocentive)에서는 문제해결자(solver)와 도전과제(challenge)라는 용어를 사용하고 있다.

　플랫폼 생태계의 사고 전환이 필요하다. 노동의 대가를 지급하는 고객이라는 기업 관점을 넘어서 생태계 참여자들을 함께 고려해야 한다. 노동 공급자와 수요자에 대한 균형적 접근으로만 지속가능하다. 이 또한 플랫폼 신뢰를 구축하는 한 방법이다. 블록체인 기술은 중앙집중식 신뢰를 넘어서 분산형 신뢰를 가능하게 한다. 또한 스마트계약은 계약의 이행을 자동화한다. 플랫폼 사업자들은 생태계 참여자들에게 투명성을 개선하고 신뢰를 형성하는 혁신적 방안으로 블록체인을 적용해 가고 있다. 이렇게 디지사이트가 발휘된다.

구독경제, 공유경제, 플랫폼 경제에서 프리랜서로 살아가기

넷플릭스, 멜론, 에어비앤비, 우버, 메타, 구글, 네이버, 카카오, 아마존, 알리바바, 쿠팡, 애플, 마이크로소프트의 공통점은 플랫폼 기업이라는 점이다. GE와 지멘스 등의 제조기업도 플랫폼 기업으로 변신하고 있다.

콘텐트와 소프트웨어, 소비재와 산업재, 명품에 이르기까지 구독경제가 다양하게 확산되고 있다. 전기차 배터리도 구독하는 시대로 가고 있다. 구독경제란 일정 금액을 내고 정기적으로 제품이나 서비스를 제공받는 경제활동이다. 에어비앤비는 집 한 채도 소유하지 않고 여행자들을 위해 빈방을 공유한다. 우버는 차 한 대도 소유하지 않고, 차량을 공유한다. 공유경제는 유휴자원을 공유함으로써 가치를 창출한다.

구독경제와 공유경제는 온라인 플랫폼을 통해 이루어지고 있다. 플랫폼 경제에는 임시적 노동자가 많기 때문에 긱(gig) 경제라고도 한다. 이는 필요에 따라 기업들이 인력을 충원하고 대가를 지불하는 경제이다. 구독경제, 공유경제, 긱 경제는 각각 그 시작이 다르고, 지향하는 바에 차이가 있지만 모두가 온라인 플랫폼을 이용한다. 플랫폼 경제가 이들 중에서 가장 폭넓은 개념이다.

플랫폼 경제는 불안한 저임금 노동자만 양산한다는 비판이 있다. 하루 7시간 일하고, 월 150만 원 수입에 4대 보험도 못 받는 플랫폼 노동자들이 많다는 최근 조사도 있다. 혹자는 공유경제를 플랫폼 노동자에게 부스러기만 남겨주고 착취하는 경제라고 비판하기도 한다. 그런데 왜 플랫폼 경제는 성장하고, 플랫폼 기업의 시장가치가 높을까? 그것은 플랫폼 기업의 가치창출 역할에 있다. 첫째는 플랫폼 참여자들을 연결하고 매칭하는 역할이다. 둘째는 데이터를 축적, 가공, 활용하는 능력이다. 셋째는 플랫폼과 참여자들 간의 신뢰를 구축한다는 점이다.

플랫폼 경제에도 육체노동자와 지식노동자가 종사하고 있다. 플랫폼 노동자의 대부분은 독립계약자로서 근로기준법의 적용대상이 아니다. 그들은 자유와 불안의 긴장관계에서 살아가고 있다. 우버 기사나 가사 도우미와 같은 단순 업무를 하는 노동자일수록 자유보다는 불안감이 크다. 전문가 프리랜서일수록 자율성을 중히 여긴다. 2021년, 3, 4학년 학부생들과 경영대학원생들에게 플랫폼 노동자로서 프리랜서와 정규직 간의 선호도를 물었다. 4대 보험과 같은 사회안전망, 플랫폼 노동자 보호를 위한 법과 제도가 정비되면 프리랜서가 되겠다는 사람이 절반이나 되었다.

기업에서 플랫폼 노동자를 선호하는 이유는 비용절감만이 아니다. 노동 유연성과 변화에 대한 민첩성에 있다. 특히, 기업은 수요 변화에 따라 해고의 부담 없이 민첩하게 대응할 수 있다. 플랫폼 노동자는 자율적으로 자신이 선택한 일을 할 수 있다. 디지털 노마드를 선호하는 청년이 늘고 있다.

1998년 IMF와 2008년 금융위기 이후로 비정규직이 늘어났다. 정부는 이로 인한 문제를 해결하기 위해 비정규직의 정규직 전환 정책을 펴왔다. 앞으로 선진국의 정부는 프리랜서를 위한 사회안전망 구축과 불안감 해소를 위한 정책을 펴나갈 수밖에 없다. 대학도 공무원과 대기업 정규직을 넘어서 전문지식을 기반으로 프리랜서로서 살아가는 법에 대한 교육에 더 집중할 필요가 있다. 사실 앞으로는 정규직 직원보다는 프리랜서로서의 직업이 스스로가 주인이 된 삶을 살아가는 더 나은 대안이 될 것이다. 이미 2013년에 컨설팅 기업인 딜로이트는 글로벌 인적자본 트렌드로 개방형 인재 경제를 꼽았다. 이는 재능을 가진 개인이 프리랜서로서 필요할 때, 필요로 하는 여러 조직에서 자유롭게 일하는 경제 또는 고용 구조이다.

플랫폼 노동의 미래

「뭐든 다 배달해 드립니다」는 책의 제목이다. 배달의민족, 요기요, 배달통, 생각대로, 쿠팡이츠 등 배달앱은 수많은 플랫폼 노동자의 일자리를 만들었다. 배달앱과 우버와 같은 플랫폼을 통해 일감을 받아 일하는 노동자들이 급속히 늘어나고 있다. 사실 기존의 많은 노동이 온라인 플랫폼을 통해 가능하게 되고, 새로운 방식의 플랫폼 노동이 나타나고 있다. 우버기사는 스마트폰 앱으로 승객의 요청을 받아 목적지까지 태워준다. 배민라이더는 스마트폰 앱으로 들어온 배달주문을 식당에서 받아 고객이 요청한 곳에 배달한다. 파이버나 크몽의 프로그래머나 웹툰작가는 택시기사나 배달기사와는 달리 일감(프로젝트)을 온라인으로 받아 본인이 일하는 곳에서 완성하여 온라인으로 제공한다. 전자는 물리적 이동이 필요하지만, 후자는 그럴 필요가 없다.

플랫폼 노동이란 온라인(디지털) 플랫폼을 이용하여 개인이나 조직이 일감(또는 프로젝트)을 받아 노동력을 제공하고, 그 대가로 보수를 받는 것을 일컫는다. 대개 스마트폰 앱(또는 인터넷 웹)으로 단기 일자리나 일감을 구하고, 일을 할지 말지를 선택할 수 있고, 대면 또는 온라인으로 과업을 수행하여, 그 대가를 받는다.

슈미트(Schmidt)는 플랫폼 경제에서의 노동을 크게 두 가지로 분류했다[4]. 지역기반형 긱 노동(location-based gig work)과 웹기반형 클라우드 노동(web-based cloud work)이다. 지역기반형이란 우버기사나 배달기사와 같이 앱으로 일감을 배정받아 물리적 공간인 특정 지역에서 일을 수행하는 플랫폼 노동이다. 가사노동도 마찬가지이다. 가사도우미는 스마트폰 앱으로 일감을 받아 고객이 요청한 집에서 청소를 한다. 대리운전, 택시, 퀵서비스, 음식배달 등을 고객이 전화나 앱으로 호출 즉, 주문한다는 의미에서 호출형 노동이라고도 한다.

특정 이미지가 무엇인가를 기계가 판별하는 컴퓨터 비전은 심층학습을 이용하는 인공지능의 한 분야이다. 인터넷에 있는 수많은 이미지를 모아 학습하는 과정을 통해 컴퓨터 비전은 3살 아이를 넘어서 어른이 이미지를 식별하여 이해하고 의미를 해석하는 수준으로 발전하고 있다. 누가 그 수많은 이미지를 모아 입력할까? 아마존의 메케니컬 터크(MTurk)라는 플랫폼에 등록한 전 세계의 노동자들이 인터넷에서 검색한 이미지를 제공한다. 그들은 이미지 하나에 몇 십 원의 대가를 받는다. 그야말로 일감을 최소 단위로 쪼개어 일반 대중이 누구나 참여하여 필요한 일을 완성하게 한다. 이러한 일은 이전에 찾아보기 어려운 일감이다. 번역도 최소단위로 나누어 할 수 있다. 수백 쪽의 책을 최소 단위로 나누어 전 세계의 대중이 참여하여 번역을 완성한다. 이런 일은 사실 오프라인에서는 시간과 비용 때문에 현실적으로 불가능했던 일이다. 이러한 MTurk나 프리랜서를 위한 플랫폼 노동을 웹기반형이라 한다.

유형	국내 플랫폼	국외 플랫폼
지역기반형 긱 노동	대리주부, 청소연구소, 미소, 띵동, 일당백	숙박과 가사: 에어비앤비, 태스크래 빗(Taskrabbit), 핸디(Handy)
	배민라이더스, 요기요, 쿠팡플렉스	수송 및 배달 서비스: 우버, 리프 트, 디디, 딜리버리히어로, 포스트 메이츠(Postmates), 인스타카트 (Instacart)
웹기반형 클라우드 노동	이랜서, 위시켓, 크몽, 숨고, 로켓로이어	온라인 프리랜스 시장의 업워크 (Upwork), 프리랜서(Freelancer. com), 파이버(Fiverr) 아마존 MTurk, 99디자인 (99designs), 쿼키(Quirky)

〈표 5.2〉 플랫폼 노동의 유형

플랫폼 노동은 여러 영역으로 확대되고 있다. 운송 및 택시, 음식 배달, 발레파킹, 장보기, 가사와 돌봄, 심부름, 숙박, 펫시터 등의 노동집약적 업무에서 법무와 컨설팅 등의 지식집약적 전문가 업무에 이르기까지 다양하다.

기존에도 존재했던 일들이다. 그러나 사업방식과 플랫폼의 역할이 변하고 있다. 시장과 종사자 규모도 달라진다. 문제의 핵심은 신뢰에 있다. 왜 신뢰이고, 신뢰는 어디로 이동하고 있는가? 집안일을 요청하는 고객(구인자)과 가사도우미(구직자)를 중개하는 플랫폼 서비스를 예로 들어 보자.

'남아있는 나날'이라는 영화에서는 1차 세계대전 이후, 영국의 저택에서 일하는 집사장과 하녀장의 사랑을 다루고 있다. 영화에서 집안을 도맡아 하는 집사장(스티븐슨역 안소니 홉킨스)의 하루하루 일과를 소상히 보여주고 있다. 연결 방식은 다르지만 이들 업무의 일부를 오늘날의 플랫폼 노동자가 하고 있다. 이 영화의 원작 소설은 가즈오 이시구로가 1989년에 펴낸 「남아있는 나날」이다. 이는 1930년대 영국을 배경으로 한 장편 역사소설이다. 이시구로는 일본계 영국인 작가로 2017년 노벨문학상을 수상했다.

집안일은 늘 있어왔다. 집사나 가정부를 두기 전에는 머슴과 노비나 노예를 두었다. 그 수행방식도 끊임없이 변화해왔다. 변화의 방향은 구속에서 자유로 흘려왔다. 오늘날은 태스크래빗, 대리주부, 청소연구소 등의 플랫폼이 대신하고 있다. 이들을 통한 가사도우미가 이전의 어떤 경우보다도 자유롭다. 온라인 플랫폼 이전에는 지인을 통해 알음알음으로 거래하거나 중개소를 이용했다. 온라인 플랫폼의 중재로 가사 서비스는 빠르고 편리해졌다. 그런데 집안에 낯선 사람을 들여놓는 것이 편하지 않다. 가사 일을 맡기는 고객 입장에서는 사생활이 노출될 수도 있고, 재산에 피해가 발생할 수도 있다. 가사도우미에 대한 성희롱,

성추행, 성폭행, 괴롭힘 등의 위험이 도사리고 있다. 온라인 플랫폼 이전에는 개인에 대한 신뢰에 의존적이었다. 오늘날에는 플랫폼 자체에 대한 신뢰가 중요하다. 예를 들어, 청소연구소나 대리주부를 믿고 일을 맡기고, 일을 할 수 있다면 플랫폼 사업자는 그 반대급부를 챙기는 것이 당연하다.

현실적인 문제는 여전히 존재한다. KBS 다큐, '별점인생'에서 한 가사도우미의 인터뷰이다. "원하는 시간에 원하는 만큼 일할 수 있다." "별점에 따라 건당 5천 원에서 8천 원 정도 보수에 차이가 나요." "후기가 중요해요. 리뷰 수가 많고, 별점이 높아야 상위에 떠요." 별점 테러가 일어나기도 한다. 문제가 있어도 항의할 수도 없다. 대부분의 경우, 가사도우미에 대한 평가는 플랫폼에서 이력, 후기, 고객 만족도 등의 데이터를 분석하여 알고리즘에 의해 결정된다. 시스템에 의한 결정은 사람이 헤아려보고 사정을 봐줄 여지가 없게 만든다. 후기와 평가는 명성으로 드러나고 신뢰를 구축하는 한 방안으로 온라인 플랫폼에서 널리 이용되고 있다. 후기와 평가가 신뢰 구축의 방안이 되기도 하지만, 플랫폼 노동자의 스트레스 요인이 되기도 한다. 태스크래빗에서 노동자는 최소 수락률이 85% 이하인 경우는 알고리즘에 의해 이용 정지된다. 항상 대기해야 하는 스트레스를 받는다. 대기시간을 노동시간으로 산정하지는 않는다.

래브넬의 「공유경제는 공유하지 않는다」라는 책의 5번째 챕터의 제목은 '공유는 사랑입니다'이다[5]. 낯선 사람이 사적 공간인 집에 들어왔을 때, 일어나는 다양한 성희롱 사례를 적나라하게 드러내고 있다.

홈스토리생활에서는 대리주부 플랫폼의 가사도우미를 직접 고용하기로 했다는 기사도 있었다. 대리주부는 구직자인 가사도우미가 결정하는 역경매 방식에 가깝다. 앱에 일감이 뜨면, 가사도우미가 가고 싶은 곳을 골라 프로필과 견적을 올리고, 고객은 가사도우미를 선택한다. 고객이 매기는 별점으로 평가한다. 별점에 따라 5-8천 원 정도의 보수에 차이가 난다. 청소연구소에서는 고객의 주문이 들어오면 지역이나 선호하는 근무환경 등 조건에 맞는 가사도우미(매니저라 칭함)들에게 알람이 울린다. 가사도우미가 이를 수락하면 매칭(고객과 가사도우미 간의 계약이 체결되는 것)이 완료된다.

청소연구소는 "예약과 결제를 앱에서 간편하게" 라는 슬로건과 함께, 5단계 검증으로 믿고 맡길 수 있다는 점을 강조하고 있다. "5단계의 꼼꼼한 검증과정을 거친 매니저와 함께 합니다." 신원확인, 인성면접, 이론교육, 실습교육, 보험가입(배상책임보험)이 5단계 검증과정이다. "각 영역별로 표준화된 가이드에 맞춰 청소해 드립니다. 매니저가 달라져서 서비스가 달라질까 걱정하지 마세요." 플랫폼 사업자가 고객에 대한 서비스 품질을 보증하여 신뢰를 구축하는 역할을 강조한 문구들이다. 청소범위와 품질을 가능한 표준화하고 체계화하여 예측성과 투명성을 높여 고객의 신뢰를 얻고자 한다.

그런데 아이돌봄 서비스를 표준화하고 체계화하는 것은 청소보다 어렵다. 째깍악어 플랫폼은 이력, 고객 만족도, 후기 등을 통한 고객평가는 물론이고 돌봄 교사의 자격요건을 강화하는 방법(경력단절 보육교사)으로 고객 신뢰를 구축한다.

래브넬은 플랫폼 노동자의 지식수준과 자본 보유수준에 따라 플랫폼 노동을 분류했다[5]. 배달기사나 청소 도우미와 같이 단순 지식이 요구되는 표준화하기 쉬운 노동에서 보다 복잡한 지식을 요구하는 노동에서 풀질 보증이 더욱 어렵다. 이는 플랫폼 사업자가 어떻게 신뢰를 구축하는가에 대한 도전적 과제이다.

플랫폼 노동자의 자율성과 유연성은 높다. 그러나 일감에 대한 불안과 낮은 소득, 사회보장제도의 결여와 여러 스트레스 요인이 플랫폼 노동자에게 작용하고 있다. 플랫폼 노동자는 자유와 불안의 긴장관계라는 계곡을 아슬아슬하게 걸어간다. 비즈니스 생태계 혜안을 가져야 지속가능한 대안을 찾을 수 있다.

5.3 플랫폼 노동자의 자유와 불안의 긴장관계

플랫폼의 역할과 플랫폼 노동

플랫폼이 하는 역할이 어디까지인가? 플랫폼 자체에서 이루어지는 업무의 대부분은 자동화된다. 온라인 플랫폼에서 노동자(노동의 공급자)와 고객(노동의 수요자)을 연결하여 매칭하는 업무를 수작업으로 처리하는 것은 신속성과 비용 측면에서 비효율적이다. 자동화를 위해 컴퓨터 알고리즘이 활용되고, 그러한 알고리즘에는 심층학습(딥러닝) 및 음성인식과 같은 인공지능 기술과 빅데이터가 적용된다. 예를 들어, 자가학습 알고리즘을 통해 경쟁 플랫폼에서의 행동을 학습하여 이익이 최대화되도록 일감을 배정한다. 그 외에도 노동자 이력과 평점을 반영한 자동적 과업 배분, 거래 시점의 수요와 공급을 반영한 요금정책, 배차 순서와 주문에서 배달까지의 최적경로 추천, 도심에서 배송기사에게 최적의 주차장 추천 등 다양한 영역에서 자동화가 이루어진다.

부릉이라는 배달대행 서비스를 제공하는 매쉬코리아의 예를 보자. 배달 제휴 기업으로부터 배달 주문이 들어오면 배달원과 연결하여 배달 서비스를 제공한다. 주문, 배송, 도로, 주차장, 유동인구 등의 데이터와 인공지능을 활용하는 부릉 배송관리시스템이 자동화 역할을 담당한다. 배달기사가 주차장을 찾는 경우를 생각해 보자. 주차장을 제대로 못 찾게 되면 배달지연 문제가 발생하고, 불법 주차 벌금으로 손실이 발생한다. 대개 배달기사는 주차시에는 스마트폰 충전을 해제한다. 이는 언제, 어디서, 어느 주자창이 비어있는가에 대한 데이터를 제공한다. 이것은 배달기사들의 경험, 그들의 감(感)을 데이터로 축적하여 분석함으로써 배달원의 복잡한 주차 문제를 지원함을 의미한다. 빅데이터와 인공지능을 이용하여 배달기사에게 최적의 주차장을 추천한다. 그런데 이러한 문제 해결 방향과 단서(기초 자료)는 경험 많은 배달원에게 의존하며, 이를 착안하는 것은 인간의 통찰력에 있다.

아무리 기술이 발전해도 전략적 의도와 목적 및 전략을 수립하는 것은 인간 통찰력에 의존한다. 매쉬코리아의 직원 300명 중 연구개발(R&D) 인원이 100명에 달한다. 배달제휴기업은 이디야커피, 맥도날드, 다이소, 올리브영 등 300여 업체이다. 전국의 배달원은 2021년 현재, 약 6만 6천 명이다.

인간과 기계의 관계, 그리고 플랫폼 알고리즘

인공지능의 발전으로 기계는 점차 인간의 일을 대체해간다. 기계는 인간의 통제를 받고, 인간의 보조 역할을 해왔다. 이제 기계는 인간의 동반자 역할을 하는 공존의 시대에 이르게 되었다. 인간의 통제 하에서 기계가 지원자나 동반자 역할을 하면서, 비교적 가치 판단이 요구되지 않는 범위에서 대체 역할을 한다는 점에서는 공감대가 있다. 그러나 포스트휴먼 시대에서는 탈인간중심주의가 어떻게 발전할지 알 수 없다.

　　1997년, 딥블루가 체스 챔피언이 되었다. 2016년 이세돌 9단과 구글 딥마인드의 대결에서 컴퓨터가 승리했다. 현재, 기계학습(심층학습)의 발전으로 특수한 영역에서는 기계가 인간의 능력을 능가한다. 그러나 상식을 포함하는 범용 영역에서는 그렇지 않다. 범용 인공지능(AGI: Artificial General Super Intelligence)이 가능하게 되면, 기계가 인간의 지능을 능가할 수 있다는 염려를 하게 만든다. 그렇다면 인간과 기계는 어떻게 다른가? 기술자가 아닌 철학자들이 그에 대한 답을 내놓았다.

　　사르트르 등 무신론적 실존주의 철학자들 중 일부는 "실존이 본질에 앞선다"는 명제를 피력한다. 인간은 태어날 때부터 무엇이 되어야 한다. 무엇을 해야 한다는 어떤 목적(본질)을 갖고 태어난 것은 아니다. 사람은 살아가면서 자신의 목적을 계획하고 실천한다. 살아가는 과정(실존)에서 목적을 뚜렷이 한다. 한편, 모든 기계는 인간이 그 목적을 정해두고 생산되었다. 분필은 쓰는 목적, 지우개는 지우는 목적이라는 본질이 실존을 우선한다. 컴퓨터도 그 목적을 두고 만들어진 기계이다. 인공지능 컴퓨터가 인간이 만들 때의 그 기능을 벗어난다면 어떻게 될까? 먼 미래일지라도 그러한 위험은 존재한다. 알랭드 보통은 인간을 결함있는 호두에 비교했다[6]. 스티븐 호킹 박사도 인공지능에 대한 윤리와 통제가 필요하다는 것을 강조했다.

　　우주를 기계에 비유한 철학도 있다. 프랑스 철학자 질 들뢰즈는 우주란 거대한 생산 공장이라 했다. 우주 자체의 재료를 입력하여 작동 과정을 통해 우주를 끊임없이 재생산한다. 자본주의에서 사회기계가 기술기계를 제어하고 통제한다. 기술은 사회 조건의 틀 안에서 진화하고 발전한다. 기술기계인 컴퓨터는 사회기계인 인간이 만들어가는 법과 제도와 시스템의 통제 하에 있어야 한다. 사회 조직의 구성에 따라 기술이 자본의 이윤을 추구할 수도 있고, 노동 소외를 개선할 수도 있다[7].

플랫폼에서의 여러 문제가 알고리즘에 의해 결정된다. 인공지능과 빅데이터, 사물인터넷 등 4차 산업혁명의 기술 덕분이다. 자동화 처리 과정과 의사결정으로 플랫폼 운영비용이 절감되고 편리해졌다. 우버의 할증요금정책도 그 예이다. 우버는 거래 시점의 수요와 공급을 반영하여 요금을 책정한다. 이력과 평점을 반영한 자동적 과업 배분도 이루어진다. 배차 순서와 주문에서 배달까지의 최적 경로도 추천해준다.

그런데, 플랫폼 알고리즘에 의한 결정은 플랫폼 참여자들 간의 새로운 정보비대칭 문제를 야기한다. 또한 알고리즘 공정성과 객관성 문제도 나타난다. 플랫폼 사업자만이 알고리즘의 논리와 원칙을 알고 다른 참여자들은 알지 못하는 투명성이 결여되어 플랫폼에 대한 신뢰 문제가 발생한다. 자기학습 알고리즘은 이익 극대화를 추구하도록 학습하여 가격을 조정하고 다른 업체의 알고리즘과 스스로 담합을 이끌어낸다. 경쟁기업과의 직접적인 의사교환 없이도 동조적 행위를 나타낼 수 있는 알고리즘 담합은 소비자 후생을 악화시킬 가능성이 높다.

플랫폼에서 알고리즘 담합 즉, 인공지능과 빅데이터를 이용하여 알고리즘 간의 통신으로 가격을 조정하는 예를 보자. 호텔 검색 소비자에게 처음에는 10만원, 몇 차례 검색하여 긴급한 소비자로 판단되면,

12만원을 제안한다. 멀티호밍이 허용되는 경우에도 몇몇 업체가 같은 알고리즘을 사용하여 담합하여 경쟁을 무색하게 할 수도 있다.

이러한 문제로 알고리즘을 공개해야 한다는 목소리도 높다. 그러나 기업은 알고리즘은 영업 기밀로 취급한다. 플랫폼 사업자는 알고리즘 공개가 산업 활성화와 혁신을 저해하는 요인이 된다고 주장한다. 여기서도 카피라이트(저작권)와 카피레프트의 기조가 작용한다. 대부분의 기업은 저작권과 특허 등의 카피라이트로 영업 기밀을 법적으로 보호받는다. 그러나 오픈소스로 모든 컴퓨터 소스 프로그램까지 공개하여 사업을 하는 기업은 공개와 공유를 통해 사업을 한다. 전자는 윈도우 운영체제가 그 대표적이고, 후자는 리눅스 운영체제가 그 예이다.

블록체인에서는 모든 컴퓨터 프로그램이 공개된다. 블록체인을 기반으로 하는 탈중앙 금융이라는 디파이(DeFi)도 그렇다. 구글, 애플, 메타, 아마존, 마이크로소프트 등의 플랫폼에서 알고리즘 공개를 영업 비밀로 간주하여 공개를 반대한다. 하지만 디파이에서는 소스코드를 공개하고 블록체인에 저장한다. 플랫폼 알고리즘에 의한 자동화는 플랫폼 혁신과 노동자 불안이라는 상충관계를 유발한다.

플랫폼 노동과 고용, 자유와 불안

플랫폼에서 많은 기능은 자동화된다. 따라서 온라인 플랫폼 사업 그 자체에서는 고용창출에 한계가 있다. 자동화로 비용을 줄이는 것이 초기 투자 대비하여 손익분기점에 도달하는 방안이기 때문이다. 그러나 플랫폼의 중재 하에서 배달, 청소, 가사, 육아, 메이커업, 전문서비스 등의 다양한 노동이 이루어진다. 세상의 거의 모든 일이 플랫폼 중재 하에서 이루어질 수 있다.

심지어 제조도 온라인으로 가능하게 되었다. 온라인 제조 플랫폼 은 주문형 제조의 생산성을 향상시킨다. 예를 들어, 크리에이터블은 제 품 생산을 요청하는 고객과 중소 제조사를 연결하여 시제품이나 완제 품을 제공하는 온라인 제조 플랫폼이다. 크리에이터블은 제조의 수요 와 공급을 더 나은 방식으로 연결하여 일감이 부족한 중소 제조업을 지원한다는 가치를 내걸고 있다.

그 뿐만이 아니다. 과학자와 같은 최고의 지식전문가도 플랫폼 을 통해 일감을 찾는다. 결국 온라인 플랫폼은 그 생태계에 참여하는 이해관계자들을 통해 고용을 창출하고 있다. 우아한형제들의 직원은 3,000여 명이다(2020. 10월 현재). 배달앱 월 이용자(접속 기준)는 약 2,700만 명(2020년 8월 현재), 배달앱 이용 음식점은 약 35만개(2020년 3월 현재), 배달 기사는 약 12만 명(2020년 8월 현재)이다. 직원 대비 배달기사가 4배이다. 앞에서 본 매쉬코리아의 경우는 직원 대비 플랫폼을 이용하는 배달원 의 수가 200배에 이른다.

독립계약자(개인사업자)가 아닌 정규직 직원을 채용하여 플랫폼 노 동을 제공하는 경우도 있다. 우아한형제들과 쿠팡에서도 정규직으로 플랫폼 노동자를 고용하기도 한다. 미국의 경우, 헬로우 알프레드(Hello Alfred)와 청소업체 마이클린(MyClean)이 그 예이다. 배정받은 개인 집사 (알프레드)가 집안일과 잡무를 해주는 온라인 주문형 홈서비스 업체인 헬로우 알프레드는 정규직 직원을 고용하여 플랫폼 노동을 제공한다. 일반 소비자 고객과 부동산 사업자 고객을 대상으로 월(99불) 또는 주

(25불) 단위의 구독 서비스 방식으로 이용료를 받는다. 독립계약자로 일하는 플랫폼 노동자들은 자유와 불안의 긴장관계에서 줄타기를 한다.

유연한 일정관리, 자율적 직업선택, 그리고 자유는 긱 경제 노동자가 누릴 수 있는 혜택이다. 일자리를 잃은 사람이 쉽게 일자리를 찾을 수 있게 해준다는 장점도 있다. 플랫폼 사업자의 슬로건에 잘 나타나 있다.

"언제든 손쉽게 나의 업무 일정을 스스로 선택하여 일할 수 있습니다(쿠팡플렉스)."

"나의 라이프스타일에 맞춰 날짜와 시간을 자유롭게 선택할 수 있어요. 하루 1시간도 가능해요. 신청 지역 내 어디서든 자유롭게 배달할 수 있어요(배민커넥트)."

"높은 수준의 자율성을 보장해 탁월한 성과를 창출합니다(크몽)."

이에 대한 비판을 보자. 절박한 사람들의 일자리, 입에 풀칠하는 데 도움이 된다. 부업이나 용돈벌이로는 괜찮다. 그러나 생계를 위한 일자리로는 불안하고 고되다. 일자리가 불안정하다. 복지 혜택과 보호 장치가 미비하다.

"미국의 독립계약자에게는 산재보험, 실업급여, 유급 휴가, 퇴직금, 잔업수당, 장애인 편의, 육아 휴직, 차별 방지 장치, 노조 결성권 등 그 어느 것도 보장되지 않는다. 노동자를 독립계약자로 분류하면, 기업이 실업보험기금에 보험료를 납입할 의무가 없고, 사회보장연금세와 메디케어세 분담금 역시 내지 않아도 된다."[5, p. 159].

어떻게 플랫폼 노동자가 품팔이 신세를 면하고 불안의 스트레스에서 벗어날 수 있을까? 사회안전망이 잘 구축될수록 독립계약자는 그 혜택을 더 잘 누릴 수 있다. 전문지식이라는 생산수단이나 고가의 생산수단을 보유할수록 독립계약자는 자유와 유연성을 누릴 수 있다. 제공되는 노동의 질이 동일하다는 전제 하에서 독립계약자의 임금이 정규직 직원보다 높아야 합리적이다. 그러나 현실은 그렇지 않다. 그것이 자유와 유연성의 대가로 보기에는 너무 가혹하다.

사회안전망을 갖추는데 들어가는 비용을 누가 부담할 것인가? 정부, 기업, 사회, 노동자 누구의 부담인가? 플랫폼 노동자를 정규직 종업원으로 고용하는 기업도 늘고 있다. 그것은 좋은 일자리를 제공하여 생산성을 높이고 더 나은 고객 서비스를 제공하기 위한 플랫폼 기업의 선택이다. 다른 한편으로는 점차 법적 사회적 압력이 강화되기 때문이다. 플랫폼 사업자가 투자를 받기 위해서 투자자의 압력을 받기도 한다. "잠재적 투자자들이 노동자를 독립계약자로 분류하지 않으면 투자를 못 하겠다고 반박했다."[5, p. 304]. 독립계약자를 정규직으로 전환하는 경우에 오는 부담이 주가에 부정적 영향을 줄 것이라 판단하는 투자자도 많이 있다. 이는 책임투자와는 다른 양상이다. 기본소득이나 전 국민 고용보험제도를 도입하는 것도 그 방향으로 가는 길이다. 플랫폼 비즈니스 생태계의 여러 이해관계자들 간의 역학관계 속에서 경영자는 긴장과 갈등을 풀어간다. 궁극적으로는 플랫폼에서의 신뢰를 구축하는 것이 플랫폼 사업자의 가장 중요한 역할이 될 것이다.

택배기사 과로사와 플랫폼 노동자 문제에 대한 공정무역의 교훈

코로나19가 창궐한 2020년 16명의 택배기사가 목숨을 잃었다. 고

강도 작업과 장시간의 노동 때문이었다. 코로나19는 수용하기 힘든 정도의 급속한 택배 물량의 증가를 초래했다. 택배기사의 어려운 노동 환경이 알려지면서 사회적 문제가 되고 있다. 해결책은 택배 물량의 증가에 비례하여 택배기사를 늘리고, 어려운 작업 환경을 개선하는 것이다. 그런데 왜 쉽게 해결될 수 있을 것 같은 문제가 현실에서는 그렇지 못한가? 비즈니스 생태계 관점에서 해결책을 모색해야 한다.

택배 물량과 더불어 분류 작업도 증가되어 택배기사는 분류 작업까지 감당해야 했다. 물량이 적었던 때는 큰 문제가 되지 않았지만, 물량 증가로 택배기사는 분류 작업까지 이중고를 겪었다. 먼저 택배 비즈니스 생태계의 참여자를 파악해보자. 택배사, 대리점, 택배기사, 화주, 소비자, 규제기관 등이 그 생태계의 주요 참여자이다.

쿠팡과 마켓컬리의 경우를 제외하고 택배기사는 물류회사의 대리점과 계약을 맺고 있는 특수형태근로종사자(이하 특고)이다. 특고는 근로기준법의 노동자가 아니다. 따라서 주 최대 52시간 노동시간의 제약을 받지 않는다. 또한 택배기사는 택배사로부터 급여를 받는 것이 아니라 배송 건수당 수수료를 받는다. 따라서 택배가격을 올려 노동 강도를 줄이는 것이 최선책이다. 그런데 현실적으로 쉽지가 않다. 왜 이러한 고용 형태와 가격 체계가 정착되었는가? 소위 아웃소싱이라는 외주화는 기업 경영 전략의 거대한 흐름이었다. 1997년 IMF 이후 고용 유연성과 함께 노동 외주화가 자리 잡았다. 또한 택배사의 과잉경쟁은 서비스 차별화가 아닌 가격경쟁을 유발했다. 이로 인해 택배가격이 하락하였고, 택배사의 수익구조가 악화되었다. 실제로 우리나라의 택배가격은 미국, 유럽, 일본 등에 비해 낮은 수준이었다. 택배기사의 사회적 문제가 대두

되자 택배비가 약간 올랐다.

택배기사의 과로사에 대한 사회적 압력이 증가하면서 일부 택배사는 분류작업에 추가 노동력을 투입한 바 있다. 물류 비즈니스 생태계의 참여자들이 제 역할을 해야 그 생태계가 건강하여 지속가능하다. 택배사는 택배기사를 정규직으로 전환하는 것이 가능할까? 택배기사는 정규직으로의 전환을 원할까? 이윤이라는 이기심의 DNA가 작동하는 기업이 앞장서서 정규직 전환 카드를 꺼내기는 쉽지 않다. 정규직 전환의 경우에 택배사는 노동수요의 변화에 따른 고용 유연성 문제에 직면하게 된다. 인건비와 자동화를 통한 생산성 문제는 항상 연결되어 있다. 다른 육체노동자들과는 달리 택배기사는 차량이라는 생산수단을 소유하고 있다. 이것은 노동조건과 소득수준이 보장되는 경우에 도리어 자율성이 강한 개인사업자를 선호할 수 있다는 의미이기도 하다.

규제기관을 비롯한 정부는 현재 법과 제도의 사각지대에서 발생하는 사회경제적 문제를 해결하기 위해 택배기사 근로환경 개선을 담은 생활물류서비스산업발전법을 시행하게 되었다. 법과 제도를 마련하고 개선하는 데는 물류 비즈니스 생태계의 참여자들이 세력을 형성하여 영향력을 발휘한다. 경쟁사들도 연합하여 협회(한국통합물류협회)를 통해 영향력을 발휘하고, 택배기사들은 전국택배연대노동조합이나 단체를 구성하여 영향력을 발휘한다. 언론도 생태계의 일원으로 영향력을 행사한다. 택배를 이용하는 소비자는 빠르고 값싼 배송을 원한다. 이러한 욕구는 퀵배송과 로켓배송을 탄생시켰다. 물론 이들 소비자 욕구를 충족시키는 데는 물류기술혁신을 이끄는 기술개발업체의 역할도 중요하다. 앱을 이용하여 일감을 받아 일하는 플랫폼 노동자는 더 열악한

5. 플랫폼 경제가 여는 미래

환경에 직면해 있다. 생태계의 참여자들 간의 역학적 관계를 파악하여 균형과 조화를 일구어가는 경영자는 위대하다.

비즈니스 생태계 참여자들 간의 긴장관계를 풀어야 한다. 오늘날의 사회경제 환경에서는 어느 한 참여자의 혜택 중심으로 문제를 풀 수도 없고, 지속가능하지도 않다. 예를 들어, 주주 자본주의 경제에서와 같이 주주 중심의 경영으로는 지속가능한 비즈니스 생태계를 만들 수 없다.

공정무역 생태계에서 배울 점이 있다. 공정무역은 가난한 소농에게 노동에 대한 대가를 제대로 받을 수 있도록 그 적정 비용을 지원하는 데서 출발하였다. 전 세계 120여 나라에서 펼쳐지는 공정무역 운동은 공정무역인증마크가 있는 상품을 더 비싼 가격에 구매하는 소비자 시장을 탄생시키고 있다. 공정무역은 사회적 공감대를 형성하는 NGO의 역할이 비즈니스 생태계에서 작동되는 예이다. 택배사가 가격경쟁에서 벗어나고, 소비자들이 기꺼이 적정 가격을 지불하는 시장이 형성되도록 하는 데는 또 하나의 비즈니스 생태계 참여자의 역할이 필요하다.

좀 더 구체적으로 말하자면, 비즈니스 생태계에서 참여자들의 역할과 영향력에서의 균형이 깨어지면 지속가능하지 못하다. 균형을 잡는 데는 공정무역 생태계에서 NGO가 하고 있는 그런 역할이 요구되는 때이다.

5.4 공유경제와 긱 경제의 앞날

공유경제가 가는 길

에어비앤비는 집 한 채 소유하지 않고 여행자들을 위해 빈방을 공유한다. 우버는 차 한 대도 소유하지 않고 차량을 공유한다. 공유경제는 유휴자원(또는 유휴자산)을 공유함으로써 경제적 가치와 더불어 사회적 가치도 창출하는 효과를 준다. 사회적 가치를 창출하기 때문에 기업뿐만 아니라 공공기관에서도 공유경제 활동을 한다. 이에 서울시도 공유도시 프로젝트를 진행하고 있다.

플랫폼 경제는 공유경제나 긱 경제와 어떤 차이점이 있는가? 오늘날 대부분의 공유경제는 온라인 플랫폼을 통해 이루어지고 있다. 즉, 온라인 플랫폼이 유휴자산의 공급자와 수요자를 중개한다. 오늘날 대부분의 공유경제 기업은 온라인 플랫폼을 통해 비즈니스를 수행한다. 온라인 플랫폼을 통해 공유경제 활동이 이루어진다. 공유경제는 협력적 소비를 활성화한다. 이렇게 보면 공유경제는 협력적 소비를 가능하게 하는 플랫폼 경제의 일부다. 긱 경제는 정규직 노동자가 아닌 자유로운 임시직 노동 활동으로 이루진 경제를 일컫는다. 오늘날 정규직으로 고용되지 않는 플랫폼 노동자들은 긱 경제에 종사하고 있다.

에어비앤비는 2007년 브라이언 체스키(Brian Chesky)와 조 게비어(Joe Gebbia)가 샌프란시스코의 학회에 참석한 사람들을 위해 빈방을 공유한 것에서 출발했다. 빈방을 공유하는 아이디어는 새로운 것이 아니고, 민박과도 유사한 개념이다. 그런데 인터넷과 디지털 기술을 이용한 온라인 플랫폼을 통해 시장을 확장했다. 에어비앤비는 개인 소유의 빈방이나 빈집을 여행자들과 공유하게 하는 것을 넘어서 임대사업자까지도 참여시키고 있다. 아파트나 오피스텔 등을 임대한 사업자가 에어비앤비에서 일정기간 이상 집을 빌려주고 수익을 내는 경우도 있다.

자동차 공유에는 여러 방식이 있다. 차량호출(car hailing) 방식은 택시와 같이 호출하면 기사가 운전한다. 우버는 이러한 방식으로 차량을 공유한다. 렌트카회사는 차량을 보유하고 있지만, 우버는 차량을 보유하지 않고 있다. 차량공유(car sharing)는 렌터카 방식이다. 집카와 쏘카에서는 차를 빌린 본인이 운전한다. 기존의 렌터카와는 달리 대리점이 아닌 인근 주차장에서 빌리고 반납할 수 있다. 2010년 미국 보스턴에서 창업한 릴레이라이즈(RelayRides, 2015년 튜로[Turo]로 사명을 변경했다)는 개인 소유의 자동차를 대여해주는 차량공유 서비스 기업이다. 집카와 같은 렌터카 기업이 자사 보유의 차량을 빌려주는 것과는 달리, 튜로는 차량을 보유하고 있지 않다. 차주와 자동차가 필요한 사람을 연결하여 매칭하는 스마트폰 기반의 서비스를 제공한다. 튜로는 렌터카비의 10-40%를 수수료로 받는다. 이 비율은 보험을 부담하는 비율에 따라 다르다. 튜로는 렌터카와 같이 여행자가 운전하지만, 우버와 마찬가지로 소유한 차량은 없다. 튜로는 자동차 소유자와 여행자를 연결하고 매칭해주는 플랫폼 사업자이다. 우버는 차량 소유자가 운전하지만, 튜로는 여행자 본인이 운전한다.

사실 공유경제란 용어를 처음으로 썼던 로렌스 레식(Lawlence Lessig) 교수의 의미는 에어비앤비나 우버의 공유경제와는 약간 다른 개념이었다. 그의 저서 「리믹스」에서 공유경제는 시장경제(상업경제)와 대립되지만, 사회에서 둘이 공존해야 한다[8]. 공유경제는 가족과 친구관계를 포함하는 사회관계에서 돈을 교환하지 않고도 가치를 공유하는 활동이다. 그는 집단지성을 이용한 위키피디아, 리눅스와 아파치 등의 오픈소스 소프트웨어, 사진공유 사이트 플리커, 자원봉사자들이 분산 컴퓨팅으로 외계 지적 생명체를 탐구하는 세티앳홈(SETI@home) 프로젝트를 그 예로 들고 있다. 그런데 플리커는 야후에 인수되었고, 세티앳홈은 2020년 사업을 중단했다. 이런 방식의 공유경제는 오래가지 못하는 경우가 많다. 서울시와 같은 공공기관에서 공유경제를 활성화하겠다는 것도 이러한 취지와 맥을 같이 한다.

무엇을 공유하는가? 숙소와 차량은 물론이고 장소, 물건, 교통, 지식 등 다양하다. 제러미 리프킨은 「소유의 종말」에서 소유가 아닌 접근의 시대를 예견했다. 소유하지 않고도 필요할 때, 필요한 것을 필요한 만큼 사용할 수 있는 시대이다. 에어비앤비와 우버에 앞서, 컴퓨팅 자원인 소프트웨어와 하드웨어를 공유하는 개념이 이미 현실화되었다.

클라우드 컴퓨팅(cloud computing)은 IT 자원을 공유하여 제품을 서비스로 제공하는 사업이다. 아래한글이나 MS 오피스 소프트웨어를 구입하여 소유하지 않고도 사용료만 내고 언제나 사용할 수 있다. 드롭

박스나 네이버클라우드에서 필요한 저장공간을 이용할 수 있다. 기업은 아마존웹서비스(AWS: Amazon Web Service)로 IT 자원을 빌려 쓸 수 있다. 마이크로소프트사의 핵심 사업 중의 하나도 MS 애저(Azure)라는 클라우드 컴퓨팅이다. 이렇게 보면 공유경제의 범위가 폭넓다. 좁은 의미에서, 개인이 소유한 자산을 타인과 함께 공유하여 소비한다는 점에서의 협력적 소비에서 공유경제의 범위가 확대된다.

차율주행자동차 시대에는 또 다른 공유가 가능하게 될 것이다. 평균적으로 자동차는 주차장에 있는 시간이 96%이고, 운행시간을 단지 4%에 지나지 않는다. 그렇다면 사람들은 자동차를 소유하기보다는 필요할 때, 원하는 자동차를 호출하여 이동할 수도 있을 것이다. 이런 경우 소비자는 취향에 맞는 차량을 상황에 따라 선택할 수도 있다. 운전자가 없기에 저렴한 요금에 이용할 수 있다. 자동차회사는 생산하여 판매하는 것보다는 대형 주차장을 거점으로 자동차를 빌려주는 서비스를 선호할 수 있다. 이러한 방식을 MaaS(Mobility as a Service)라 한다. IT 자원인 소프트웨어를 제품으로 판매하는 것이 아니라 서비스로 제공하는 것, SaaS(Software as a Service)와 같은 방식이다.

자율주행자동차를 사무실이나 휴식과 호텔의 개인 공간으로 이용하고자 하는 욕구가 강한 사람들은 여전히 소유로 갈 것이다. 자율주행자동차 시대에는 두 방식이 공존할 가능성이 높다. 그러나 자동차제조업계는 시장수요를 고려하여 여전히 소비자가 소유의 방식으로 가도록 노력할 가능성도 있다. 오늘날 MaaS의 가장 활성화된 이동수단은 전동킥보드이다.

미국 노동부장관을 지낸 버클리 대학 경제학과 교수 로버트 라이시는 공유경제를 부스러기(scraps) 경제라고 비판한다. 정작, 유휴자산을 공유하는 숙박업소나 택시기사에게는 부스러기(푼돈)만 돌아가고, 플랫폼 사업자만 돈을 번다는 얘기다. 우버의 수수료는 25%이고, 에어비앤비의 수수료는 18%이다. 게스트가 15%, 호스트가 3% 수수료를 낸다.

공유경제는 공유사회로 가는 길인가? 플랫폼 노동자에게 부스러기만 남겨주고 착취하는 경제인가? 제러미 리프킨은 인터넷 혁명으로 거래비용이 감소하여 한계비용이 제로에 가까워져 공유사회로 가고 있다고 하였다. 소유가 아닌 공유가 중심이 되는 사회를 지향한다. 로버트 라이시 교수는 플랫폼 사업자가 혜택의 대부분을 챙기고, 정작 유휴자원을 거래하고 교환하는 당사자들은 부스러기만 주워가는 꼴이라 하였다.

그런데 민박과 에어비앤비, 기존의 택시와 우버의 관계를 보자. 플랫폼의 연결과 매칭의 역할이 얼마나 시장과 부의 증가를 가져왔는가를 짐작해 볼 수 있다. 민박과 택시는 직거래 방식에 가깝고, 에어비앤비와 우버는 온라인 플랫폼을 통한다. 어떻게 보면 중간상인이 개입하여 수수료를 떼어 가는 구조이다. 유휴자원을 공유하는 당사자들 몫에 해당하는 부를 빼어 간다. 플랫폼 사업자의 몫은 연결과 매칭에 대한 역할은 물론이고 생산자나 소비자가 해야 할 일의 일부를 떠맡는 것이다. 또한 더욱 중요한 것은 플랫폼 참여자들을 위한 신뢰 형성에 대한 대가여야 한다는 점이다.

플랫폼 비즈니스에서 수수료를 줄이는 것은 중요한 문제이다. 이를 위해 블록체인 기술을 적용하여 플랫폼 참여자들에게 투명성을 개선하고, 스테이블코인(stablecoin)을 발행하여 거래비용을 낮추는 것이 하나의 대안이 될 수 있다. 스테이블코인이란 가격 변동성이 안정된 암호화폐이다. 경영자의 디지사이트가 발휘되어야 한다.

개방형 협동조합을 설립하여 관리하고, 자산을 토큰화하는 방안도 활용된다. 플랫폼협동조합이란 노동자들이 협동조합을 설립하여 플랫폼을 공동으로 소유·관리하는 것이다. 플랫폼협동조합이 점차 나타나고 있다. 미국 덴버의 그린택시협동조합(GreenTaxi Cooperative)은 조합원이 공동으로 소유한 스마트폰 택시 콜 서비스를 성공적으로 사용함으로써 현지 시장을 장악한 노조화된 노동자협동조합이다. 국내에서도 프리랜서협동조합, 번역협동조합, 라이프매직케어협동조합 등을 정부차원에서 지원하고 있다.

한편, 플랫폼 노동자의 사회안전망을 구축하는 한 방안으로 공제조합을 설립하는 것에 대한 논의가 활발하게 이루어지고 있다. 한국노동조합총연맹은 2021년 8월, 플랫폼 노동자와 프리랜서 보호를 목적으로 한 '한국플랫폼프리랜서노동공제회' 발기인대회를 했다. 노동법과 사회보험의 사각지대에 놓인 플랫폼 노동자와 프리랜서의 경제적 안전망을 구축하고 노동자의 권리를 찾겠다는 취지이다.

긱 경제가 가는 길

긱 경제(gig economy)란 필요에 따라 기업들이 인력을 충원하고 대가를 지불하는 경제이다. 긱(gig)이란 임시적 참여(또는 계약)를 의미한다. 1920년대 미국 재즈 공연장 주변에서 필요에 따라 연주자를 섭외해 공연하던 것에서 유래되었다[9, 10]. 온라인 플랫폼 이전에도 긱 경제의 종사자가 있었다. 오늘날에는 온라인 플랫폼으로 그 규모가 급속히 확장되고 있다.

긱 경제에 종사하는 노동자를 긱스터(gigster), 긱 노동자(gig worker), 또는 크라우드워커(crowd worker)라 한다. 넓게는 프리랜서(freelancer), 계약직, 임시직, 상담직, 시간제 근무직 등을 총칭한다. 개인사업자(독립계약자)와 특고는 긱 경제 종사자에 해당한다. 넓은 의미에서 비정규직 노동자는 긱 경제에 종사한다고 볼 수 있다. 정규직이 아닌 플랫폼 노동자가 긱 경제에 종사하고 있다.

플랫폼 노동자는 전통적인 노동자와는 달리 생산수단을 소유하는 경우가 많다. 플랫폼 노동자가 보유한 생산수단의 예로는 택시, 모빌리티 수단(차량, 오토바이), 청소도구와 공구 등이다. 플랫폼 노동의 또 다른 특성은 1회성, 비상시적, 비정기적이며 일거리 1건당 일정한 보수를 받는 경우가 많다는 점이다. 긱 경제는 탄력적 일자리를 제공하고 자율적 직업선택의 기회를 제공하기도 한다. 그러나 긱 경제는 단지 입에 풀칠하는데 도움이 될 뿐이라고 비판받기도 한다[5, p. 315].

국제노동기구(ILO)에서는 임시 고용, 단시간 고용, 다자간 고용 관계 노동, 종속 자영업 등을 비정형 노동으로 분류하고 있다. 이들 비정형 노동자들이 넓은 의미에서 긱 경제의 종사자라 할 수 있다.

고용 불안을 안고 살아가는 긱 경제에 종사하는 노동자의 삶을 산업혁명 당시에 비유하기도 한다. 영국의 화가 로버트 시모어(Robert Seymour, 1798-1836)는 산업혁명 당시 증기기관 사고가 빈번한 것을 운송기구(1820년 경)라는 그림으로 풍자했다[11]. 송병건 교수는 운송기구의 그림을 다음과 같이 설명하고 있다. 기술이 불안전해 사고가 빈발하리라는 화가의 우려를 표현하고 있다[12].

[그림 5.2] 로버트 시모어의 운송기구: 기술의 불안전성, 자료: 구글 검색[11]

"증기기관으로 작동하는 다양한 운송기구들이 사람들을 나르고 있다. 중앙의 인물은 기계식 바지를 착용하고 있는데, 기계가 멈추자 보일러 아래서 풀무질하는 아이를 다그치고 있다. 땅 위에서는 증기마차들이 달리고 있는데, 폭발로 인해 뒤집어지거나 시커먼 매연을 내뿜어 사람들을 힘들게 하고 있다. 하늘에도 증기로 작동하는 비행기구들이 있는데 모두 고장 난 상태다."[12].

기술혁신의 초기에는 사고도 많고, 기술의 성숙도가 낮아 생산성이 향상되지 않았다. 기존의 법이나 제도로 다룰 수 없는 문제가 발생했다. 그 과정에서 힘에의 의지가 발현되지 못하는 노동자의 삶이 고달팠다. 오늘날의 플랫폼 노동에 비유될 수 있는 현상이었다. 그러나 미래는 달라진 모습으로 도래할 것이다. 그 또한 비즈니스 생태계 경영에 달려있다.

가트너의 하이퍼 사이클(hyper cycle)에서는 신기술이 나타나 거품을 일으키다가 고랑을 극복하고, 생산성의 평원에 접어들기까지의 과정을 그래프로 표현한다. 어떤 기술은 고랑에서 사라지고, 어떤 기술은 혁신으로 시장을 점한다. 이러한 과정에서 결과에 이르기까지는 상당한 시간이 흘러야 한다. 특히, 기술혁신이 성숙도에 이르러 생산성 평원을 넘어선 경우에도 그 부작용이 비즈니스 생태계의 균형을 깨드릴 수 있다. 기계파괴운동(러다이트)이 있었다. 노동자를 기계화하고 착취당한다는 비판도 있어 왔다. 비즈니스 생태계 참여자들 간의 관계에서 불균형으로 발생하는 문제는 여전했다. 비즈니스 생태계의 참여자들의 영향력이 균형에 도달해가면서 그들 문제는 지속적으로 해결되어 왔다.

점차 산업혁명 당시 로버트 시모어가 풍자한 상황과는 다르게 기술은 효율과 편리함을 가져다주었다. 그러나 생태계 이해관계자의 역할과 혜택에서 불균형이 발생하는 경우는 비즈니스의 험로이다. 흔치 않지만 심하게는 균형이 깨진 상황에서 블랙스완이 탄생한다.

임시직을 양산하는 긱 경제인가? 그렇다. 그렇지만 중요한 것은 임시직 종말을 고하게 하는 것이 아니다. 그들의 삶을 긍정적으로 만드는 생태계가 중요하다. 긱 경제에 대한 비판을 보자.

"고용주들은 일터를 자유와 유연성을 보장하는 것처럼 유쾌하게 꾸며놓은 뒤 직원들로 하여금 이번 주에서 다음 주까지의 일정, 정확한 급여 액수가 어떻게 되는지 모르더라도 그저 감사하며 일해야 한다고 자연스럽게 요구한다. 직업 안정성이 보장되지 않는다면 아무리 얻기 어려운 유연성을 갖추게 돼도 어차피 그것을 활용할 수 있는 수단이 현실적으로 없기 때문에 무의미하다."[13, p. 95]

"무늬만 프리랜서, 일은 정규직처럼 한다."

"프리랜서로 계약하고, 업무지시를 받으며 출퇴근 시간까지도 지켜야 한다."

"최저임금도 못 받는다."

영화, 노매드랜드(Nomadland)에서는 긱 경제에 종사하는 한 여성(펀)의 생활을 미국과 캐나다 서부의 아름다운 자연과 함께 조용하고 차분하게 잘 보여주고 있다. 네바다주의 석고공장이 폐쇄되자 남편을 잃은 그녀는 밴을 캠핑카로 수리하여 여러 일자리를 찾아다닌다. 야외 캠프 화장실과 국립공원 청소 업무에서 아마존의 물류창고 업무 등 다양한 임시직이다. 온라인 플랫폼인 메커니컬터크로 잡는 아마존 물류창고에서 하는 일이 그래도 괜찮은 일감으로 묘사되고 있다. 밴 수리비에 필요한 돈을 빌리기 위해 아마존에서 다시 일해 갚겠다고 하는 장면에서 연민을 느끼게 된다.

러펠은 "일의 주인으로 산다는 것은 일 자체가 모든 것이 되는 삶이다."[13, pp. 100-101] 라고 강조한다. 자급자족의 삶에서는 일의 주인이 된다. 임금 노동자인 직장인 보다는 프리랜서가 그것에 가까이 가고 있다. 베토벤은 진정한 프리랜서였다. 교향곡의 아버지라 불리는 하이든을 비롯한 많은 음악가들이 왕족이나 귀족에 고용되어 안전하게 생애를 이어가고자 했다. 그러나 베토벤은 그러한 삶을 버리고 자유의지에 따라 프리랜서의 길을 걸었다[14]. 이러한 일화는 「스토리 클래식」에서도 잘 표현하고 있다[15].

"베토벤이 태어난 18세기만 해도 음악가는 왕실이나 명문 귀족 가문 또는 교회에 종속된 존재였습니다. 음악가의 아버지로 추앙받는 요한 제바스티안 바흐는 독일 라이프치히 성 토마스 교회 소속 합창단으로 봉직했고, 교향곡의 아버지 하이든은 일평생 헝가리의 귀족 가문 에스테르하지 소속의 음악가로 살았습니다. 모차르트는 생애 마지막 10년 동안은 독립된 음악가로 살았지만 그 전까지는 교회 소속의 음악가로 지냈고……

하지만 베토벤은 빈에서 음악가로 데뷔한 이래 평생을 독립된 예술가로 살았습니다. 후원을 받기 위해 교회 성직자나 귀족에게 굽실거리지 않았고, 때로는 무례한 태도로 대하기까지 했죠. 귀족들은 그런 베토벤을 흠모했고 기꺼이 관대한 후원자가 되길 자처했습니다."

프리랜서가 더 그곳에 가까이 가도록 하는데 온라인 플랫폼 비즈니스가 어떤 역할을 할까? 긍정적으로 작용할까, 부정적으로 작용할까? 그 선택은 플랫폼 비즈니스 생태계에서 관계의 균형을 이루는 것에 의존한다. 비즈니스 생태계는 관계의 균형을 이루는 경영이다.

규제기관은 점차 그 생태계의 균형을 이루는 방향으로 제도와 법을 정비해간다. 비즈니스 생태계 경영자란 생태계 이해관계자들 간의 긴장과 갈등을 창조적 힘으로 풀어가는 자이다. 위대한 기업가는 가치 창출을 통해 니체가 말한 디오니소스 긍정을 이끌어내는 위버멘쉬의 역할을 담당한다. 디오니소스적 긍정이란 "있는 것은 아무것도 버릴 것이 없으며, 없어도 좋을 것이란 없다"는 의미를 담고 있다. 디오니소스적 긍정은 박카스이고, 존재하는 것의 모든 가치와 필연성을 인정하는 것이며, 거룩한 긍정이다[16]. 이는 비즈니스 생태계 특성을 잘 표현하고 있다. 한 참여자가 퇴출되면, 다른 참여자가 이를 대신해야 한다. 그리스 신화에 나오는 아폴론은 빛의 신이다. 디오니소스는 술의 신이다. 아폴론과 디오니소스가 균형과 조화를 이룰 때, 진정한 예술은 탄생한다. 니체는 균형과 조화를 강조했다.

플랫폼 경제에서도 그렇다. 특히, 플랫폼 노동자를 위한 사회적 안전망이 취약하다는 비판이 많다. 여기서 사회적 안전망이란 구체적으로 최저임금, 산재보상, 고용보험, 유급병가, 가족휴가 등을 말한다. 또한 플랫폼 사업자도 수익을 창출할 수 있어야 한다. 이는 비즈니스 생태계 경영에서 풀어야 할 과제이다. 플랫폼 비즈니스 생태계에서 참여자들 간의 균형을 이루는 데는 더 많은 시간이 필요하고 넘어야 할 산이 첩첩이다. 예전에는 경영자의 역할을 넘어선 것으로 회피할 수 있었다. 하지만, 오늘날에는 비즈니스 생태계 참여자들 간의 균형을 이끌어가는 것이 경영자의 핵심 경영문제이다. 점차 기업의 생산성과 고객의 편리함이 나아지고 있다. 마찬가지로 플랫폼 노동자에 대한 사회적 안전망이 보장되면, 플랫폼 사업의 장점이 노동자에게도 혜택으로 돌아갈 것이다.

플랫폼 비즈니스 생태계에서 참여자들의 균형을 고려할 때, 경영자는 수익원을 고려할 수밖에 없다. 플랫폼 사업자가 초기와는 달리 수수료로 지나치게 이익을 챙긴다는 비판을 받기도 한다. 시장지배력을 이용한 플랫폼 이용사업자에 대한 갈취라고 평하기도 한다. 그러나 플랫폼 사업자도 플랫폼 비즈니스의 주도적 이해관계자로서 수익을 확보해야 한다. 그것은 비즈니스 생태계에서의 가치창출에 대한 역할과 비례해야 한다. 비즈니스 생태계에서 창출되는 가치와 역할, 그리고 부의 배분은 다른 이해관계자들이 힘을 발휘하는 사회적 압력에도 영향을 받는다.

전문가 프리랜서일수록 자율성을 중히 여긴다. 코랩트리(Kolabtree)에는 의학과 데이터 과학자에서 문헌 분석가에 이르는 과학자 및 연구자 중심의 프리랜서가 등록되어 있다. 프리랜서는 자신의 이력과 함께 시간당 임금을 게시한다. 고객은 수행할 프로젝트를 제시하고, 입찰을 통해 프리랜서를 선정한다. 별점으로 프리랜서를 평가하고 있다. 그러나 코랩트리의 프리랜서 평가는 우버나 포스트메이츠의 노동자들에 대한 평가보다 어렵다. 왜냐하면 지식품질을 평가하기란 쉽지 않기 때문이다. 육체노동과는 달리 지식노동에 대한 관리와 평가란 쉽지 않다. 결국 지식노동에 대한 많은 부분은 지식노동자 스스로가 결정할 수밖에 없다. 그래서 자율성이 중요하다.

우버와 리프트의 플랫폼 노동자는 차량을 소유하기 때문에 자본투자가 높지만, 단순 노동에 해당한다. 한편, 깊은 전문지식이 있는 과학자는 프리랜서로서 지식집약적이고 때로는 실험실을 갖추고 있다. 자본투자가 낮고 단순 노동에 종사하는 경우에 비하여 자본투자가 높고 지식집약의 정도가 높은 노동의 경우는 유연성이 다르게 나타난다. 프리랜서 과학자와 연구자들(70%가 박사학위 소유자임)을 기업과 연결하는 온라인 플랫폼인 코랩트리는 후자에 해당한다. 네이처지에 따르면, 코랩트리에의 등록자가 증가하는 이유는 정규직 대비 박사의 공급과잉과 더불어 노동 유연성에 대한 선호 때문이다. 과학자와 연구자 프리랜서는 지식이라는 강력한 생산수단을 보유하고 있다. 우버의 택시기사가 차량이라는 생산수단을 보유하는 것보다 더 강력한 생산수단이라 할 수 있다. 전문지식은 쉽게 자본에 의해 대체되지 않는다. 특수한 분야일수록 경쟁도 덜 치열하다. 따라서 그들은 우버나 업워크의 노동자들보다는 상대적으로 자율성을 중요시 한다.

5.5 플랫폼 경제는 일자리를 줄이고, 삶을 황폐화시키는가?

플랫폼 경제의 현실과 비판을 요약하면 이렇다. 첫째는 저임금 노동자만 양산한다. 둘째는 사회안전망이 없어 불안의 연속이다. 셋째는 전통 기업보다 고용창출 효과가 낮다.

노동자의 불안과 자유의 균형 잡기

국내의 4대 플랫폼 노동으로 대리운전, 택배, 음식배달, 택시운전을 든다. 물론 이들 노동은 온라인 플랫폼 이전에도 존재했다. 온라인 주문형 홈서비스 플랫폼인 알프레드는 영화 배트맨에 나오는 집사 이름에서 따온 것이다. 온라인 플랫폼으로 그 종사자 수가 증가하면서 플랫폼 노동자에 대한 사회적 관심이 일게 되었다.

국내 플랫폼 노동자는 주 5.2일, 하루 평균 8.22시간 일하고 월평균 152만원 소득을 낸다. 2021년의 최저 시급을 조금 상회하는 수준이다. 그러나 4대 보험과 정규직이 누리는 혜택(퇴직금, 연차휴가, 병가 등)을 받지는 못하는 경우가 대부분이다. 이렇게 볼 때, 확실히 좋은 일자리가 아니다. 자유로운 근무라도, 일감 거부 시에는 불이익이 있다. 호출 제한과 자리 배치 불이익이 그 예이다. 또한 고객으로부터 평가를 받는다. 대기하는 시간은 노동시간으로 들어가지 않는다. 플랫폼에서의 연결과 매칭으로 시간 촉박, 배정 촉박, 평점 촉박으로 압박감과 스트레스를 강하게 받는다. 콜을 받을까 말까? 평점이 안 좋아 배정받지 못하지는 않을까? 온라인 플랫폼에서 선택은 신속해야 한다. 이러한 촉박과 압박감에서 벗어나 즐겁게 일하는 법을 터득하기란 쉽지 않다.

인터넷에 올라온 긱 경제 플랫폼 노동자(배민커넥트 경험자)의 이야기이다

"첫째, 진입장벽을 낮추고 최대한 많은 노동자를 끌어온다. 둘째, 건당 수수료에 프로모션을 홍보해 강도 높은 노동을 유도한다. 셋째, 더 많은 노동으로 수입은 상향 평준화된다. 그렇게 만들어진 평균 시급 15,000원을 보고 또 많은 배달기사가 유입된다. AI 배차가 자기 착취를 유인한다."

온라인 플랫폼에는 여러 형태로 노동자들이 일하고 있다. 쿠팡과 배달의민족을 예로 들어보자. 쿠팡은 전자상거래 플랫폼 사업자이다. 두 가지 방식으로 배송이 이루어진다. 회사 차량을 이용하여 계약직으로 근무하는 쿠팡프렌즈와 아르바이트 방식으로 자차로 배송업무를 하는 쿠팡플렉스가 있다. 정규직이나 계약직으로 배송하는 직원도 플랫폼 노동에 종사하지만, 긱 경제의 노동자는 아니다. 쿠팡플렉스와 쿠팡이츠의 플랫폼 노동자는 긱 경제에 종사하는 노동자이다. 쿠팡이츠 플랫폼은 음식 배달 노동자를 지원한다. 쿠팡이츠를 이용하는 식당은 주문중개수수료, 배달요금, 결제요금을 부담한다. 배달요금은 판매자와

소비자 고객이 각각 일정 부분씩 분담한다. 주문중개수수료가 플랫폼 사업자의 수익이다. 배달기사는 파트너이다. 긱 경제의 플랫폼 노동자이다. 소비자 고객은 쿠팡페이를 통하여만 결제할 수 있으며, 현금 구매는 안 된다.

판매자 고객이 다른 주문 및 배달앱을 동시에 이용하는 행위를 금지하는 것은 멀티호밍을 제한하는 것이다. 쿠팡이츠의 멀티호밍과 관련된 규정은 다음과 같다. "판매자는 정당한 사유 없이 다른 업체와 동일 또는 유사한 서비스 계약을 체결하여 고객이 서비스를 이용하는 데 불편을 초래해서는 안 됩니다. 단, 서비스의 특성상 다른 업체와 서비스 이용계약을 체결하여도 서비스의 품질이 저하되지 않는 경우에는 예외로 합니다." 쿠팡이츠는 조건부로 멀티호밍을 허용하고 있다.

왜 음식점은 쿠팡이츠에 결제 수수료를 지급하는가? 현금 결제에서는 수수료가 발생하지 않는다. 신용카드 결제의 경우 발생하는 카드 수수료와 에스크로 수수료이다. 쿠팡이츠는 전자상거래에서와 마찬가지로 결제대금예치서비스를 제공한다. 쿠팡이츠 플랫폼이 음식점과 고객을 중개하여 음식점은 요금을 못 받을 위험, 음식을 주문한 고객은 요금을 내고도 음식배달을 받지 못할 위험을 제거해주는 대가이다. 신뢰에 대한 대가로 거래비용이 발생한다. 어디서나 신뢰를 쌓는 데는 비용이 들기 마련이다.

결제대금예치(에스크로) 서비스란 쿠팡이츠가 소비자 고객이 지불한 결제대금을 예치하고 있다가 음식을 받고 난 뒤에 음식점에 대금을 지급하는 서비스이다. 배민페이도 마찬가지이다. 쿠팡과 같은 오픈마켓에서 판매자가 되기 위해서는 정부기관에 통신판매업 신고를 해야 한다. 신고 서류 중의 하나가 구매안전서비스 이용확인증이다. 쿠팡은 에스크로 서비스를 제공하기 때문에 이 확인증을 발급해 준다.

인공지능과 빅데이터가 무엇에 어떻게 이용되는가? 음식주문이 많은 곳과 시간대에는 배달기사가 더 필요하다. 이런 경우에 배달 수수료를 더 지불하여 배달원이 모이게 한다. 어느 시간대에 어느 곳에서 주문이 많을지에 대한 수요예측은 배달 수수료 결정에 중요하다. 실제로 쿠팡이츠에서 기본 배달료의 변동폭(약 2,500원-16,000원)이 대단히 크다. 배달원은 가능하면, 나은 배달료를 받는 곳으로 가기 마련이다. 수요예측과 배달요금을 결정하는데 인공지능과 빅데이터가 활용된다. 비즈니스는 이기심에 뿌리를 두고 있다.

왜 음식점은 배달앱을 이용하는가? 음식점이 온라인 플랫폼에 올라타는 이유가 무엇일까? 식당에 온 고객에게 현금을 받고 팔면 최상이다. 신용카드 결제에서는 수수료가 나가고 정산 기간이 걸린다. 배달앱을 이용하면 배달요금은 물론이고 주문중개수수료와 결제요금을 낸다. 음식점 자체에서 배달하거나 기존의 배달대행업체를 이용해도 배달요금은 나간다. 결국 주문중개수수료와 결제요금이 거래비용으로 추가된다. 음식점은 더 많은 매출을 내기 위해 주문 배달앱을 이용한다.

쿠팡이츠라는 플랫폼 생태계에는 입점업체 고객(식당), 소비자 고객, 배달기사(파트너)가 핵심 이해관계자이다. 음식점은 수요창출을 통한 매출 증대, 고객은 편리하고 신속한 서비스, 배달기사는 일자리라는 이해관계가 맞물려 플랫폼 생태계를 만들어간다. 여기서 쿠팡이라는 플랫폼 사업자가 플랫폼 운영규칙(서비스 이용 약관)을 결정하는 영향력을 발휘하고 있다. 쿠팡이츠 플랫폼에서 발생하는 부는 주문중개수수료, 배달요금, 결제수수료이다. 고객(식당과 주문 고객)이 지불하는 배달요금은 배달기사에게 돌아간다. 주문중개수수료와 결제수수료의 일부는 쿠팡의 수익원이다. 카드수수료는 신용카드사에게 돌아간다. 입점업체(음식점) 고객은 가능한 이들 비용이 낮을수록 좋다. 저렴하게 소비자 고객에게 음식을 제공할 수 있기 때문이다. 독립계약자인 배달기사는 배달요금이 높고 보험과 복지혜택을 받을수록 좋다. 쿠팡은 주문중개수수료로 배달기사의 산재보험 중 50%를 부담한다. 쿠팡은 플랫폼에 발생하는 수수료를 책정한다. 플랫폼 사업자 관점에서 최상의 이기심은 주문중개수수료를 높게 책정하는 것이다. 그러나 그것은 플랫폼 생태계의 건강을 해칠 수 있다.

규제기관은 플랫폼 사업자, 고객(판매자와 소비자), 배달기사의 이해관계를 조정하는데 중요한 역할을 한다. 플랫폼 노동자인 배달기사가 개별적으로 플랫폼 사업자와 배달요금과 노동조건을 협상하기란 현실적으로 불가능하다. 그러나 관련법과 제도를 정비할 때는 다르다. 플랫폼 노동자는 단체나 협회 또는 언론과 세력화하여 힘을 발휘한다. 규제기관, 단체, 협회, 언론 등도 플랫폼 생태계의 이해관계자이다. 법과 제도를 정비할 때, 이들 이해관계자들의 영향력이 강화된다. 지역사회의 구성원으로서 소비자 고객도 영향력을 발휘한다. 쿠팡의 경영자는 이해관계자들이 당기는 힘의 영향을 무시하고 이기적으로 결정할 수 없다. 그랬다가는 언젠가는 힘의 불균형으로 풍선이 터지고 만다. 이해관계자들이 정당한 힘을 발휘하도록 하는 것이 건강한 생태계에 도움이 된다. 생태계 이해관계자들의 역할과 혜택을 조율하고, 갈등과 긴장을 풀고, 균형을 잡아가는 것이 경영자의 중요한 역할이다. 이것이 비즈니스 생태계 경영이다.

코로나19로 음식 주문과 배달 수요가 폭증하면서, 배달기사에 대한 수요도 급증하였다. 플랫폼 생태계에서 배달기사의 역할이 중요하게 인식되는 계기가 되었다. 배달의민족이나 쿠팡의 경우, 실제로 배달기사에게 수수료를 부과하지 않는다. 뉴욕시나 시애틀에서 우버와 리프트 등의 차량공유업체 기사의 임금이 최저시급 15불보다는 약간 높다. 뉴욕시는 17.22불, 시애틀은 16.39불이다. 독립계약자로서의 특성을 어느 정도 고려한 것이라 할 수 있다. 배달의민족은 독립계약자(배민커넥트)의 4대 보험료의 50%를 부담하고 있다. 쿠팡도 산재보험의 50%를 부담한다. 정부는 전 국민의 고용보험제도를 도입하고자 한다. 변화는 긱경제 노동자의 역할과 혜택을 헤아리는 방향으로 가고 있다. 그 변화의 속도는 플랫폼 생태계에서 힘의 균형을 찾아가는 노력의 정도와 관련된다. 니체는 중요한 것은 속도가 아니라 방향이라 하였다.

플랫폼 비즈니스 생태계에서 정부의 역할이 크다. 정부가 법과 제도를 마련하는데 언론과 협회도 상당한 몫을 한다. 정부는 일하는 모든 국민을 실업급여로 보호할 수 있는 전 국민 고용보험을 추진하고 있다. 시기의 문제일 수 있지만, 그 방향으로 가고 있다. 플랫폼 노동자를 위한 사회안전망이 견고해질 때, 불안 요소가 해소될 것이다.

고용 없이 소수만 배불리는 플랫폼인가?

플랫폼 사업이 제공하는 일자리는 적고, 양극화를 가속화한다는 비판의 목소리가 많다.

"직원은 17,000명이며 가치는 4,480억 달러로 평가 받는다. 세상의 부는 운 좋은 극소수에게 흘러들어간다. 디즈니의 시가총액은 페이스북의 절반에 불과하지만 디즈니가 고용한 사람은 18만 5,000명에 이른다."

"GM이나 IBM 등을 포함한 산업 시대 거인들은 과거 수십만 명의 노동자를 고용했다." "기술 경제는 투자자와 엄청난 재능을 타고난 사람들로 구성된 소수 집단에게는 어마어마한 부를 안겨주는 반면, 나머지 대다수는 그 멋진 풍요를 그저 구경만 하게 만들었다."

"네 개의 거인기업(GAFA: 구글, 애플, 페이스북, 아마존)이 고용한 직원은 모두 약 41만 8,000명이다. 시가총액 2조 8,000억 불이다. 인도와 영국, 그리고 프랑스 GDP보다 많다."[17, p. 7, pp. 396-397].

한 명의 직원이 창출한 기업가치가 높다는 의미는 고용률이 낮다는 것을 강조한다. GDP는 부가 창출된 쓸 수 있는 돈이지만, 시가총액은 자본시장에서 오르락내리락하는 수치이다. 또한 주가는 현재보다는 미래가치를 더 많이 반영한다. 일자리를 주식시가총액으로 비교하는 것은 적절하지 않은 면이 있다. 투자자들이 플랫폼 기업의 미래가치를 높게 평가하고 있기 때문이다. GDP 대비 시가총액으로 나타내는 버핏 지수도 주식시장의 과열을 판단할 때 지표로 활용될 뿐이다.

2020년 기준으로 볼 때, 미국 최대 금융기관 중의 하나인 제이피모건체이스(J.P. Morgan Chase)의 고객은 6천만 명이고, 직원은 25만 5천 명이다. 한편, 플랫폼 사업자들은 직원이 그렇게 많지 않다. 페이팔(PayPal)이라는 핀테크(전자지급결제서비스) 기업의 경우, 페이팔 계정을 가진 상점의 수가 2,000만개, 이용자는 3억 명인데, 직원은 26,500명에 불과하다. 고객 수와 대비하여 직원은 너무나 적다. 이러한 단순 비교를 통해 플랫폼 사업자가 고용을 제대로 창출하지 않는다고 단정할 수 있을까?

앞에서 본 바와 같이 기업가치와 고용규모도 비교해보자. 월마트의 기업가치 4,223억 불, 직원은 230만 명이다. 구글의 기업가치는 월마트의 4배 정도인 약 1조 8천억 불인데, 직원은 약 18분의 1인 13만 5천 명이다. 이러한 단순 비교로 볼 때, 플랫폼 기업의 고용은 너무나 미미하다.

갤러웨이는 GAFA의 혁신성과 긍정적 역할을 인정하고 있다. 그러나 미래사회가 나아갈 방향에 적절하지 않은 면이 많다는 것을 지적하고 있다. 이는 자본주의에서 기업이 가져온 속성이다. 온라인 플랫폼 기업이 탄생하기 전에도 그랬다. 에너지 기업 엘론과 2008년 금융위기를 몰고 온 기업들, 정경유착으로 노동자를 착취했던 대기업들을 돌아보라. 영화, '다크 워터스'는 기업의 속성을 적나라하게 파헤치고 있다. 거대 화학기업, 듀폰이 화학물질의 위험성을 알고도 대기와 지하수에 흘려보냈다. 영화는 지역주민의 암을 유발하게 하고도 오랜 법정 다툼으로 이어가는 과정을 다룬 실화이다. 대사 중에는 "미국 기업이란 게 이거보다는 나아야 하는 거잖아. 그렇지 않은 기업은 우리가 그렇게 만들어야 하고."라는 말이 나온다. 생태계를 구성하는 이해관계자들이 각자의 역할을 다함으로써 더 나은 방향으로 나아간다.

과거에 비해 사회경제생태계에서 이해관계자들 간의 견제와 균형이 잘 작동된다. 이러한 사회에서 온라인 플랫폼이 과거 대기업의 횡포를 이어가지는 못한다. GAFA와 같은 온라인 플랫폼 기업은 지식사회와 같은 방향을 지향하고 있다. 온라인 플랫폼 기업은 그 자체로는 기술집약적이다. 직원에는 기술자와 공학자의 비중이 높다. 그러나 플랫폼 생태계에 종사하는 노동자까지 전체를 보면 고용창출 정도는 달라진다. 플랫폼 사업자는 양면시장이라 직접 고용하지 않는다. 플랫폼 이용사업자도 고객이다. 그 고객이 고용하도록 돕는다. 플랫폼 사업자의 대부분은 기술기업이다.

온라인 플랫폼의 고용에 대한 생각 바꾸기

고용에 대한 기준, 일자리에 대한 사고의 전환, 생각을 바꿀 필요가 있다. 기업이 직접 고용을 통해 일자리를 만들어 내는 것에 얽매일 필요는 없다. 자본주의 사회에서 완전 고용에 이른다는 것은 불가능하다. 원래 인류는 자급자족의 생활이었다. 자본주의 발전과 더불어 임금노동자가 양산되었다. 일자리를 만드는 것만으로는 완전 고용에 이를 수 없다. 기술혁신을 촉매로 자급자족을 늘려가는 것도 하나의 대안이다. 귀농이나 도시농업도 그곳으로 가는 한 방향이다.

노벨평화상을 받은 그라민 은행의 설립자, 무하마드 야누스는 미국 뱁슨대학의 졸업식 축사에서 다음과 같이 말했다.

"모든 인간은 앙트러프러너(entrepreneur: 기업가, 창업가)로 태어났다. 인류사로 볼 때, 동굴에서는 자급자족하는 독립 노동자(self-employed)였다. 그러나 문명이 발달하면서 고용 노동자가 되었고, 노동자라 낙인찍히게 되었다. 이제 취업이란 이미 사라져버렸어야 할 구시대의 산물이다."

무하마드 야누스의 이야기처럼 누군가에 고용된 노동자가 아닌, 자유인으로서의 창업가가 되는 날이 올까? 고용 노동자보다는 독립 노동자를 선호하는 세상으로 가는데 플랫폼과 기술 진보가 어떤 역할을 할까? 또한 법과 제도를 비롯한 사회경제생태계는 어떻게 변화되어야 할까?

플랫폼 사업자가 직접 고용하는 사람은 많지 않다. 그것은 디지털 기술을 통한 자동화로 비용을 줄여 낮은 수수료로 플랫폼 투자비를 회수하고, 운영할 수 있기 때문이다. 플랫폼을 통해 다수의 일자리가 제공된다. 비즈니스 생태계 관점에서 볼 때, 그 생태계의 참여자들이 창출하는 일자리가 있다.

기술혁신과 더불어 플랫폼 노동자, 특히 물류배송 분야에서의 변화를 생각해야 한다. 드론을 물류에 투입한 사례는 종종 있어 왔다. 배달 노동자의 문제는 자율주행차의 보급과 더불어 일자리가 사라질 수도 있다. 자율주행차가 물류 배송 분야에 우선적으로 보급될 가능성이 높다. 그 이유는 사람보다는 물류에서의 위험 부담이 작기 때문이다. 사회경제생태계는 변화하고 있으며, 비즈니스 생태계도 지속가능한 방향으로 나아가고 있다. 생태계의 이해관계자들이 조화를 지향하고 있는 이상, 더 나은 세상으로 간다.

온라인 플랫폼 기업의 정보기술자 직원 비율이 높다. 전 세계 7백만 숙소가 등록된 에어비앤비에서 엔지니어와 정보기술자 비율이 19%이다. 구글 31%, 넷플릭스 23%, 아마존 17%, 그리고 우버가 9%이다 (2019년 기준). 독일의 딜리버리히어로에 인수된 우아한형제들은 응용소트웨어 개발 및 공급업으로 등록되어 있었다. 여기서 응용소프트웨어란 스마트폰 앱을 말한다. 한글과컴퓨터는 아래한글, 마이크로소프트사는 윈도우라는 소프트웨어를 판매하거나 클라우드 서비스로 돈을 번다. 우아한형제들은 소프트웨어 앱을 판매하는 것이 아니라 소프트웨어를 자산으로 주문배달서비스를 제공하고, 광고로 수익을 창출한다. 소프트웨어는 자산이다. 플랫폼도 자산이다. 이들 자산을 기반으로 음식점 광고료와 수수료로 돈을 번다.

음식배달앱으로 음식점의 고용은 줄지만, 앱을 이용한 배달원은 증가한다. 한국노동연구원의 연구에 따르면, 배달대행앱 이용률이 1% 증가하고 시장 규모가 1% 증가하면, 총 7,142명의 신규 고용이 생긴다 [18]. 국내의 규모가 큰 26개 플랫폼에는 150만 업체가 이용하는 것으로 추정된다. 플랫폼 사업자는 자동화로 비용을 절감하는 방향으로 나아간다. 그러나 플랫폼 이용업체가 창출하는 고용수준은 높다. 26개 플랫폼은 매출액 기준 100억 원 이상이고, 중개거래액 기준 1,000억 원 이상인 사업자이다. 26개 플랫폼이란 오픈마켓 8개(이베이코리아, 11번가, 쿠팡, 인터파크, 위메프, 티몬, 네이버 스마트스토어, 카카오커머스), 숙박앱 2개(야놀자, 여기어때), 배달앱 4개(배달의민족, 요기요, 쿠팡이츠, 위메프), 앱마켓 3개(구글 플레이, 애플 앱스토어, 원스토어), 가격 비교 서비스 3개(네이버, 다나와, 에누리닷컴), 부동산정보제공 서비스 4개(네이버부동산, 직방, 다방, 부동산114), 승차중개 서비스, 기타 2개(엔카, 카카오모빌리티)이다. 2020년 에어비앤비에 등록한 숙박업소는 700만 개이다.

플랫폼 사업자는 흑자를 내고 있는가? 플랫폼 사업자는 플랫폼에 투자를 늘려 생태계의 구성원들에게 더 나은 혜택을 제공하면서 운영비용은 낮추어야 지속적으로 성장할 수 있다. 그러기 위해서는 투자를 유치하고, 수익을 창출해야 한다. 플랫폼 사업자의 수익은 대부분 수수료나 광고에서 나온다. 플랫폼 사업자는 플랫폼에서 발생하는 데이터를 자산으로 고객에게는 개인화서비스를 제공한다. 한편으로는 인공지능과 빅데이터 분석으로 업무를 자동화하여 비용을 줄인다.

플랫폼 사업자는 수수료를 높여 이윤을 챙길 수 없다. 니체가 말한 힘에의 의지는 여기서도 작동한다. 생태계에서 견제와 균형의 기제가 작용한다. 구글은 인앱결제를 의무화하여 앱개발사로부터 30% 수수료를 받겠다고 했지만 실현에 어려움을 겪게 되었다. 배달의민족에서는 가격 정책을 변경하고자 했으나 실현하지 못했다. 가격 결정도 플랫폼 사업자만의 뜻대로 되지 않았다. 비즈니스 생태계에서 참여자들은 세력화를 통해 견제하기에 플랫폼 경영자는 균형을 통해 지속가능한 성장 전략을 펼 수밖에 없다.

플랫폼 사업가가 투자를 유치하는데 이익을 많이 낼수록 중요할 것 같지만, 꼭 그렇지만은 않다. 투자자도 투자 결정에서 이익만 고려하는 것은 아니다. 예를 들어, ESG 경영이 확산되고 책임투자가 증가한다는 사실이 그것을 말해준다.

5.6 플랫폼 신뢰에 대하여

전자상거래 플랫폼의 신뢰는 어떻게 구축되었는가?

전자상거래에서 구매자는 신뢰하는 판매자에게 더 높은 가격을 지불할까?

쿠팡, 11번가, 옥션, 인터파크, 이베이, 아마존닷컴 등에서 누구나 한번쯤 거래를 경험했을 것이다. 전자상거래에 대한 믿음이 하루아침에 형성된 것은 아니다. 기술과 법과 제도만으로 되는 것도 아니다. 사람들이 경험을 통해 인정하는 평판이 좌우한다. 비대면의 전자상거래에서 주문과 결제에 대한 모든 데이터는 암호화되어 전송된다. 사칭이나 사기를 방지하기 위해 인증서(금융인증서나 공동인증서)로 거래 상대를 확인한다. 또한 에스크로라는 결제대금예치 서비스가 운영된다. 이러한 기술과 법과 제도를 넘어서 소비자들의 경험에 근거한 평판을 통해 신뢰가 형성된다.

2007년 전자상거래 플랫폼에 대한 신뢰는 어떻게 형성되는가? 신뢰가 가격 프리미엄을 제공하는 가에 대한 연구를 하였다[19]. 오픈마켓에서 평판이 좋은 판매자가 과연 높은 가격에 제품을 팔 수 있는가? 당시에 국내 최대 규모였던 전자상거래 플랫폼인 옥션을 대상으로 2년 간 연구를 진행했다. 2001년 미국의 이베이가 국내 최초의 전자상거래 기업인 옥션(이베이코리아)을 인수했다. 그리고 2009년에는 이베이가 지마켓(G마켓)도 인수했다. 옥션은 기업과 소비자 간, B2C 전자상거래가 아닌 오픈마켓 전자상거래 플랫폼이다. 옥션에는 여러 판매자들이 자신들의 책임 하에서 소비자들과 거래한다. 옥션은 거래를 지원하는 장터를 제공한다. 옥션은 판매자 고객과 소비자 고객을 관리하는 양면시장이다. 또한 플랫폼에서의 신뢰를 형성하는 역할을 한다.

옥션에서 소비자는 판매자에 대한 구매자의 만족도와 후기 등에 대한 피드백 정보를 살핀다. 또한 상품 가격을 본다. 이때 소비자들은 가격비교 서비스를 이용하여 판매자별 가격을 비교해 본다. 소비자들이 살펴보는 피드백 정보는 판매자의 평판이고 신뢰로 연결된다. 옥션에서는 판매자에 대한 구매자 평가 정보를 제공한다. 구매자 피드백 정보로 제공되는 판매자등급과 구매자만족도 등의 자료를 기초로 판매자별 신뢰 점수를 환산했다. 옥션에서는 같은 상품도 판매자별로 그 가격이 다르다.

판매자의 신뢰가 가격에 영향을 주는가? 판매자의 신뢰점수가 판매자의 상품가격에 영향을 주는가를 조사하기 위하여 판매자의 평판을 신뢰점수로 변환하는 함수를 고안했다. 이 조사에는 계층적 분석방법(AHP: Analytic Hierarchy Process)과 회귀분석 방법이 이용되었다.

분석결과, 저가품의 경우는 판매자 신뢰가 상품 가격에 영향을 주지 않았다. 고가품(50만 원 대와 100만 원 대의 상품)의 경우에만 판매자 신

디지사이트

뢰가 높을수록 구매자들은 더 높은 가격을 지불하였다. 따라서 고가품에서 소비자는 가격을 좀 더 지불하더라도 믿을 수 있는 판매자를 선택한다. 전자상거래 플랫폼에서 판매자 신뢰의 중요성을 입증할 수 있었다[19].

2008년에는 옥션의 개인정보 유출 사태가 있었다. 이것은 옥션이 소비자들에 대한 신뢰를 상실하는 계기가 되었다. 그 이후 옥션은 판매자 명성에 대한 피드백 정보를 다르게 제공하였다. 2010년 다시 옥션에서의 판매자 신뢰와 가격 프리미엄과의 관계를 조사했다[20]. 이 조사에서는 판매자에 대한 구매자의 피드백 정보로 구매자의 후기와 판매자의 인증마크 여부도 함께 반영했다.

전자상거래에서는 신뢰할 수 있는 기관에서 일정 요건을 만족시키는 판매자에게 인증마크를 부여하고 있다. 이는 마치 모범택시나 우수식당을 인증해주는 것과 같다. 2007년 판매자 신뢰점수 외에도 구매자가 후기에서 판매자를 부정적으로 언급하는 횟수도 하나의 변수로 포함하였다. 따라서 3개의 변수, 판매자 신뢰점수, 판매자에 대한 부정적 후기, 인증마크가 가격 프리미엄에 영향을 주는가를 분석했다.

1차 조사에서와는 달리 구매자의 피드백 정보에 기초한 판매자 신뢰점수와 인증마크는 가격 프리미엄에 유의적인 영향을 주지 않았다. 단지, 고가품에서 판매자의 부정적 후기가 많을수록 그 판매자의 상품이 낮은 가격으로 판매되는 것으로 나타났다. 부정적 후기가 적은 판매자일수록 가격을 좀 더 높게 받을 수 있었다[20]. 구매자의 부정적 후기로 표출되는 판매자의 명성이 중요하다는 것을 입증한 셈이다. 판매자에 대한 구매자의 후기도 판매자의 평판에 영향을 주는 요소이기 때문에 판매자 신뢰의 한 영향 변수이다.

물론 두 연구는 판매자 신뢰에 역점을 두었다. 플랫폼 사업자, 판매자, 구매자는 전자상거래 플랫폼의 중요한 참여자들이다. 전자상거래 플랫폼에 대한 신뢰는 판매자 신뢰도 포함한다. 소비자는 전자상거래에서 가격, 품질, 배송 등의 여러 요소를 고려하여 판매자를 선택한다. 신뢰가 항상 더 높은 가격을 담보하지는 않는다. 그렇지만 소비자의 힘이 점차 강해지는 시대에서 판매자가 구매자의 선택을 받는 데는 신뢰가 중요하다.

플랫폼 신뢰와 분산신뢰

오늘날 대부분의 소비자들은 옥션, 11번가, 쿠팡, 아마존의 쇼핑몰을 믿고 거래한다. 코로나19를 겪으면서 전자상거래 시장은 더욱 확산되었다. 전자상거래 플랫폼에 대한 신뢰는 기술적, 법적, 제도적 측면은 물론이고 소비자 경험 측면에서도 중요한 문제로 대두되고 있다. 그런데 공유경제와 긱 경제가 확산되면서 다시 플랫폼에 대한 신뢰가 문제가 되고 있다. 이는 플랫폼 노동자의 열악한 일자리와 깊은 연관을 갖고 있다.

플랫폼 신뢰가 중요함을 나타내는 글이다. 주문형 가사 서비스, 헬로우 알프레드의 CEO 마셀라 사포니의 이야기이다. "우리는 고객과 신뢰 관계를 만들어야 했어요. 우리가 집안일을 고객보다 잘하진 못해도 최소한 고객만큼은 할 수 있고, 누가 감시하지 않아도 집에 출입하는 걸 허락해도 될 만큼 믿을 만하다고 신뢰를 줘야 했죠."[5, p. 303].

어떻게 플랫폼의 신뢰가 형성될 수 있을까? 에어비앤비와 우버에서도 서로 알지 못하는 사람들이 믿고 방을 이용하고, 자동차를 이용한다. 도시간 카풀 블라블라카(blablacar.com)는 라다크의 오지를 여행할 때도 처음 만난 사람들이 자동차를 공유한다. 라이첼 보츠먼은 개인에 대한 신뢰, 기관이나 조직에 대한 신뢰가 플랫폼에 대한 신뢰로 이동한다고 했다[21]. 플랫폼 신뢰는 플랫폼의 원칙과 규칙, 제도와 법, 플랫폼에 대한 평판 등으로 형성된다. 플랫폼에 따라 신뢰를 형성하는 방식은 다를 수 있다.

블록체인 기술은 제3의 신뢰할 수 있는 중앙의 기관이 없이도 플랫폼의 참여자들이 상호 신뢰하도록 해준다. 블록체인은 기본적으로 분산거래와 분산관리를 가능하게 하는 기술이다. 즉, 특정 기관이나 조직이 중앙집중식으로 중개하여 거래하거나 관리하지 않고, 참여자들이 모두 거래나 관련 데이터를 똑같은 분산원장이라는 블록체인을 공유한다. 따라서 참여자들 간에는 '네가 아는 것은 나도 알 수 있는' 투명성이 보장된다. 또한 계약이 필요한 경우, 사람의 개입 없이 거래조건이나 비즈니스 로직을 컴퓨터 코드로 명시하여 조건이 충족되면 자동으로 실행되는 스마트계약이 성사된다.

따라서 블록체인을 이용하는 경우는 분산신뢰가 구축되어 서로 알지 못하는 사람들도 믿고 거래하는 것이 가능하게 된다. 사안에 따라서 신뢰 자체가 필요치 않는 시스템(trust-free systems)도 가능하게 된다. 구글은 "사악하지 말자(Don't be evil)"를 모토로 내걸기도 하였다. 이는 '나쁜 짓을 하지 않고도 돈을 벌 수 있다는 것을 보여주자'는 의지를 담고 있다. 그러나 인간은 유혹되기도 하고, 어떤 사람들은 돈을 벌 기회를 호시탐탐 노리기도 한다. 블록체인과 스마트계약은 인간이 인터넷을 통해 사악할 수 없도록 한다. 즉, "사악할 수 없다(Can't be evil)"를 실현하는 것이 블록체인에 의해 가능하게 된다. 신뢰의 인터넷이다. 이를 웹 3.0이라고도 한다. 웹 2.0은 90년대 말 인터넷 거품 이후에 살아남은 기업들의 공통된 특성으로부터 개방, 공유, 참여를 핵심가치로 하는 인터넷이다. 물론 신뢰의 인터넷은 이미 팀 버너스리가 주축이 된 시맨틱 웹(semantic web)에서 지향하는 바이기도 하다[22]. 경영자들의 디지사이트가 발휘될 수 있는 영역이다.

참고문헌

[1] 조지프 스티글리츠, 불만시대의 자본주의(박세연 옮김), 열린책들, 2021.

[2] 닉 서르닉, 플랫폼 자본주의(심성보 옮김), 킹콩북, 2020.

[3] 피터 F. 드러커, 21세기 지식경영(이재규 옮김), 한국경제신문사(한경비피), 2003.

[4] Schmidt, F. A., Digital Labour Markets in the Platform Economy: Mapping the Political Challenges of Crowd Work and Gig Work, Social Democracy. # 2017 plus, 2017, Available: https:// www.researchgate.net/publication/314719905_Digital_Labour_Markets_in_the_Platform_Economy_Mapping_the_Political_Challenges_of_Crowd_Workand_Gig_Work

[5] 알렉산드라 래브넬, 공유경제는 공유하지 않는다(김고명 옮김), 롤러코스터, 2020.

[6] 알랭드 보통, 말콤 글래드웰, 스티브 핑커, 매트 리들리, 사피엔스의 미래(전병근 옮김), 모든아카이브, 2016.

[7] 김재인, 들뢰즈의 비인간주의 존재론, 철학박사학위논문, 서울대학교, 2012.

[8] Lessig, Lawrence, Remix: Making Art and Commerce Thrive in the Hybrid Economy, 2008.

[9] 다이앤 멀케이, 긱 이코노미(이지민 옮김), 2017.

[10] 새라 케슬러, 직장이 없는 시대가 온다(김고명 옮김). 2019.

[11] Seymour, R., Locomotion, London, http://cyberneticzoo.com/steammen/1830c-walking-by-steam-robert-seymour-british/, 구글검색.

[12] 송병건, 그림 속 경제사, SBS Biz, https://programs.sbs.co.kr/sbsbiz/economichistory/vods/54035

[13] 엘렌 러펠, 일자리의 미래(김후 옮김). 2019.

[14] 홍승찬, 클래식 경제로 풀다, 자유를 갈망한 프리랜서 작곡가, 베토벤, 유튜브, SBS Biz 날리지, https://www.youtube.com/watch?v=2vV7yR9Xzd8

[15] 오수현, 스토리 클래식, ㈜백도씨, 2022.

[16] 백승영, 니체, 삶을 묻다: 1강 – 6강, 2020, https://www.youtube.com/watch?v=vbyx_830q3k

[17] 스콧 갤러웨이, 플랫폼 제국의 미래: 구글, 아마존, 페이스북, 애플 그리고 새로운 승자(이경식 옮김), 비즈니스북스, 2018.

[18] 한국노동연구원(김영아 외), 배달앱 확산이 고용에 미치는 영향, 2019; 서울경제, 2019. 12. 13

[19] 주재훈, 한정희, "온라인 오픈마켓에서 신뢰와 가격 프리미엄의 관계", 경영학연구, 37권, 4호, 2008, pp. 723-749.

[20] 주재훈, 한정희, "카탈로그 모델 기반의 온라인 오픈마켓에서 가격 프리미엄의 영향요인", 2012, 경영학연구, 41권, 3호, pp. 397-422.

[21] 레이첼 보츠먼, 신뢰이동(문회경 옮김), 흐름출판, 2019.

[22] W3C, The Semantic Web and its applications at W3C, https://www.w3.org/2003/Talks/simo-semwebapp/all.htm

VI

블록체인, 디파이, 메타버스 생태계

"몽골피에 형제가 열기구를 날렸다는 기사를 읽었어요. 언젠가 길에 서 다니듯 공중에서 다니게 되겠죠. 상상이나 되세요." "전부 허튼소 리야, 사람이 꾀꼬리처럼 우는 날이 오면 모를까. 인간이 하늘을 날게 되면, 요리사가 왕이 될게다."
- 영화, '딜리셔스의 아들과 아버지'의 대화중에서.

6.1 왜 비트코인에 투자하는가? 내재가치가 있는가?

비트코인 투자할 가치가 있는가?

2011년에 1불로 거래되던 상품이 현재 2만 불에 거래되면, 당신은 어떤 생각을 할까? 부동산, 주식, 채권, 은행 등을 뒤로 하고 그것에 투자할 것인가? 그 디지털자산이 비트코인(Bitcoin)이다. 비트코인은 가상통화나 암호화폐로 불리는 전자화폐의 한 종류이다. 사실 법적으로는 비트코인을 금융상품으로 취급하지 않는다. 금융상품은 계약을 전제로 하기 때문이다. 그러나 비트코인은 금융상품으로서 기능을 하고 있다. 한때 비트코인이 사회적 문제가 된 시기에는 가상자산거래소를 폐쇄할 것인가의 여부가 한국 사회에서 초미의 관심사였다.

비트코인의 1차 거품은 2011년 1불에 거래되던 비트코인이 31불로 치솟으면서 발생했고, 다시 1불로 하락했고 요동을 치는 과정도 있었다. 그 이후 상승세를 타다가 거센 요동을 치고 있다. 2011년 사이언티픽 아메리칸(Scientific American)에서는 세상을 바꿀 10대 아이디어 중의 하나로 비트코인을 들었다. 사이언티픽 아메리칸은 1845년 미국에서 창간된 월간지이다.

1998년 펴낸 「전자상거래」에서 몬덱스와 이캐시(ecash)라는 암호 방식을 이용한 전자화폐를 소개했다[1]. 이캐시는 암호학의 아버지라 불리는 데이비드 차움(David Chaum)이 만든 세계 최초의 암호화폐이다. 디지캐시(Digicash)사를 통해 1995년부터 1998년까지 미국 은행에서 소액결제 시스템으로 사용된 바 있다.

창업에서 가장 중요한 성공요인은 타이밍이라 한다. 이들 전자화폐는 시대를 잘못 만나 사라졌기에 우리는 페이팔과 게임머니 아데나 등의 다양한 전자화폐를 소개해 왔다. 물론 이캐시는 암호화폐이긴 하지만 블록체인 기술을 적용하지는 않았다.

가상자산과 디지털자산은 같은 개념이다. 비트코인에 투자할 것인가에 대해 결정하기에 앞서 다음 사항을 알면, 결정에 따른 위험을 줄일 수 있다. 비트코인은 당연히 법정화폐가 아니다. 그러나 엘살바도르는 2021년 비트코인을 법정화폐로 채택했다. 비트코인도 법정화폐와 같이 화폐로서의 기능을 하는 동시에 투자의 대상이 되는 자산이다. 주식과 같은 방식으로 가상자산거래소에서 거래된다. 대부분의 국가에서는 중앙은행에서 법정화폐(한국에서는 한국은행이 발행하는 원화)를 발행한다. 일반적으로 화폐는 교환수단, 가치저장, 계산단위로서의 기능을 한다. 비트코인은 거스름돈이 필요 없이 화폐의 모든 기능을 한다. 전자화폐는 디지털 자료이기 때문에 쉽게 복사하고, 이중으로 사용될 수 있는 위험이 있다.

따라서 첫 번째는 보안성과 안전성이 우수한가를 알아야 한다. 비트코인은 암호방식에 기반을 둔 블록체인(blockchain)을 이용하고 있어 어떤 전자화폐보다도 안전하고 보안이 우수하다. 비트코인은 최초로 블록체인 기술을 이용한 암호화폐이다. 비트코인은 탈중앙화, 분산 관리 방식을 이용하고 있고, 시간이 지남에 따라 비트코인 체계를 깨뜨리기 어렵도록 설계되어 있다. 비트코인은 2009년에 처음으로 발행되었다. 그때는 10분 동안의 거래 내역을 담은 자료(이를 블록이라 함)를 가장 먼저 암호화하는 사람(채굴자)에게 그 보상으로 50 비트코인을 발행했다. 최고 성능을 가진 컴퓨터를 작동하는 사람이 채굴자가 된다.

은행에서 돈은 찍어내는 것과는 달리, 여기서는 현재까지의 어떤 컴퓨터 능력으로도 풀 수 없는 어려운 문제를 가장 먼저 해결한 사람(컴퓨터)에 대한 보상으로 비트코인이 주어진다. 이러한 동기부여가 있기에 세상 사람들은 최고 성능의 컴퓨터들을 병렬로 연결하여 어려운 문제를 풀고자 최선을 다한다. 따라서 시간이 지남에 따라 비트코인을 해킹하기란 점점 더 어려워진다. 병렬로 연결한 다수의 고성능 컴퓨터를 이용하기에 많은 전력이 소모된다.

두 번째는 마치 현금과 같이 개인 간 이전(P2P)이 가능한 암호화폐이다. 또한 비트코인은 거래에서 카드와 같이 거스름돈을 주고받을 필요가 없어 편리하다. 다만, 가상자산으로 거래소에서 거래되고 있어 가격 변동성이 지나치게 높다. 이러한 가격 변동을 줄이기 위해 스테이블코인이 발행되기도 한다.

세 번째는 금이나 다이아몬드와 같은 희소성이 있다. 미국에서도 양적완화 정책으로 달러를 마구 찍어내기도 한다. 그러나 비트코인은 2140년까지 2,100만 개를 발행한다. 매 4년 마다 그 대가는 절반으로 줄어든다. 따라서 2140년 이후에는 비트코인이 더 이상 발행되지 않는다. 2022년 현재는 6.25 비트코인이 채굴자에게 지급된다. 비트코인은 발행 총수가 한정되어 있어 희소성이 있다. 경제적 관점에서 볼 때, 희소할수록 한계효용이 크다. 다이아몬드와 예술품은 희소하기에 가격이 높게 책정된다. 다른 암호화폐에 비해 비트코인의 희소성이 가격 상승 요인이 된다.

왜 비트코인의 가격이 상승하고 변동하는가? 시장경제에서 모든 상품이 그러하듯이 결국은 수요와 공급의 법칙에 기인한다. 비트코인도 하나의 가상자산으로써 주식과 같이 거래소에서 거래되어 그 시세가 변동하는 것은 마찬가지이다. 당신은 원화, 달러, 유로화, 위안화, 엔화 중에서 어떤 것을 선호하는가? 누구나 투자의 가치가 있는 화폐를 선호할 것이다. 투자의 가치는 결국 세상 사람들이 어느 화폐를 더 신뢰하는가에 달려있다. 미국 달러나 유로화보다 더 비트코인을 신뢰한다면, 달러 대비 비트코인의 가치가 상승하게 된다. 언젠가 사람들이 미국의 법정화폐인 달러보다 비트코인을 더 신뢰하고, 세상의 모든 거래에서 이를 이용하는 날이 올 수도 있다. 이에 각국의 중앙은행에서는 법정화폐로서 암호화폐(CBDC: Central Bank Digital Currency)의 발행을 진행하고 있다.

그런데 비트코인은 화폐로서의 고유 기능보다는 가상자산으로서의 투자 대상으로 보는 시각이 지배적인 상황이 되어 버렸다. 부동산이 그러했고 주식이 그러하듯이 과하면 거품의 시기가 온다. 거품 뒤에는 너무나 큰 상처를 주는 사회적 문제가 뒤따라오기에 정부는 투기 대상으로 비트코인에 대한 규제의 칼날을 들이대고 있는 것이다.

주식회사가 대중을 대상으로 주식을 공모하여 자본을 조달하는 것을 IPO(Initial Public Offering)라 한다. 주식은 금융상품이고, 증권거래소에서 거래된다. 여러 조직에서 ICO(Initial Coin Offering)로 암호화폐를 발행하기도 한다. 국내의 경우, 2022년 현재, ICO를 금하고 있다. 암호화폐는 그 조직의 생태계에서 참여자들 간의 전자지급결제수단으로 이용될 수 있다. 또한 그 생태계에서 경제활동에 대한 소득으로 암호화폐를 지급할 수도 있다. 암호화폐는 가상자산거래소에서 거래된다. 그 생태계의 참여자들이 암호화폐를 얼마나 신뢰하는가는 중요한 문제이다. 거래소에서 암호화폐의 가격이 올라가면, 소득으로 지급받은 자산의 가치도 상승한다. 그러나 주식과 같이 실물경제와 어떻게 연결될지는 아직 명확하지 않다.

언젠가 양자컴퓨터가 상용화되면, 비트코인도 기술적으로 안전하다는 보장은 없다. 오늘날의 비트 기반 폰 노이만형 컴퓨터의 성능은 양자컴퓨터의 그것에 비교될 수 없다. 수송수단에 비교하면 이는 마차와 비행기에 대비되기 때문이다. 그때는 오늘날의 어떤 암호방식으로도 보안성을 보장할 수 없게 될 것이다. 하지만 비트코인도 양자컴퓨터 시대에서는 비트코인 공동체가 앞장서서 적절한 대책을 마련하게 될 것이기에 크게 염려할 필요는 없다.

비트코인은 안전하고 신뢰할만한 암호화폐인가?

비트코인은 최초로 블록체인을 이용한 암호화폐이다. 비트코인 이전에도 이캐시라는 암호화폐가 사용된 적이 있지만 블록체인을 적용한 탈중앙화 방식은 아니었다. 비트코인 이전에 블록체인 기술이 적용되지는 않았다. 따라서 블록체인과 비트코인은 불가분의 관계이다. 비트코인이 블록체인의 우수성을 입증하고 있는 셈이다. 2009년 비트코인이 최초로 발행된 이후, 비트코인 자체에는 어떤 보안과 안전 문제가 현재까지 발생하지 않았다. 이는 암호화폐로서의 비트코인이 안전하다는 것을 의미한다. 안전성이 담보가 되지 않을 경우, 비트코인에 대한 신뢰가 무너질 것이다. 비트코인 보안이 뚫리게 되면, 블록체인에 대한 신뢰도 무너지게 된다. 비트코인의 가치와 가격은 이러한 대중과 커뮤니티의 신뢰에 기초를 두고 있다.

비트코인을 채굴하는 과정은 블록(block)을 생성하고, 이전 블록에 새로이 생성한 블록을 연결하는 일로 블록체인이 만들어진다. 블록체인은 일정 시간마다 발생한 거래내역을 담은 새로운 블록을 생성하고, 이를 기존의 블록에 계속 연결한다. 비트코인에서 채굴자가 10분 단위로 생성하는 블록은 헤더(header) 부분과 바디(body) 부분으로 구성되어 있다. 블록의 크기는 약 1MB이다. 헤더에는 이전 블록의 해시값, 현재 블록의 해시값, 현재 블록의 타임스탬프, 난이도(목표 해시값), 논스(Nonce) 등이 들어간다. 바디에는 10분간의 모든 거래내역이 포함된다. 시간이 지남에 따라 난이도를 조정하여 목표 해시값을 찾기 어렵도록 되어 있다. 목표 해시값보다 작은 해시값을 가장 먼저 찾은 채굴자의 블록이 채택되고, 이전 블록에 연결된다.

논스는 각 블록에 주어진 임시값이다. 10분 동안의 거래를 기록한 블록도 하나의 문서이기 때문에 단 하나의 유일한 해시값이 존재한다. 그런데 문서에 논스를 주어 해시값은 변화시킬 수 있다. 문서의 해시값은 논스가 변화됨에 따라 계속 변한다. 비트코인을 채굴한다는 것은 10분간의 거래를 포함한 블록에서 특정 요건을 충족하는 해시값을 가장 먼저 찾아내는 것을 의미한다. 특정 요건이란 난이도에 해당하는 특정한 해시값의 요건, 즉 일정 수 이상의 0이 포함되는 해시값을 찾는 것이다. 연산능력이 가장 큰 채굴자가 목표 해시값을 먼저 찾을 수 있다. 이를 쉽게 표현하면, 어려운 수학문제를 푸는 것, 또는 퍼즐을 가장 먼저 맞추는 것이라고 할 수 있다. 퍼즐을 가장 먼저 맞추기 위해서는 참여하는 모든 채굴자 중에서 가장 큰 컴퓨팅 능력을 가져야 한다. 그 채굴자는 해당 블록을 블록체인에 연결하도록 제안할 권한을 갖는다. 일단 블록이 블록체인에 연결되면, 블록의 내용을 변경하는 것은 현실적으로 불가능하기 때문에 비가역적이다. 블록체인에서 가장 최근에 연결된 블록을 10번째라 하자. 이전의 블록(5번째라 하자)의 내용을 변경하고자 하면, 5-9번째 블록을 모두 변경해야한다. 각 블록의 해시값은 다음 블록에 포함된다. 5번째 블록의 변경은 6번째 블록의 해시값을 변경시키고, 이는 연속적으로 다음 블록의 해시값을 변경시킨다. 각 블록을 성능이 가장 뛰어난 채굴자가 해당 블록의 해시값을 도출했기 때문에, 그 모든 블록의 해시값을 일시에 변경하기란 사실상 불가능하다.

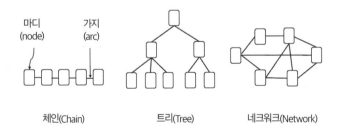

체인(Chain) 트리(Tree) 네크워크(Network)

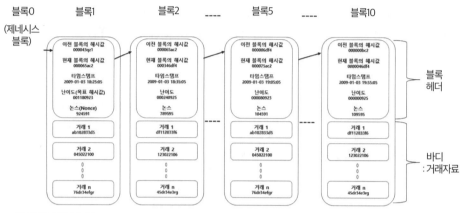

블록체인(비트코인)

블록0
(제네시스
블록)

블록1

블록2

블록5

블록10

블록1
이전 블록의 해시값
000043qz1
현재 블록의 해시값
000065ac2
타임스탬프
2009-01-03 18:25:05
난이도(목표 해시값)
001180923
논스(Nonce)
924591
거래 1
ab102833d5
거래 2
045022100
0
0
0
거래 n
76dr34efgr

블록2
이전 블록의 해시값
000065ac2
현재 블록의 해시값
000346df4
타임스탬프
2009-01-03 18:35:05
난이도
00240925
논스
789095
거래 1
df11283f6
거래 2
123022106
0
0
0
거래 n
45dr34e3rg

블록5
이전 블록의 해시값
000006df4
현재 블록의 해시값
000075ac2
타임스탬프
2009-01-03 19:05:05
난이도
000080923
논스
104591
거래 1
ab102833d5
거래 2
045022100
0
0
0
거래 n
76dr34efgr

블록10
이전 블록의 해시값
000000bc2
현재 블록의 해시값
0000046df4
타임스탬프
2009-01-03 19:55:05
난이도
000000925
논스
109595
거래 1
df11283f6
거래 2
123022106
0
0
0
거래 n
45dr34e3rg

블록
헤더

바디
: 거래자료

비트코인 제네시스블록의 해시(16진수): 000000000019d6689c085ae165831e934ff763ae46a2a6c172b3f1b60a8ce26f

[그림 6.1] 체인, 트리, 네트워크, 그리고 비트코인의 블록체인: 마디는 컴퓨터, 가지는 컴퓨터를 연결하는 유무선 통신회선에 해당한다. 블록체인에서는 마디가 10분간의 거래를 저장하고 있는 블록이고, 블록이 해시로 연결되는 것은 가지에 해당한다.

- 채굴(mining): 채굴이란 비트코인이라는 암호화폐가 발행되는 것을 의미한다. 암호방식의 수학문제를 풀어 일정시간 동안(10분)의 비트코인의 모든 거래내역을 담은 블록을 생성한다는 뜻이다. 여기서 수학문제를 푼다는 것은 특정 조건을 만족하는 해시값을 계산하는 것을 의미한다. 해시값을 계산하기 위해서는 대용량의 컴퓨팅 능력이 요구된다. 따라서 채굴자는 상당한 컴퓨팅 용량을 가진 컴퓨터를 소유하거나 다른 채굴자들과 상호 연합하여 문제를 해결한다. 비트코인의 블록체인 네트워크에 연결된 채굴 노드는 약 3만 개 이상이다. 초기에는 중앙처리장치(CPU)를 이용한 채굴기가 이용되었다. 이후에는 고성능 병렬연

산 처리 기능이 뛰어난 그래픽카드(GPU)를 여러 대 장착한 전문 채굴기가 나왔다. 비트메인(Bitmain)사는 목표값 이하의 해시를 빠르게 찾아낼 수 있는 주문형 반도체인 에이식(ASIC)을 이용한 채굴기를 시판하였다. 현재 저전력 또는 전기 에너지를 재사용할 수 있게 하는 다양한 채굴기가 시판되고 있다. 채굴자에게는 일정한 비트코인이 보상으로 지급된다.

- 해시값: 해시 알고리즘(SHA-256)을 사용하여 임의의 데이터로부터 생성한 고정된 길이의 문자열이다. 여기서 256은 SHA라는 해시 알고리즘을 이용하여 산출된 256비트 크기의 문자열이 해시값이다.

채굴에 성공하는 참여자는 시스템 운영에 기여한 대가(보상금, 일종의 인센티브)로 일정한 비트코인을 받게 된다. 채굴자에게는 6.25BTC(2022년 현재)가 제공된다. 그러나 비트코인의 총발행량은 2,100만 BTC로 주어져 있기 때문에 약 4년마다 그 대가는 절반으로 줄어든다. 2140년에는 보상금(인센티브)은 0이 되어 더 이상의 비트코인은 발행되지 않는다. 따라서 2140년 이후에는 단지 수수료가 채굴에 대한 보상으로 주어진다. 수수료가 채굴에 대한 보상으로 충분한가에 대한 의문이 발생할 수 있다. 비트코인의 가격이 하락하여 수수료만으로 참여자들에 대한 동기부여가 되지 않을 경우에는 작업증명(PoW: Proof of Work)이라는 현재의 합의방식이 변경될 가능성도 있다.

전자서명을 통해 비트코인의 실소유자가 비트코인을 사용했다는 것을 확인한다. 비트코인 이용자는 상대방의 공개주소를 알면 자금을 이체할 수 있다. 비트코인에서는 전자서명을 통해 실제 공개주소의 소유자가 자금을 이체하는 거래를 요청한 것인가를 확인한다. 비트코인은 타원곡선암호(ECC: Elliptic Curve Cryptography) 방식을 이용한다. 공개키 암호방식에서는 참여자 각자에게 한 쌍의 키, 즉 공개키와 개인키가 생성된다. 공개키로 비트코인의 주소가 산출된다. 비트코인의 송금자가 수취인에게 비트코인을 전송할 때, 수취인의 공개주소로 송금자가 자신의 전자서명을 첨부하여 보낸다. 전자서명은 해시값을 송금자의 개인키로 암호화한 것이다. 비트코인을 받은 수취인은 송금자의 공개키로 전자서명을 확인한다. 또한 해시값을 비교하면, 위변조 여부(무결성)도 확인할 수 있다.

비트코인에서는 사용한 코인을 다시 사용하는 이중사용(double spending)을 방지하고 있다. 이중사용이란 정상적인 거래에 비트코인을 사용한 후, 해당 거래가 제외된 거래원장을 다시 배포하여 원거래의 결제를 취소시키고 해당 금액을 다른 거래에 다시 사용하는 것이다. 다시 말해, 특정 거래에 사용한 비트코인을 다른 거래에 다시 사용하는 것이다. 비트코인이라는 단어에서 알 수 있듯이 비트는 디지털을 의미하고, 코인은 동전을 의미한다. 말 그대로 비트코인은 디지털 동전, 디지털 현금이다. 동전은 거스름돈을 바꾸어줄 수 있도록 분할이 가능해야 한다. 이를 가분성이라 한다. 원화의 계산단위인 5만원 권, 1만원 권, 5천원 권, 1천원 권, 500원 동전, 100원 동전, 50원 동전, 10원 동전이 필요한 것도 바로 거스름돈 문제, 가분성을 충족시키기 위한 것이다. 비트코인도 디지털 데이터이기 때문에 복사하여 다시 사용할 수 없어야 한다. 이러한 가분성과 이중사용 문제는 어떻게 해결될까? 비트코인에서는 사용되지 않은 거래 결과의 목록인 UTXO(Unspent Transaction

　　　　　　　　　　　　　　　디지사이트

Outputs) 집합을 이용한다. 한편, 이더리움(Ethereum)에서는 은행계좌나 신용카드와 같은 잔고관리 방식을 이용한다.

- 비트코인의 거래 처리속도와 비트코인캐시(bitcoin cash): 비트코인은 10분 동안의 거래를 약 1MB 용량의 블록에 저장한다. 블록의 크기가 작을수록 거래 처리속도가 늦다. 1MB 블록 크기에서는 초당 7건 정도의 거래를 처리한다. 비자 신용카드의 경우는 초당 평균 약 1,700건, 최고 24,000건의 거래를 처리한다. 속도 문제를 해결하는 한 방법은 블록에 저장된 정보를 줄이는 것이다. 2017년 거래내역만 블록에 저장하고 전자서명 부분은 따로 분리하여 블록체인 외부에서 처리하게 하였다. 이를 세그윗(SegWit)이라 한다. 전자서명이 차지하는 만큼의 용량이 확보되어 더 많은 거래를 처리할 수 있다. 블록의 크기를 증가시키는 것도 이 문제를 해결하는 또 하나의 방법이다. 2017년 중국을 중심으로 한 채굴업체들이 기존 비트코인에 대해 파생된(하드포크, hard fork라 함) 비트코인캐시라는 암호화폐를 발행하게 되었다.
- 비트코인의 분기와 메인체인(main chain): 비트코인의 블록체인에서 분기가 발생할 수 있다. 둘 이상의 채굴자가 거의 동시에 10분의 거래를 담은 블록을 제안하는 경우에 분기가 발생한다. 첫째, 먼저 채굴한 사람이 제안한 블록을 블록체인에 연결한다. 둘째, 두 개 이상의 체인이 생긴 경우에는 긴 체인이 채택된다. 물론, 어떤 거래도 특정 블록에 저장되어 결국에는 블록체인에 연결된다. 어느 분기가 메인체인이 되는가는 최대 6개 블록이 연결된 경우에 확정될 수 있다. 따라서 최악의 경우, 최종적으로 거래가 확정되는데 오랜 시간이 소요될 수 있다.

비트코인은 내재가치를 갖는가?

법정화폐는 중앙은행이 그 가치를 보증하기 때문에 내재가치가 있다고 한다. 그러나 비트코인은 발행기관이 별도로 없다. 따라서 어떤 신뢰할 수 있는 기관이 그 가치를 보증하지 않는다. 그렇다고 비트코인이 내재가치가 없다고 할 수 없다. 결국 화폐는 신뢰이기 때문이다. 비트코인을 신뢰한다는 것은 이미 내재가치가 존재한다는 의미이다. 블록체인 생태계에서 참여자들이 스스로 가치를 보증하는 것이다. 그것은 신뢰로부터 오는 가치이다.

비트코인은 디지털 금인가? 아니면 단순히 디지털 아트에 지나지 않는가? 신용평가회사 S&P의 보고서에 따르면, 비트코인과 금의 유사성이 증가하고 있는 것으로 나타났다. 수없이 많은 암호화폐가 발행되고 있다. 비트코인은 현실세계에서 2009년 이래로 그 보안성과 안전성이 검증되어 왔다. 어떤 암호화폐도 비트코인만큼 검증되지는 않았다. 비트코인은 다른 암호화화폐의 표준이자 기반이 된다. 이렇게 볼 때, 비트코인은 디지털 금의 특성이 있다고 볼 수 있다. 한편으로 물리적으로 보면, 단순히 암호화된 디지털 자료에 지나지 않는다. 마치 어떤 크리에이터가 만든 디지털 콘텐트의 하나에 지나지 않는다고 볼 수도 있다. 결국, 비트코인이 현실에서 어느 방향으로 인식될 것인가는 블록체인 생태계와 디파이 생태계가 어떻게 발전할 것인가와 깊이 연관되어 있다.

비트코인과 전력 소비 간에 무슨 관계가 있을까?

플랫폼에 대한 신뢰는 기술, 제도, 시스템, 교육, 보험을 통해 구축된다. 공짜는 없다. 신뢰를 쌓는 데는 항상 비용이 든다. 비트코인을 채굴하는데 약간의 비트코인을 발행하여 채굴자에게 동기부여를 하고, 비트코인의 보안을 높인다. 비트코인이 안전하다는 믿음을 줌으로써 비트코인에 대한 신뢰를 높인다. 그래서 사실 화폐란 신뢰이다. 원화, 미달러, 유로 등에 대한 신뢰가 사라지면, 그것은 종이조각에 불과하다.

비트코인은 작업증명이라는 합의 방식을 이용한다. 가장 성능이 우수한 컴퓨터를 이용하는 채굴자가 가장 안정하게 블록을 생성하기 때문에 시간이 지남에 따라 비트코인은 안전하도록 설계되어 있다. 성능이 우수한 컴퓨터를 병렬로 연결하여 난이도가 높은 해시값을 찾는 연산을 수행하는데 많은 전력이 소요된다.

한때, 테슬라의 CEO 일론 머스크는 비트코인으로 테슬라의 전기차를 구매할 수 있도록 하겠다고 하였다. 그 이후 비트코인 채굴에 신재생에너지 사용 비율이 50%가 될 때까지 비트코인을 전기차 구입에 사용할 수 없다고 번복하였다. 비트코인 채굴에 많은 전기를 쓰기 때문에 비트코인을 지급결제로 수용하는 것이 테슬라의 ESG 경영, 기업 이미지, 공유가치를 훼손시킬 수 있다.

6. 블록체인, 디파이, 메타버스 생태계

6.2 블록체인 생태계

블록체인은 신뢰할 수 있는 제3의 기관 없이 참여자들 모두가 같은 자료를 공유하고 있어도 서로 안전하게 직접 거래하고 관리할 수 있도록 해주는 생태계를 가능하게 하는 기술이다. 오늘날 대부분의 거래와 관리는 중앙집중식으로 이루어지고 있다. 그러나 탈중앙화된 분산 거래와 관리를 안전하고 편리하게 해주는 블록체인의 핵심기술은 무엇인가? 이를 이해하면, 블록체인에 대한 믿음이 강해진다. 블록체인은 불확실성을 낮추고, 투명성을 높이고, 거래비용을 낮추고, 서로 잘 알지 못하는 개인 간에도 신뢰의 문제가 발생하지 않게 한다.

블록체인을 돌아가게 하는 핵심 기술은?

블록체인은 일정 시간 동안 발생한 거래 자료를 블록에 담아 이전 블록에 체인으로 연결한다. 한번 블록체인에 연결된 블록의 데이터를 수정과 복제할 수 없이 영구적으로 안전하게 저장한다. 블록체인의 모든 동일한 정보가 참여자들에게 분산 저장되어 관리된다. 신뢰할 수 있는 기관에서 관리하지 않고도 참여자들이 은행장부와 같은 데이터를 공유하여 안전하게 관리가능하게 하는 기술이 블록체인이다. 이들 대부분의 기술은 블록체인이 등장하기 이전에도 컴퓨터 네트워크에서 개발되어 활용되어 오던 기술이다. 블록체인은 이들 기술을 융합하여 분산관리를 가능하게 한다[2].

• P2P(Peer to Peer) 네트워크: 인터넷에 연결된 다수의 개별 사용자들이 서버라는 중개기관을 거치지 않고 직접 데이터를 주고받는 네트워크이다. 중앙 서버 없이 각 참여자들이 서로 동등한 입장에서 통신을 하는 네트워크이다. 각 참여자가 서버이기도 하면서 동시에 클라이언트 역할을 한다. 인터넷에서 개인 간에 음악 파일을 공유한 냅스터와 소리바다는 P2P 네트워크를 이용한 대표적 사례이다.

• 공개키 암호방식과 해시 알고리즘: 대표적인 공개키 암호 알고리즘으로는 RSA(Rivest, Shamir, Adleman)와 ECC(Elliptic Curve Cryptography)가 있다. 그 외에도 동형암호(Homomorphic Encryption)가 있다. 특정 문서에서 유일한 해시값을 산출하는 해시 알고리즘에는 SHA-256과 SHA-3 등이 있다. 해시 알고리즘은 해시 함수를 이용한다. 해시 함수는 일방향이고 유일한 값을 산출한다. 해시 함수의 입력값이 다르면, 출력값도 다르다. M을 문서(메시지), f를 해시 함수라 하면, 문서 M의 해시값(m)은 f(M)의 결과값이다(m=f(M)). 해시값은 일방향의 함수로부터 산출된 유일한 특성을 갖는다. 특정 블록의 해시값은 유일하며, 해시값으로 원문의 메시지를 알 수 없다. 참여자들이 공유하는 블록은 동일할 수밖에 없다. 블록체인에서 각 블록의 헤드 부분에는 이전 블록의 해시값과 현

6. 블록체인, 디파이, 메타버스 생태계

재 블록의 해시값을 저장하기 때문에 해시값을 통해 블록이 하나의 체인에 연결된다. 체인(chain)이 트리(tree)와 다른 점은 트리에는 여러 분기가 존재하지만, 체인에는 2개 이상의 분기란 존재하지 않고 하나로만 연결된다. 공개키 암호방식에서는 각 참여자에게 한 쌍의 키(공개키와 개인키)가 주어진다. 공개키는 이용자 ID 또는 이메일 주소와 같이 공개되며 인증서를 통해 배포된다. 개인키는 비밀번호와 같이 본인의 컴퓨터에만 저장되고 본인만이 알 수 있도록 한다. 지급인(A)의 공개키를 $K(A, P)$, 개인키를 $K(A, V)$라 하자. 수취인(B)의 그것을 $K(B, P)$와 $K(B, V)$라 하자. A가 B에게 보내는 메시지 M의 암호문은 $\{M\}K(B, P)$이다. 암호문이란 평문을 수신자의 공개키로 암호화한 것이다. 이 암호문은 B의 개인키로만 풀 수 있다($[\{M\}K(B, P)]\{K(B, V)\} = M$). A의 전자서명은 m을 메시지 M의 해시값이라 할 때, $\{m\}K(A, V)$이다. 전자서명이란 문서의 해시값을 송신자의 개인키로 암호화한 것이다. 수취인, B는 A의 공개키로 전자서명을 확인할 수 있다($[\{m\}K(A, V)]\{K(A, P)\} = m$). 암호화폐도 일종의 데이터이고, 메시지이다. 따라서 수취인은 암호화폐 소유자의 전자서명으로 진위를 확인할 수 있다.

• 합의 알고리즘(consensus algorithm): 중앙집권식의 경우는 최고책임자가 결정하면 그만이다. 그러나 탈중앙화된 분산방식의 경우는 참여자들의 합의가 중요하다. 탈중앙화, 분산방식에서는 참여자들 간의 합의로 의사결정을 한다. 블록을 제안하여 블록체인에 연결하는 데는 합의가 필요하다. 공개형 블록체인인 비트코인에서는 작업증명(PoW)을 이용한다. 작업증명 방식에서는 컴퓨터 처리 능력이 가장 큰 채굴자가 보상을 받는다. 여기서 컴퓨터 처리 능력이란 특정 요건을 충족하는 해

시값을 신속하게 찾아내는 연산능력인 해시 파워이다. 해시 파워를 키우는 방법 중의 하나는 여러 대의 컴퓨터를 병렬로 연결하는 것이다. 이러다 보니 많은 전기를 소비할 수밖에 없다. 폐쇄형 블록체인인 하이퍼레저 패브릭에서는 기본적으로 참여자들의 투표로 합의한다. 참여자들 중의 일부에서 문제가 발생하는 것을 허용해 줄 필요가 있기 때문에 카프카(Kafka)라는 CFT(Crash Fault Tolerance)를 이용한다. 참여자의 3분의 1을 넘지 않는다면, 시스템이 정상 작동하도록 허용하는 합의 알고리즘인 비잔틱 장애허용(BFT: Byzantine Fault Tolerance) 방식도 있다. 이더리움에서는 지분증명(PoS: Proof of Stake) 합의 알고리즘을 이용한다. 지분증명은 암호화폐를 보유하고 있는 지분율에 비례하여 의사결정 권한이 주어지는 합의 알고리즘이다.

• 해시 트리: 특정 블록에 있는 거래를 빠르게 찾을 수 있고, 시간이 지남에 따라 블록체인의 데이터가 증가하는 경우에 효율적으로 데이터를 저장하고, 거래의 위변조 여부를 빠르고 효율적으로 발견할 수 있어야 한다. 이를 위한 자료구조로 이진트리 또는 해시트리가 사용된다. 블록의 헤드에는 머클루트(Merkle root)가 저장된다. 머클루트의 값은 32비트로 거래 수에 관계없이 일정하다. 비트코인에서는 머클트리가 사용되고, 이더리움에서는 머클패트리샤트리(Merkle Patricia Tree)가 사용된다.

• 스마트계약(smart contract): 특정 계약을 스스로 수립, 검증, 이행하는 컴퓨터 프로그램이다. 계약 조건이 충족되면 비즈니스 로직을 자동으로 실행하는 컴퓨터 프로그램이다. 이더리움에서는 스마트계약을 지원하며 이더리움 가상머신(EVM: Ethereum Virtual Machine)이라는 독립된

실행 환경에서 작동된다. 스마트계약을 실행할 때마다 가스(gas)라는 수수료가 발생된다. 네트워크상에 수수료의 한계를 설정하여 무한루프나 디도스 공격(DDoS)을 막는다. 디도스 공격은 대량의 데이터를 발생시켜 장애를 일으키는 해킹 기법이다. 컴퓨터 프로그램이 답을 내지 못하고 무한히 반복 계산하는 경우를 무한루프라 한다. 무한루프에 빠지거나 디도스 공격을 받으면 이더리움 네트워크가 마비된다. 이 문제를 해결하기 위해 이더리움에서는 가스라는 수수료를 지급하게 하여 문제를 해결하고 있다. 무한히 반복되는 조건을 만들어 스마트계약을 실행시키면 중간에 수수료가 한계점에 도달하게 되는데, 이때 스마트계약이 중단된다. 이더리움에서 스마트계약은 솔리디티(Solidity) 언어로 작성된다. 1994년 닉 재보(Nick Szabo)가 스마트계약을 제안하였다.

비트코인을 블록체인 1.0이라고도 한다. 이더리움은 비즈니스를 위한 다양한 분산 앱을 개발할 수 있는 스마트계약을 지원한다. 따라서 이더리움을 블록체인 2.0이라 한다.

블록체인 종류와 응용 분야

누구든지 자유롭게 참여할 수 있는 공개형(public) 블록체인과 미리 정해진 조직이나 개인들만 참여할 수 있는 폐쇄형(private) 블록체인으로 구분된다. 비트코인, 비트코인캐시, 이더리움은 대표적인 공개형 블록체인이다. 공개형 블록체인에서는 대중의 적극적인 참여를 유인하는 동기부여 방식으로 암호화폐를 발행하여 지급한다. 폐쇄형 블록체인에서는 암호화폐가 반드시 필요한 것은 아니다. 폐쇄형의 경우는 자신들의 필요에 따라 참여한 구성원들이 자체적으로 운영할 동기를 갖고 있어 암호화폐를 발행하여 지급하지 않아도 된다. 국제 송금용의 리플(Ripple)은 폐쇄형 블록체인으로 암호화폐를 발행한다. 동일한 목적이나 가치를 가지고 있는 여러 조직이 컨소시엄을 구성하여 운영하는 블록체인으로 코다(Corda)와 리눅스 재단이 주도하는 하이퍼레저(Hyperledger)가 있다. 사전에 허가받은 경우에만 참여할 수 있기 때문에 허가형(permissioned) 블록체인이라 한다.

블록체인은 암호화폐나 가상자산 등의 금융분야 외에도 신원확인, 전자투표, 문서관리, 게임, 저작권관리, 부동산관리, 의료정보관리, 물류 분야 등에서 적용되고 있다. 스팀잇(Steemit)은 블록체인 기반의 소셜미디어이다. 스팀잇에 글을 올리면, 해당 글에 공감하는 참여자들이 업보트(upvote)를 눌러 스팀달러라는 암호화폐를 지급받는다. 그 외에도 다음과 같은 다양한 분야에 블록체인이 이용되고 있다.

- 무료 전자상거래, 오픈바자르(OpenBazaar)
- 명품관리, 루이비통은 블록체인으로 명품을 관리하여 인증함
- 블록체인으로 유니세프 기부금 사용 내역을 관리함
- MIT 졸업생이 원할 경우 졸업장을 블록체인에 저장하여 인증함
- 블록체인 기반 코로나19 예방 접종 인증 시스템(COOV, 쿠브) 등

2022년 글로벌 데이터 분석·리서치 기관 CB인사이츠가 세상을 바꿀 잠재력을 지닌 9가지 신흥 기술을 발표했다(연합뉴스 2022. 9. 11). 그 중 2개는 블록체인의 응용 분야이다. 첫째는 개인 간 전자상거래이다.

블록체인과 스마트계약은 아마존과 쿠팡 같은 중간상인(전자상거래 플랫폼) 없이 판매자와 구매자가 직접 믿고 안전하게 상거래를 할 수 있도록 해준다. 또한 실물 자산(예를 들어, 부동산)을 분할하여 대체불가능한 토큰으로 거래할 수도 있다. 둘째는 개인이 자신의 데이터를 소유하고 거래하여 소득을 올릴 수 있도록 한다. 플랫폼 기업이 소유하고 있는 고객 데이터의 소유권과 통제권을 개인에게 되돌려 주는 것이다. 이는 결국 전자상거래로 거래비용을 없애고 투명성과 안전성을 높이게 된다.

블록체인이 각광받는 이유는 분산거래와 분산관리를 통해 시스템의 보안을 강화하고, 불확실성을 해소하고, 투명성과 추적성을 개선하고, 거래비용을 감소시키고, 신뢰를 높이기 때문이다. 또한 스마트계약으로 사람이 개입하지 않고도 비즈니스를 자동으로 수행할 수 있다. 오늘날 중앙집중식 거래와 관리 방식을 탈중앙화, 분산 방식으로 바꿀 필요가 있는 경우는 블록체인을 적용하면 된다.

[그림 6.2] 블록체인, 비트코인, 응용분야

분산신뢰와 디지사이트

　　블록체인은 개인 간에 서로 신뢰할 수 있도록 한다. 블록체인 이전에는 잘 아는 관계이거나 제3의 신뢰할 수 있는 기관을 믿고 신뢰할 수밖에 없었다. 예를 들어, 서로 상대를 알지 못하는 비대면의 전자상거래에서 판매자는 상품을 보내기 전에 대금을 받고자 한다. 반대로 구매자는 상품을 받고 가격을 지불하고자 한다. 실제로 인터넷에서 반값에 컴퓨터를 판다는 하프플라자 사태로 많은 소비자들이 돈을 잃었다. 소위 먹튀 사태이다. 그 이후 결제대금예치 서비스(escrow)가 전자상거래에 도입되었다. 판매자와 구매자 간의 신뢰를 제공하는 대가로 에스크로 기관에 수수료가 지불된다. 에스크로 기관은 판매자와 구매자도 아닌 제3의 신뢰할 수 있는 기관이다.

　　블록체인은 에스크로 기관 없이도 개인 간 전자상거래를 안전하게 하도록 한다. 블록체인의 스마트계약이 이 문제의 해결책을 제공한다. 스마트계약은 판매자와 구매자가 약정한 거래를 컴퓨터 프로그램으로 자동 실행한다. 따라서 판매자는 대금을 받지 못할 가능성, 구매자는 상품을 받지 못할 가능성 자체가 사라진다. 블록체인과 스마트계약은 신뢰가 필요 없는 시스템(trust-free systems)을 가능하게 한다. 따라서 시스템을 통해 신뢰라는 문제가 발생하지 않기 때문에 trust-free라 한다.

　　레이첼 보츠먼은 「신뢰이동」에서 개인 간의 신뢰에서 기관 신뢰, 그 다음은 분산신뢰(distributed trust)로 신뢰가 이동한다고 했다[3]. 개인 간 신뢰란 서로 잘 알고 믿는 사람들 간의 신뢰이고, 기관 신뢰란 은행과 사법기관 등에 대한 신뢰이다. 분산신뢰는 서로 알지도 못하는 사람들 간에도 신뢰하는 것이다. 블록체인과 스마트계약은 분산신뢰를 가능하게 한다.

기업의 공급망관리에서 서로 잘 알지 못하는 공급망에 참여하는 기업들이 블록체인을 적용한 공급망관리 서비스를 이용하여 신뢰할 수 있고 만족한다는 연구를 수행한 바 있다[2]. 중국에서는 알리바바닷컴과 징둥닷컴 등에서 클라우드 방식으로 중소기업이 블록체인 기술을 쉽게 이용할 수 있는 서비스를 제공하고 있다. 이를 BaaS(Blockchain as a Service)라 한다. 중국에서는 특히 식품에 대한 불신이 강하다. 예를 들어, 식당에 올라오는 치킨의 경우, 닭농장에서 소비자에 이르는 공급망에는 다수가 참여한다.

우리는 중국 식품 공급망을 대상으로도 연구하였다. 중국에서 블록체인 기반의 식품 공급망관리 서비스를 이용하는 318개 기업을 대상으로 블록체인 기술의 특징인 투명성, 추적성, 보안성이 분산신뢰에 미치는 영향을 분석하였다. 블록체인은 참여자들 모두의 컴퓨터에 저장된다. 공급망에 참여하는 모든 사람들이 똑같은 정보를 공유하기 때문에 투명성이 보장된다. 공급망에 문제가 발생하면, 추적하여 누구의 책임인가를 알 수 있다. 블록체인에 저장된 정보는 변경이나 수정이 불가능하고, 영구적으로 보관되기 때문에 보안성이 높다. 3개의 특성과 분산신뢰와 서비스 만족 간의 관계에서 블록체인의 투명성, 추적성, 보안성은 분산신뢰를 가능하게 하여 공급망관리서비스에 대한 만족도를 향상시키는 것으로 밝혀졌다.

분산신뢰가 만병통치약은 아니다. 법률가의 지식과 통찰력이 여전히 요구된다. 왜냐하면, 법과 제도의 틀을 벗어날 수 없고, 이를 사전에 계약 조건으로 명시해야한다. 미래의 상황을 고려하여 사전에 계약 조건을 명시하기란 현실적으로 어려운 경우가 발생한다. 복잡한 거래와 계약을 스마트계약으로 자동화하는 데는 한계가 있다. 스마트계약은 자동적으로 실행되는 컴퓨터 프로그램이다. 따라서 오류가 발생할 수 있다. 또한 비즈니스 계약 조건과 로직은 인간이 기획하여 알고리즘을 개발한다. 기술과 더불어 전문가의 통찰력이 발휘될 때, 의사결정은 더욱 효과적이다.

6.3 탈중앙화 금융생태계: 디파이(DeFi)

디파이 생태계에서의 가상자산

디파이(Decentralized Finance: DeFi)란 블록체인 기반의 가상자산과 스마트계약에 의한 탈중앙 금융 서비스이다. 스마트계약이 기존의 금융기관 역할을 한다. 중개기관 없이 블록체인을 기반으로 암호화폐를 포함한 가상자산과 스마트계약을 이용하는 탈중앙화 분산 금융 서비스이다.

특정금융정보법(특정 금융거래정보의 보고 및 이용 등에 관한 법률)에서는 암호화폐라는 용어 대신 가상자산이라고 한다. 미국의 경우는 디지털 자산이라 한다. 특정금융정보법에서 가상자산이란 경제적 가치를 지닌 것으로서 전자적으로 거래 또는 이전될 수 있는 전자적 증표(그에 관한 일체의 권리를 포함한다)라 정의하고 있다. 다만, 전자화폐, 선불전자지급수단, 게임물의 이용을 통하여 획득한 유·무형의 결과물, 전자등록주식, 전자어음, 전자선하증권 등은 가상자산에 해당하지 않는다. 디파이에는 가상자산으로 행하는 거의 모든 행위가 포함된다. 디파이는 모든 금융 서비스가 스마트계약을 통해 자동으로 이뤄지기 때문에 중개기관이 필요 없다.

디파이 서비스

디파이 서비스는 대출, 탈중앙거래소(DEX), 자산관리, 보험, 파생상품, 자산토큰화, 신원인증 등의 모든 금융 서비스 영역으로 확대되고 있다. 디파이에서는 전통적 금융 서비스에서의 은행과 같은 제3의 기관을 컴퓨터 프로그램인 스마트계약이 대신한다.

- 암호화폐 예치와 대출 서비스: 암호화폐를 담보로 대출을 받거나 이자를 받는 서비스이다. 예를 들어, 아베(Aave)와 컴파운드(Compound)는 암호화폐를 담보로 대출을 제공하는 디파이 플랫폼이다. 즉, 디지털자산의 예치와 대출을 지원하는 디파이 대출 프로토콜이며 플랫폼이다. 투자자가 자신의 가상자산을 빌려주고 이자를 받을 수 있는 구조이다. 대출은 중개인을 통하지 않고 블록체인 기반의 스마트계약을 통해 이루어진다. 예를 들어, 가격 변동이 큰 비트코인을 담보로 법정화폐에 연동된 스테이블코인을 대출받아 경제활동에 쓸 수 있다. 그 외도 이자 수익을 내는 방식으로 지분증명에 기여한 것에 대한 보상을 받는 스테이킹(staking)이 있다.
  스테이킹은 이자를 받고 암호화폐를 맡겨두는 것이다. 스테이킹은 지분증명이라는 합의 알고리즘을 이용하는 암호화폐에서 이용된다. 스테이킹은 암호화폐를 예치하는 것으로 은행에 예금하고 이자를 받는 방식과 유사하다. 은행에서는 예금을 운영하여 이익을 낸 후 이자를 준다. 그러나 지분증명 합의 방식의 스테이킹에서는 암호화폐를 예치함으로써 블록체인에 새로운 블록을 생성하는 거래의 검증 작업에 참여한 대가로 보상이 지급된다.

예치한 암호화폐는 정해진 기간 동안 매도하는 것이 불가능하다. 예치된 암호화폐가 많을수록 시장에서 유통되는 암호화폐의 수량이 줄어 공급이 감소하기 때문에 암호화폐 가격이 상승할 수 있다.

• 탈중앙거래소(DEX: Decentralized Exchange): 가상자산을 개인 간 (P2P 방식)에 교환하고 운영하는 분산거래소이다. 코인베이스(Coinbase), 바이낸스(Binance), 업비트, 빗썸, 코빗, 코인원 등은 중앙화된 가상자산 거래소이다. 이들과는 달리 탈중앙거래소는 스마트계약을 사용한다. 유니스왑(Uniswap)은 이더리움(ETH)과 ERC-20 토큰 간의 자동교환거래를 용이하게 하도록 설계된 프로토콜이다. 유니스왑은 메타마스크 (Metamask) 전자지갑을 이용하여 가상자산을 거래한다. 메타마스크는 암호화폐 거래를 위한 전자지갑 역할을 한다. 또한 브라우저에서 블록체인 분산 앱인 댑(DApp, 또는 디앱이라 함)과 인터페이스 역할을 한다. 유니스왑도 이더리움 기반의 댑으로 토큰 간의 교환이 잘 되도록 유동성을 제공한다. 예를 들어, 이더리움의 가치가 상승할 것으로 예상될 경우, 이더리움을 담보로 테더를 대출받는다. 즉, 이더리움을 매도하지 않고 이더리움을 담보로 맡겨두고 스테이블코인인 테더를 대출받아 경제활동에 사용한다. 증권시장에서 시장조성자(market maker)가 유동성을 제공하듯이, 유니스왑과 같은 분산거래소가 매도와 매수자 간에 토큰

가격을 조정하여 유동성을 제공한다.

스테이블코인(stablecoin): 법정화폐(달러)나 채권과 같은 현실자산과 액면가치가 연동된 암호화폐이다. 암호화폐의 가격 변동성을 최소화하도록 설계된다. 예를 들어, 테더(Tether, USDT)라는 스테이블코인은 1USDT의 가치를 1달러로 연동해두었다. 1코인을 발행하려면, 1달러의 가치를 준비금으로 예치해야 한다. 메이커다오(MakerDAO)는 이더리움을 담보로 달러에 연동된 스테이블코인, 다이(DAI)를 발행하는 프로젝트이다. 주택을 담보로 대출을 받는 것과 비슷한 개념이다. 1다이는 1달러 가치를 갖는다. 메이커다오가 2017년 공개한 다이(DAI)는 이더리움을 담보로 예치한 후 발행하는 스테이블코인이다. 테더는 법정화폐를 담보로 하고, 다이는 이더라는 암호화폐를 담보하고 있다. 예를 들어, 이더를 담보로 스테이블코인(다이)을 빌린다. 담보 대비 대출 비율은 대개 50% 이하이다. 비트코인 가격상승이 예상되는 경우, 롱포지션하여 비트코인을 팔지 않고 스테이블코인을 대출하여 경제활동을 하거나, 비트코인를 구매하여 레버리지 효과를 누릴 수 있다. 암호화폐의 변동성을 회피하는 수단으로 스테이블코인이 이용된다.

- 자산의 토큰화와 증권형 토큰: 자산의 토큰화란 블록체인을 이용하여 소유권 또는 자산의 권리를 거래 가능하게 토큰화하는 것이다. 부동산, 선박, 비행기, 수집소장품, 귀금속과 같은 실물자산은 물론이고, 주식과 채권, 저작권, 특허, 라이센스, 로열티, 지식재산권 같은 무형자산도 토큰화하여 유동성을 높일 수 있다. 증권형 토큰(security token)이란 주식, 채권, 부동산, 미술품 등의 금융자산이나 실물자산을 블록체인 기반의 암호화폐에 연동한 디지털자산이다. 증권형 토큰을 소유

하고 있다는 것은 해당 토큰에 연동된 자산의 소유권을 의미하며, 자본시장법의 규제 대상이 된다. 토큰 발행 주체가 창출하는 수익에 대한 배당 청구 및 의사결정 권리를 가질 수 있다. 증권형 토큰을 사용한다면 자산의 분배를 매우 작은 단위로 할 수 있고, 실물자산을 온라인으로 전 세계에서 교환하는 것이 가능하다. 기업을 주식시장에 상장하는 것을 기업공개(IPO)라 한다. 새로운 암호화폐를 발행하기 위해 불특정 다수의 투자자들로부터 초기 개발 자금을 모집하고, 그 대가로 코인을 나눠주는 것을 암호화폐공개(ICO)라 한다. 증권형토큰을 최초로 공개하는 것을 증권형토튼공개(STO: Security Token Offering)라 한다.

- 대체불가토큰(NFT: Non-Fungible Token)이란 하나의 토큰을 다른 토큰으로 대체하는 것이 불가능한 가상자산이다. 디지털 파일(이미지, 오디오, 비디오 등)에 대한 소유권을 블록체인에 저장하여 위변조가 불가능한 상태로 영구 보존하고, 그 소유권을 분산방식으로 확인할 수 있도록 한 디지털 소유권 증서(또는 디지털 등기 권리증)이다. 대체불가토큰이기에 디지털자산의 소유권을 보장할 수 있다. 예를 들어, 디지털 음원의 사용권을 넘어서 소유권을 갖게 한다. 희귀한 고양이를 수집하고 거래하는 게임인 크립토키티(Ctypto kitties)는 NFT의 대표적인 예이다. 대체불가능토큰의 특성에 따라 모든 고양이들은 각기 다른 모습이며, 어느 누구도 동일한 고양이를 가질 수 없다. 이러한 고양이들은 희귀도에 따라 가격이 매겨지게 된다. 사용자들은 유일한 고양이를 얻기 위해 교배를 하거나 새로운 고양이를 입양하는 행동을 취하게 된다[4]. NFT는 예술품, 수집품, 게임, 엔터테이먼트, 스포츠 등에 이용된다. 메타버스에

서 경제활동을 위한 가상자산으로 암호화폐와 NFT가 이용된다. 예를 들어, 메타버스 공간에서의 게임 아이템을 NFT로 발행하여 소유권을 인정한다. NFT는 이더리움에서 제공되는 대체불가토큰 표준인 ERC-721(Ethereum Request for Comment 721)을 사용한다. 한편, 대체가능토큰 표준인 ERC-20은 이더리움 네트워크에서 유통할 수 있는 토큰의 호환성을 보장하기 위한 표준이다. ERC-20은 스마트계약을 통해 생성되고, 토큰 간에 교환될 수 있다.

- 보험, 파생상품(derivatives), 합성자산(synthetic assets), 마진거래 (margin trading) 등 기존 금융시장의 대부분의 금융상품을 블록체인 기반으로 거래하는 것이 가능하다. 디파이에는 중앙기관이 없기 때문에 유통량이 증가하면, 수수료로 이자를 지급하고 토큰을 유동 풀에 넣게 하는 방식으로 통화를 조정한다.

- 블록체인 오라클(oracles): 블록체인 외부의 데이터를 블록체인 안으로 들여오고, 블록체인의 데이터를 외부로 내보내는 것을 말한다. 외부 데이터란 인터넷과 센서 등에서 수집된 데이터와 데이터베이스의 데이터를 의미한다. 예를 들어, 스마트계약에서는 종종 외부 데이터를 필요로 한다. 오라클은 고립된 블록체인 생태계를 외부와 연결시켜주는 다리 역할을 한다. 블록체인 오라클은 외부 데이터를 요청하고, 검증하고, 증명하고, 해당 정보를 전달하는 중간자이다. 예를 들어, 체인링크 (Chainlink)는 블록체인의 스마트계약을 블록체인 외부의 데이터와 신뢰할 수 있도록 연결해 주는 중간자이다. 블록체인은 오라클 기능을 통해 사물인터넷, 인공지능 및 빅데이터 등과 연결될 수 있다.

테라 생태계의 붕괴

2022년 5월 중순, 스테이블코인 테라 생태계는 완전 붕괴되었다. 테라(UST)는 한 개 코인의 가치가 1달러에 유지되도록 설계된 스테이블코인이다. 테라폼랩스는 스테이블코인 테라와 거버넌스 토큰인 루나(LUNA)의 개발사이다. 합의 알고리즘으로 지분증명(PoS)를 이용한다.

테더(Tether)와 같은 스테이블코인은 토큰 1개의 가치를 1미국달러로 유지되도록 1달러를 담보로 한 개의 테더를 발행하고 있다. 1테더에 해당하는 1달러가 실제로 예치되어 있어서, 개발사는 언제든지 1테더를 1달러로 교환해줄 수 있어 암호화폐의 가치가 안전적으로 유지된다. 그러나 테라는 법정화폐를 담보하지 않는 알고리즘으로 암호화폐의 공급량을 조절하여 가치를 유지하는 스테이블코인이다.

가격은 수요와 공급에 의해 결정된다. 테라가 1달러 이하로 떨어지면 공급을 줄여 가격을 1달러로 조절할 필요가 있다. 그렇게 하기 위해서는 시장에서 테라를 거두어들여 소각해야 한다. 예를 들어, 테라의 수요가 적어 그 가격이 0.9달러로 떨어진 경우, 투자자들은 0.9달러로 1테라를 매수한다. 그들은 테라를 1달러 어치의 루나와 바꿔 0.1달러만큼 차익을 실현할 수 있다. 그런데 테라의 수요가 늘어나지만 그만큼의 루나 공급이 늘어나 루나 가격이 하락할 수 있다.

루나는 거버넌스 코인이기에 코인을 보유한 수량에 비례하여 테라 생태계에서 의사결정 권한이 주어진다. 시장에서 루나의 가격을 올리는 방안 중의 하나는 보상에 해당하는 높은 이자를 지급하는 것이다. 코인을 예치, 즉 스테이킹 하는 경우 약 20%의 높은 이자를 지급하였다. 예치 이자율은 은행과 같은 중앙기관에서 결정하는 것이 아니라 테라 생태계의 참여자인 거버넌스 코인의 보유자들이 합의에 의해 결정한다. 대개 거버넌스 코인의 경우, 블록체인에 연결할 블록을 검증하는 것에 대한 보상으로 10% 이하의 이자가 지급된다. 그런데 테라 생태계에서는 약 20%의 높은 이자를 지급하였다. 테라와 루나의 시장 규모가 커지면서 많은 투자자들이 많은 코인을 예치할수록 이자를 지급할 준비금이 쌓여야 한다. 그러나 테라 생태계의 참여자들은 그것이 고갈될 수 있다는 의심을 갖게 되었다. 암호화폐에 대한 불신이 싹트기 시작하면서 생태계는 악순환으로 빠지게 되었다. 이는 테라 생태계의 붕괴를 초래하게 되었다. 테라 생태계의 붕괴는 디파이 생태계 전반에도 영향을 미친다.

규제 장벽에 쓰러진 페이스북 암호화폐, 디엠(Diem)

2019년 페이스북(현 메타)은 "이용자가 언제 어디서나 자유롭게 송금하거나 상품 결제를 할 수 있는 리브라(디엠)를 발행한다"고 밝혔다. 리브라는 이후에 디엠으로 명칭을 바꾸었다. 페이스북은 이용자가 리브라를 구매해 캘리브라라는 전자지갑에 저장하고, 이를 페이스북 메신저에 등록한 친구에게 전송할 수 있도록 하겠다고 했다. 디엠은 미국 달러화에 가치를 고정하는 스테이블코인으로, 가치 변동폭이 작아 실생활에서 결제수단으로 쓰일 수 있다. 디엠의 가치 변동폭은 일반 법정화폐와 비슷한 수준이다. 페이스북은 디엠의 안정성을 유지하기 위하여 디엠리저브(Diem Reserve)라고 불리는 예비금을 비축할 계획이었다.

원래 디엠은 국경을 넘나드는 거래에서 국가가 발행하는 화폐를 대체하고 은행계좌가 없는 수십억 명에게 지불 네트워크를 제공하기 위한 것을 목표로 했다. 그러나 결국 미국 정부의 규제를 넘어설 수 없었다. 디엠의 사례에서 보듯이 정부의 규제와 법은 암호화폐와 디파이 생태계의 성장과 발전에 영향을 주는 중요한 요인이 된다.

디파이 생태계와 실물경제

디파이 생태계는 개념적 혁신의 한 사례이다. 예를 들어, 아베(Aave)는 디지털자산의 예금과 대출을 지원하는 디파이 대출 프로토콜이며 플랫폼이다. 디파이 1위 업체는 메이커다오(MakerDao)이다. 예를 들어, 이더리움의 가치가 상승할 것으로 예상될 경우, 이더리움을 팔지 않고 이더리움을 담보로 테더(스테이블코인)를 대출받는다. 데더를 대출받아 무엇을 할까? 단순히 디파이 생태계 내에서만 또 다른 투자를 해야 한다면, 실물경제에 직접적인 영향을 줄 수 없다.

디파이는 기존 금융 생태계 보다 편리성, 효율성, 투명성을 개선하는 효과가 있다. 암호화폐, 디지털자산의 대출, 이자 서비스 자체보다는 향후에 전통금융과 융합하여 새로운 방식으로 가치를 창출할 수 있어야 한다. 디파이에서 자금 조달이 실물경제에 도움을 줄 수 있어야 한다. 디파이는 금융 서비스로써 실물경제를 활성화하는데 기여해야 한다. 디파이 생태계는 실물경제와 어떻게 연결되어 실물경제를 활성화하는데 기여할 것인가? 디파이 시장이 확장되어 실물경제 영역의 비즈니스에서 디지털자산이 호환될 수 있어야 한다.

디파이는 닫힌 생태계로서는 확산에 한계가 있다. 생태계는 열려 있어야 한다. 디파이는 씨파이(CeFi: Centralized Finance)와 함께 해야 한다. 씨파이란 중앙의 중개기관을 이용하는 기존의 금융 생태계이다. 기업 생태계가 비즈니스 생태계 포트폴리오로 상호작용하면서 연결되어 있듯이 디파이도 씨파이와 연결되어야 한다. 예를 들어, 글로벌 전자상거래에서 지급결제수단으로 스테이블코인을 사용하는 비즈니스 모델이 탄생할 수 있다. 디파이와 실물경제를 연결하는 다양한 비즈니스 모델이 출현할 때, 디파이 생태계도 확장된다.

기업 생태계 간에도 상호작용하고 연결되어 있다. 애플 생태계가 메타(페이스북) 생태계에 영향을 주고받는 것과 같은 이치이다. 애플의 개인정보 정책에 따라 메타의 주가가 폭락한 사태에서도 이를 알 수 있다. 메타는 광고비 수입에 의존하고 있는데, 맞춤형 광고가 효자 노릇을 하는 셈이다. 그런데 애플은 아이폰 사용자들의 동의 없이 광고 목적으로 그들 활동을 추적하지 못하도록 개인정보보호정책을 변경했다.

"메타가 사상 최대의 주가 하락을 겪는 사이 알파벳은 여전히 기록적인 주가 수준에 머물러 있다. 메타 시총 301조원 증발했다(2022. 2). 이 차이점을 만들어낸 것은 애플이며, 애플이 개인정보 보호정책을 변경한 지난해부터 두 회사의 주가가 엇갈렸다."[5].

디파이 서비스는 가치를 창출하는가? 고용을 창출하는가? 단순히 돈 놓고 돈 먹는 이자농사만 하는가? 맵(DApp)의 다양성과 디파이를 실물경제와 연결하는 비즈니스 모델의 탄생에 달려 있다. 또한 디파이가 실물경제에 미치는 영향, 블록체인을 기반으로 디파이와 NFT, 메타버스 생태계가 상호 연결될 때, 디파이 생태계도 확산될 것이다.

6. 블록체인, 디파이, 메타버스 생태계

6.4 이더리움

이더리움(Ethereum)은 비트코인과 마찬가지로 블록체인 기술을 이용한다. 또한 비즈니스 계약을 자동화하는 스마트계약 기능이 있다. 이더리움은 블록체인 기술을 기반으로 암호화폐를 발행하고, 스마트계약을 포함하는 분산 앱(DApp)을 개발하여 운영하는 플랫폼이다. 이더리움은 스마트계약 플랫폼이다. 이더리움에서 발행하는 암호화폐를 이더(ETH: Ether)라 한다. 2015년 비탈릭 부테린(Vitalik Buterin)이 제안했다. 2022년 9월 작업증명(PoW) 방식에서 지분증명(PoS) 방식으로 전환했다. 기존의 작업증명 방식 블록체인을 지분증명 방식의 블록체인에 합병하여(merge) 이더리움 블록체인(비콘체인, beacon chain이라 함)이 운영된다.

작업증명에 의한 합의 방식은 누구나 블록 생성에 참여하여 그 대가를 암호화폐로 지급받을 수 있다. 블록체인이 주는 탈중앙화와 분산관리의 취지를 잘 살린다. 그러나 블록을 생성하여 블록체인에 연결할 가능성은 컴퓨팅 능력에 의존하기 때문에 과도한 전기를 소모한다. 지분증명은 보유한 암호화폐(이더리움의 경우는 이더)의 수량에 따라 블록 생성의 기회와 블록체인 커뮤니티에서의 의사결정 권한이 달라진다. 마치 주식회사에서 의사결정 권한이 보유한 주식의 수에 비례하는 것과 유사하다. 따라서 전기 소모로 인한 문제가 해소되고, 거래 속도도 빨라진다. 그러나 탈중앙화는 어느 정도 희석된다. 한편, 이러한 탈중앙화 문제를 해결하기 위해 다양한 방식이 시도되고 있다. 예를 들어, 지분 외에도 커뮤니티에서의 투표나 무작위 선정 방식을 도입하여 지분이 적은 구성원들도 거버넌스 참여 비율을 높일 수 있다.

비트코인 소유자는 고유한 비트코인 주소를 갖는다. 또한 다수의 UTXO(Unspent Transaction Outputs: 미사용 비트코인 거래목록)를 갖는다. UTXO는 발행되었으나 아직 거래에서 사용되지 않은 비트코인 목록이다. UTXO에는 사용하지 않는 여러 비트코인 금액이 표기되어 있다. 비트코인의 최소 단위는 1사토시(1억분의 1 비트코인, 0.00000001 BTC)이다. UTXO는 블록체인에 저장되어 있다.

어떤 사용자의 비트코인 잔액은 블록체인에 저장된 소유자의 모든 UTXO 비트코인 합이다. 다른 사람에게 특정 UTXO의 비트코인을 모두 지급하면, 그 UTXO는 폐기된다. 이런 방식으로 이중사용 문제를 해결한다. 비트코인을 수취한 사람의 UTXO가 새로이 생성된다. 마치 한번 발행된 비트코인이 다른 사람에게 이전되어 계속 살아 움직이는 것과 같다. 이는 차움(D. Chaum)이 이캐시라는 암호화폐에서 이중사용 방지를 위해 한번 사용한 동전 목록을 이용한 방식과 유사하다.

비트코인이라는 명칭에서 알 수 있듯이, 비트라는 디지털로 만든 코인 즉, 현금이다. 현금의 경우, 첫째는 가분성이 있어야 한다. 거래에서 잔돈을 교환하는데 문제가 없어야 한다. 둘째는 이중사용이 불가능해야 한다. 어떤 거래에서 지불한 비트코인을 복사하여 두 번 이상 사용할 수 없어야 한다. 비트코인은 UTXO를 이용하여 가분성과 이중사용 문제를 해결하고 있다.

비트코인이 현금과 유사한 방식인데 반해, 이더리움은 계정 기반이다. 이더리움은 은행계좌나 신용카드와 같은 잔고관리 방식으로 이중사용을 방지한다. 이더리움 계정에는 사용자의 개인키에 상응하는 사용자 계정(EOA: External Owner Account)과 스마트계약과 연관된 계약 계정(CA: Contract Account)이 있다. 사용자는 사용자 계정을 관리하지만, 계약 계정은 스마트계약에 의해 통제된다. 사용자 계정에서 거래를 생성하고, 계약 계정에서 메시지를 전달한다. 사용자 계정에서는 스마트계약에 정의된 특정 기능을 실행하도록 하는 거래를 제안하여 계약 계정과 통신한다.

비트코인은 메인체인에 포함되지 않은 블록의 채굴자에게는 보상이 없다. 그러나 이더리움에서는 메인체인에 포함되지 않은 삼촌노드(공로노드 또는 부실노드)에 대해서도 보상을 지급한다. 가스 가격을 높여 수수료를 많이 내면 거래가 빨리 채결되어 블록체인에 등록된다. 가스 가격에 따라 거래 승인속도가 달라진다. 스마트계약에서 가스 한도를 지정하여 디도스 공격이나 스마트계약의 프로그램 오류로 인한 무한 루프에서 헤어나게 한다. 스마트계약에서 지정한 가스를 다 사용하고 나면, 그 계약은 작동을 중지하도록 되어 있다. 가스라는 용어를 사용하는 이유는 자동차가 움직이려면 연료인 가스가 필요하듯이, 이더리움 네트워크가 작동하려면 수수료인 가스가 필요하다는 의미이다.

댑(DApp: Decentralized Application, 디앱이라고도 함)이란 분산 네트워크에서 실행되는 응용 소프트웨어이다. 이더리움의 댑은 스마트계약과 사용자 인터페이스로 구성되어 있다. 스마트계약은 EVM(Ethereum Virtual Machine)에서 실행되도록 바이트코드 형식으로 블록체인에 저장된다. 블록체인에 저장된 스마트계약은 변경이 불가능하다. 사용자는 댑을 이용하여 블록체인에 저장된 스마트계약을 이용한다. 테더, 메이커다오, 유니스왑, 컴파운드, 체인링크 등은 대표적인 이더리움 기반의 DApp이다. 게임, 도박, 자산관리, 소셜네트워크, 보안, 거래 등의 다양한 분야에서 댑이 개발되어 있다. 댑에서도 자체의 토큰을 발행하고 있다. DApp을 개발하기 위한 블록체인 플랫폼에는 이더리움 외에도 이오스(EOS)와 네오(NEO) 등이 있다. 댑의 현황을 알 수 있는 사이트가 있다[6].

• 에스크로 서비스를 위한 댑, Trustless Escrow: 제3의 기관 없이 스마트계약으로 안전하게 온라인에서 판매자와 구매자가 거래할 수 있도록 지원하는 결제보호서비스이다(trustlessescrow.com). 블록체인은 제3자의 개입 없이 스마트계약에 의해 믿을 수 있는 거래를 보증하기 때문에 신뢰가 필요 없는 시스템을 가능하게 한다.

기준	비트코인	이더리움
제안	사토시 나카모토	비탈릭 부테린 (Vitalik Buterin),
플랫폼	암호화폐	암호화폐와 스마트계약
암호화폐	2009년 비트코인 채굴 개시	2015년 이더(ETH) 7,200만 이더 ICO
원장(이중사용 방지)	UTXO 기반	계정기반
블록	10분	약 12초
합의 알고리즘	작업증명(PoW)	지분증명(PoS)
보상	채굴자에게 6.25BTC (2022년 현재)	검증인에게 보상하며 검증인의 수에 의존적임
수수료	자발적	필수적

〈표 6.1〉 비트코인과 이더리움의 비교

비트코인과 같이 작업증명(POW)에 의한 합의 알고리즘에서는 컴퓨터 연산능력이 큰 채굴자가 블록 생성에 대한 보상을 받는다. 한편, 이더리움과 같은 지분증명(PoS)의 경우는 검증인(validator)에게 보상이 주어진다. 검증인은 작업증명 방식에서의 채굴자와 유사한 역할을 한다. 검증인은 암호화폐 블록체인에 대한 의결권을 갖고, 블록체인의 보안과 안전에 대한 책임을 맡은 대가로 보상을 받는다. 검증인이 되기 위해서는 32이더 이상을 보유하고 있어야 한다. 보상은 수수료와 블록 생성에 따라 발행한 이더로 주어진다. 블록 생성과 검증에 참여하는 검증인이 많을수록 검증인에게 주어지는 보상이 감소한다.

이더리움을 보유한 사람은 누구나 자신의 이더를 예치하여 이자를 받을 수 있다. 이더 예치의 이자율은 약 4%이다. 은행에서는 예금과 대출의 금리 차이로 벌은 돈을 이자로 지급한다. 지분증명에 의한 합의 방식의 암호화폐에서는 스테이킹 즉, 암화화폐를 예치하면, 블록체인의 새로운 블록을 검증한 권한을 가진 검증인이 블록을 안전하게 생성하여 검증한 대가로 받은 보상으로 이자를 지급해준다. 이더리움 예치 서비스를 제공하는 업체로는 리도(Lido), 바이낸스, 코인베이스 등이다. 국내의 가상자산거래소가 예치 서비스를 제공한다. 이더리움 보유자는 디지털자산의 시세 차익을 누릴 수 있다. 그 외에도 검증인이 되는 경우는 블록체인에 추가할 블록을 검증한 대가로 보상을 받는다. 또한 보유한 이더를 예치하여 이자를 받을 수 있다. 예치한 이더는 일정 기간 동안 거래할 수 없다.

비트코인, 이더리움, 하이퍼레저 모두가 컴퓨터 프로그램 코드가 공개된 오픈소스이다. 이는 블록체인 생태계의 확장성을 높인다.

6.5 하이퍼레저 패브릭

하이퍼레저 패브릭(Hyperledger Fabric)은 허가받은 사람들만 참여하는 폐쇄형 블록체인을 이용하는 분산원장 플랫폼이다. 하이퍼레저 패브릭은 금융, 무역, 공급망 등의 다양한 분야에 적용된다. 이더리움과 마찬가지로 체인코드(chaincode)라는 스마트계약 기능이 있다. 그러나 폐쇄형이고 네트워크에 참여하는 조직이 스스로 동기를 갖고 있기 때문에 블록 생성에 대한 보상으로 암호화폐를 발행하지는 않는다.

리눅스재단이 주도하여 설립한 하이퍼레저 프로젝트 중 하나이다. 하이퍼레저는 리눅스재단이 주도하는 기업용 블록체인 기술 개발을 위한 오픈소스 프로젝트이다. 이 프로젝트에서는 5개의 프레임워크와 5개의 툴을 만들고 있는데, 250여 기업이 이 프로젝트에 참여하고 있다. 2018년에 나온 패브릭은 IBM이 적극 참여했던 프레임워크 중의 하나이다.

하이퍼레져 패브릭에서는 채널(channel)별로 한 개의 분산원장이 존재한다. 블록체인 기반의 응용 시스템을 이용하는 같은 조직에서도 채널별로 참여 자격을 달리함으로써 정보의 기밀성과 프라이버시를 보호할 수 있다. 특정 채널에 참여한 사람들만이 거래 정보와 체인코드 실행 내용을 알 수 있다. 허가형 블록체인이기 때문에 멤버십 서비스 (membership service) 인증기관을 두어 참여자들에게 인증서를 발급한다. 이는 전자거래에서 공동인증 서비스와 유사하다. 공개형 블록체인에서는 참여자들(네트워크의 노드) 모두가 거래와 계약 정보를 투명하게 알 수 있다. 그러나 기업의 비즈니스에서는 모든 참여자가 아닌 특정 파트너들만이 거래나 계약 정보를 공유할 필요가 있다. 따라서 하이퍼레저 패브릭에서는 인증 서비스를 이용한 채널을 구성하여 해당 파트너들만이 정보를 공유한다.

거래흐름을 살펴보면, 거래를 실행하고, 이를 블록에 등록할 순서를 정하고, 검증하는 구조(execute-order-validate)이다. 첫째는 거래를 실행하여 정책을 충족하는 정확한 거래인가를 점검하여 보증하는 (endorsing) 과정이다. 둘째는 합의 프로토콜에 따라 거래의 순서를 정하는(ordering) 과정이다. 셋째는 해당 애플리케이션에서 정한 보증정책 (endorsement policy)에 따라 거래를 검증하여 분산원장에 확정하여 기록하는(committing) 과정이다. 오더링 서비스(ordering service)를 제공하는 노드인 오더러(orderer)로부터 최신 블록을 받은 피어(peer)들은 블록에 포함된 결과값이 정상적인지, 각각의 트랜잭션 결과값이 보증 정책에 부합하는지 등의 검증 작업을 수행한 후, 최신 블록을 블록체인에 추가하고, 월드 스테이트(world state)라는 상태 데이터베이스(DB)를 갱신한다. 피어 노드들에서의 검증 결과, 유효 또는 비유효(valid or invalid)로 태깅된 거래들이 블록에 기록된다. 그러나 피어 노드에서 검증된 유효한 거래로 확정된 것만이 상태 DB에 저장된다.

비트코인 및 이더리움에서는 순서를 정하여 거래를 실행한다. 그러나 하이퍼레저 패브릭에서는 먼저 거래를 실행하여 그 결과와 함께 블록에 담을 거래의 순서를 정한다.

애플리케이션의 보증정책에서 몇 개의 어느 피어 노드(peer node)가 스마트계약을 실행할 것인지를 정할 수 있다. 네트워크의 모든 노드가 아니라 보증정책에서 정한 노드만이 거래를 실행한다. 따라서 이더리움에서와 같이 확정적 프로그래밍 언어(솔리디티)로 스마트계약을 작성하지 않아도 된다. 고(Go), 자바, 자바스크립트 등의 표준 프로그래밍 언어로 체인코드를 작성할 수 있다.

이더리움의 공개형 블록체인에서는 이더리움 네트워크의 모든 노드가 같은 스마트계약을 실행하고, 상호 검증하게 되므로 사용되는 구조는 확정적(deterministic)이어야 한다. 여기서 확정적이라는 의미는 알고리즘에 어떤 특정 입력 값을 대입하면 항상 같은 값을 출력하는 특성이다. 만약 공개형 블록체인의 시스템이 확정적이지 않고, 시스템 의존적인 요소를 사용한다면 노드마다 출력값이 달라 합의에 이를 수 없고 모든 참여자가 같은 정보를 공유하지 못한다. 따라서 이더리움에서는 확정적 프로그래밍 언어인 솔리디티를 이용하여 스마트계약을 작성한다. 그러나 하이퍼레저 패브릭에서는 일부 피어 노드(peer node)만 체인코드를 실행하고 결과값을 네트워크에 전파하기 때문에 프로그래밍 언어가 결정적일 필요 없이 Go, 자바, 자바스크립트 등의 프로그래밍 언어가 사용된다. 또한 무한루프나 해커 공격 등의 문제가 발생해도 그 영향은 일부 노드로 제한되며, 그 노드는 실행을 종료할 수 있기 때문

디지사이트

에 표준 프로그래밍 언어로 체인코드를 작성할 수 있다.

하이퍼레저 패브릭에서 모든 자산(자동차, 부동산, 지적재산 등)은 키와 키값의 쌍(key=CAR1, value={type:Hyundai, color:black, owner:Joe})과 그에 해당하는 버전(version)으로 상태 정보를 관리한다. 체인코드란 자산을 정의하고, 자산의 상태를 변화시키는 거래 명령들의 집합인 비즈니스 로직이다. 하이퍼레저 패브릭의 클라이언트가 거래 제안을 하면, 제안에서 요청된 체인코드가 실행된다. 분산원장은 변경 불가능한 기록을 담은 블록체인과 상태 DB(world state: 분산원장의 현재 상태)로 구성되어 있다. 어떤 거래가 한번 검증되고 확정되어 분산원장에 기록되면 변경이 불가능하다. 채널의 구성원들은 거래를 제안하고 체인코드를 이용하여 분산원장의 내용을 질의하거나 분산원장의 키와 키값의 쌍을 갱신함으로써 분산원장을 관리한다.

하이퍼레저 패브릭의 블록체인 네트워크는 다음과 같이 구성된다: 채널, 클라이어언트, 오더링 서비스, 멤버십 서비스, 피어 노드(보증 피어 노드와 확정 피어 노드). 보증 피어(endorsing peer)는 거래를 실행하고 검증하여 보증한다. 확정 피어(committing peer)는 분산원장에 거래의 블록을 추가하고 상태 DB를 갱신한다. 클라이언트는 DApp이라는 애플리케이션을 이용하여 체인코드에 접근한다. DApp은 하이퍼레저 패브릭의 SDK(Software Development Kit)를 이용하여 개발한다.

오더링 서비스(ordering service): 피어 노드가 검증한 거래들을 블록에 담는 순서를 정하고 블록을 생성하여 채널의 피어들에게 배포한다. 오더러는 각 거래의 내용을 점검하지는 않는다. 블록체인 네트워크의 모든 채널로부터 거래를 받아 채널별로 블록에 담을 거래순서를 정하여 채널별로 블록에 해당 거래들을 기록한다.

멤버십 서비스(membership service provider): 공개키기반구조(PKI: Public Key Infrastructure)를 이용하여 컨소시엄 조직의 참여자에게 디지털 인증서를 발급하여 신원을 관리한다.

피어 노드에 체인코드와 분산원장(블록체인과 상태 DB)이 저장된다. 피어 노드는 거래 요청에 따라 체인코드를 통해 분산원장을 읽고 기록한다. 보증 피어는 DApp에서 제안한 거래의 보증 여부를 판단하는 피어로서 거래의 입력값으로 체인코드를 실행한다. 실행 결과(Read/Write set)와 해당 피어의 디지털 인증서를 DApp으로 보낸다. 확정 피어는 오더링 서비스로 생성된 최신 블록에 대한 검증 작업을 수행한다. 보증 피어는 거래마다 다를 수 있지만, 모든 피어가 확정 피어 역할을 수행한다. 애플리케이션에서 명시한 피어가 거래를 실행한다. 병렬처리 즉, 피어들이 분담하여 거래를 실행하기 때문에 처리속도가 빠르다. 그러나 모든 피어는 똑같은 분산원장을 저장하고 있다. 확정 피어는 보증 피어의 인증 여부, 거래 실행결과(키와 키값)와 버전에 대한 검증을 수행하여 적합한 거래를 유효한 것으로 확정한다. 이에 따라 새로운 블록이 블록체인에 연결된다. 예를 들어, A가 B에게 1,000원을 지급하는 거래의 경우, 실행 결과인 Read/Write 셋 검사는 다음과 같다. Read: {(사용자 A, 사용자A의 잔액, 현재 State DB의 레코드 버전(현재 블록체인 높이)); (사용자B, 사용자 B의 잔액, 현재 State DB의 레코드 버전(현재 블록체인의 높이))}. Write: {(사용자A, 사용자A의 잔액-1,000원); (사용자B, 사용자B의 잔액+1,000원)}

체인코드: 체인코드를 통해 분산원장의 데이터를 읽거나 데이

터를 분산원장에 기록한다. 체인코드와 분산원장은 피어 노드에서 저장되고 관리된다. 체인코드는 분산원장에 질의하거나 그것을 갱신한다. 체인코드는 주어진 분산원장에 기록된 데이터를 찾거나 블록체인에 새로운 블록을 추가함으로써 분산원장을 갱신한다. 한번 블록체인에 저장된 데이터는 수정이나 변경은 실질적으로 불가능하다. 하나의 체인코드에는 다수 개의 스마트계약이 있을 수 있다. 예를 들어, 차량계약 체인코드에는 자동차계약과 트럭계약이 포함될 수 있다. 체인코드는 그 자체로도 사용가능하지만, 비즈니스 모델에 맞는 DApp과 함께 개발되어 사용된다.

합의 알고리즘이란 블록체인 네트워크의 모든 참여자들에게 동일한 거래 내역을 공유하여 유지하도록 참여자들이 합의하는 방식이다. 컨소시엄 참여자들이 합의 방식을 결정한다. 이는 거래의 유효성 검증, 거래 순서 결정, 버전의 점검 등을 포함하는 거래 제안에서 거래가 확정되어 블록체인에 연결되기까지의 모든 사안에 대한 합의 방식이다.

6. 블록체인, 디파이, 메타버스 생태계

6.6 비트코인이 넘어야 할 산

　　비트코인은 가상자산거래소에서 주식시장의 주식과 같이 거래되고 있다. 가상자산거래소에서 거래되는 암호화폐는 주식과는 달리 상한가와 하한가가 없다. 일 년 365일 24시간 거래된다. 비트코인은 주식 및 채권과 같은 금융상품으로 투자의 대상으로 간주되고 있다. 그러나 사토시 나카모토가 제안한 비트코인은 말 그대로 디지털 코인이고, 전자현금이다. 이는 화폐로서의 역할에 중점을 두었다.

　　비트코인이 단순한 가상자산으로 머물지 않고 경제활동에 순기능적 역할을 하기 위해서는 지급결제수단으로서 범용성의 문제를 극복해야 한다. 과연 어떤 한계가 있고, 어떻게 해결될 것인가? 비트코인의 한계는 디파이 생태계의 발전과도 연관되어 있다.

2,100만개 채굴 후 비트코인 블록 보상 제도는 어떻게 될 것인가?

　　비트코인 거래가 있는 한, 블록은 지속적으로 생성되어야 한다. 안전한 블록체인을 만들기 위해서는 동기부여가 요구된다. 채굴자에게 비트코인을 발행하지 않으면 누가 어떤 동기로 블록체인을 만들어갈 것인가? 첫째는 비트코인 블록 생성 보상 즉, 인센티브는 거래수수료로 충당하는 것이 하나의 대안이 될 수 있다.

거래수수료만으로 안전한 블록체인을 만드는 것이 충분한 보상이 될까? 1일 비트코인 거래수수료는 채굴 보상의 6.5%에 상당한다. 채굴료는 1일 900 비트코인(1일 144 십분 * 6.25BTC)이다. 참여에 대한 동기부여로 충분한가? 라는 의문점은 여전히 남는다. 비트코인 거래가 증가하면 수수료도 증가한다.

비트코인 거래수수료란? 대부분의 거래들은 수수료 없이 처리될 수 있다. 빠른 거래 승인과 채굴자들의 수고비로서 수수료를 자발적으로 내는 것이 권장되고 있다. 비트코인 이용자가 내야하는 수수료를 추정하여 계산해 준다. 거래수수료는 이용자들이 거래를 과도하게 요구하여 네트워크가 과부하에 걸리는 것을 방지하는 데 그 목적이 있다. 1,000BTC 전송에 0.0005BTC 수수료가 부과된다. 수수료 금액은 거래 반복횟수와 소모된 데이터와 같은 요인에 의해 결정된다.

두 번째 대안은 비트코인 프로토콜을 변경하는 것이다. 이는 재생에너지 및 전기료와도 관계되어 있다. 작업증명(PoW) 합의 알고리즘을 지분증명(PoS)과 같은 환경친화적 합의 알고리즘으로 변경하는 것이다.

비트코인 처리시간과 변동성

현재 비트코인 거래는 10분에 약 4,200건이 처리된다. 즉, 비트코

       6. 블록체인, 디파이, 메타버스 생태계

인은 초당 일곱 건에서 수십 건의 거래를 처리한다. 블록 한 개의 크기는 1메가바이트이다. 트랜잭션 한 개의 용량은 250바이트이다. 한 블록에 약 4,200건을 저장한다. 블록 생성 시간은 10분이다. 허가형 블록체인인 하이퍼레저 패브릭은 초당 3,000개 거래를 처리한다. 비자 신용카드는 초당 2만 4,000에서 5만 건의 거래를 처리한다. 페이팔은 초당 155건의 거래를 처리한다. 비트코인이 지급결제수단으로 이용되기 위해서는 거래처리 속도를 개선해야 한다.

"신차를 구매하며 차 값을 비트코인으로 지불하려 했던 테슬라 고객은 길어진 결제 대기시간 때문에 결제를 포기했다"는 기사도 있었다. 20달러 결제를 하는데 1시간이 소요되었다는 이야기도 있다. 거래 수수료도 몇 십 달러나 된다.

더 큰 문제는 비트코인의 가격 변동성이 너무 크다는 것이다. 물건을 살 때, 3만 불 하던 비트코인이 얼마 후 4만 불 한다면, 구매자는 1만 불의 손실을 보고, 판매자는 1만 불의 이득을 챙기는 꼴이 된다. 암호화폐의 가격 변동성에 따른 위험이 대단히 높다.

비트코인과 페이팔의 연결: 암호화폐의 지급결제서비스

이메일을 이용하는 일종의 간편결제서비스인 페이팔의 이용자는 약 3억 5,000만 명이고, 2,900만 가맹점이 있다. 페이팔은 비트코인, 이더리움, 비트코인캐시, 라이트코인(Litecoin) 등 4개 암호화폐로 상품을 구매할 수 있도록 지원한다. 페이팔 이용자가 물건을 구입하고 암호화폐로 결제하면, 페이팔이 실시간 환율을 적용해 암호화폐를 달러로 바꾼 다음에 판매자에게 전달한다. 이용자는 거래 수수료나 거래 승인 시간 등에 신경을 쓸 필요가 없다. 대신 페이팔에 거래수수료를 지불하면 된다. 비트코인을 다른 시스템(페이팔)과 연계함으로써 전자지급결제 수단으로써의 한계를 극복하는 셈이다.

중앙은행에서 발행하는 암호화폐(CBDC)로 비트코인은 사라질까?

언론 보도에 따르면, "현재 중국은 대중을 대상으로 한 CBDC 개발에서 가장 빠른 행보를 보이고 있다. 유럽중앙은행(ECB), 일본, 스웨덴 등에서도 CBDC를 연구하고 있다. 하지만 기관용이 아닌 소매용으로 CBDC 발행 및 유통 단계에 들어선 국가는 중국이 처음이다. 이에 비해 미국은 CBDC 개발에 아직 소극적이다. 미국은 디지털화폐를 구현하는 방식에 대한 연구를 진행 중이다."[7].

한국은행은 카카오의 계열사 그라운드X와 협업하여 CBDC를 실험개발 중이다. 한국은행이 추진하는 CBDC 모의실험 시스템을 개발하고 있는 카카오의 블록체인 플랫폼은 클레이튼(Klaytn)이다. 이는 DApp을 위한 블록체인 플랫폼이다.

한국은행은 CBDC 송금 기능을 삼성전자 갤럭시 스마트폰에 담는 실험을 추진한다. 모바일 기기를 통한 오프라인 결제, 국가 간 송금, 디지털자산 구매 등도 실험한다. 또한 디지털예술품과 저작권 등의 NFT를 CBDC로 거래할 수 있도록 지원할 계획이다. 시중은행에서는 CBDC, 가상자산, NFT 등 디지털자산을 저장하여 활용할 다용도의 전자지갑을 개발하여 시험 중이다.

가상자산을 제도권으로 끌어들이는 규제도 시작되었다. 1년간 거래를 모두 합쳐 이익이 난 금액을 기타소득(기본 공제 금액 250만원) 으로 분리해 20% 세율이 적용된다. 가상화폐 양도차익에 적용되는 세율은 미국이 10-37%, 일본이 15-55%, 영국은 10% - 20%이다. 미국에서는 디지털화폐를 자산으로 분류하여 신고와 납세의 대상으로 보고 있다. 중국은 암호화폐 서비스를 금지하는 명령을 내린 바 있다.

CBDC는 각국의 중앙은행이 발행하는 암호화폐이기 때문에 법정화폐이다. CBDC가 상용화되면, 비트코인에는 어떤 영향을 줄까? CBDC가 화폐 기능을 하기 때문에 비트코인은 쓸모가 없어질 수도 있다. 그러나 CBDC는 비트코인과 같은 디파이 생태계에서 상호보완적 역할을 할 수 있다. 현실에서 각 암호화폐에 대한 신뢰가 어떻게 형성될 것인가에 달려 있다. 둘 다는 블록체인 생태계 내에서 그 역할을 하게 될 것이다. 또한 장기적으로는 메타버스 생태계가 발전하면서 상호보완적 역할을 찾아갈 가능성이 높다.

비트코인과 디파이 생태계

비트코인은 디파이 생태계의 성장과 연계되어 있다. 디파이 생태계가 전통적 금융 생태계와 상호보완적으로 융합되어 실물경제를 지원할 때 비트코인의 변동성은 안정화될 것이다. 디파이 생태계가 확산되면 자연스럽게 암호화폐도 법과 제도 안에서 규제와 보호의 대상이 될 것이다. 디파이 생태계는 메타버스 생태계 확산과도 연관되어 있다. 현실과 가상세계가 융합되는 메타버스에서 NFT 뿐만 아니라 암호화폐의 쓰임새도 늘어날 것이다.

　민주주의와 자본주의 사회에서는 중국과 같이 암호화폐를 법으로 금할 수 없다. 그것은 결국 니체가 말한 바와 같이 힘에의 의지에 달려있다. 디파이 생태계의 확산 및 암호화폐에 대한 대중의 신뢰와 그 반대 세력과의 다툼 속에서 성장할 수밖에 없다. 또한 미국 정부도 다수의 비트코인을 보유하고 있다. 더불어 기관투자자들도 이미 어느 정도의 비트코인을 보유하고 있다. 비트코인을 신뢰하는 세력이 그 반대 세력보다 강하면, 비트코인도 안정적으로 그 기능을 다하게 될 것이다.

6.7 블록체인, 디파이, 메타버스 생태계의 연결과 융합

카머너는 「원은 닫혀야 한다」에서 생태계에 대한 과학적 이해를 바탕으로 "생태학의 4법칙"을 제시했다[8]. 제1법칙은 "모든 것은 다른 모든 것에 연결되어 있다"는 것이다. 생태계가 다양하게 상호 연관되어 서로에게 영향을 미친다. 상호 연결되어 있기 때문에 전체 시스템의 변화 속도가 시스템 내의 가장 느린 프로세스의 속도와 맞아야 한다. 생태계에 너무 큰 스트레스를 주게 되면, 전체 생태계가 순식간에 붕괴할 수 있다. 제2법칙은 "모든 것은 어딘가로 가게 되어 있다. 물질은 파괴되지 않는다"는 것이다. 예를 들어, 수은이 포함된 건전지를 버리면, 수은은 물과 섞여 흐르다 물고기에 흡수되고, 결국은 인간의 장기에 축적된다. 제3법칙은 "자연에 맡겨두는 것이 가장 낫다"라고 정의된다. 인간이 자연 시스템에 대규모로 가하는 인위적인 변화가 대부분의 경우에 해로운 효과를 낳을 가능성이 높다. 제4법칙은 "공짜 점심 따위는 없다"는 것이다. 무언가를 얻었다면, 다른 어딘가에서 그 대가를 반드시 치러야 한다[8, pp. 37-52]. "지구의 생태계는 모든 것이 연결되어 있는 하나의 거대한 전체이고, 그 안에서는 그 어떤 것도 새로이 형성되거나 사라질 수 없으며, 인간은 그로부터 무언가를 끄집어내어 사용했다면, 반드시 다른 무엇가로 채워져야 한다는 의미이다. 생태계에서 무언가를 사용했다면 그것에 대한 대가를 반드시 치러야만 하며, 만약 대가를 지불하지 않는 것으로 보이는 것은 단지 그 지불 시기를 연기했을 뿐이라는 것이다."[8, p. 50].

마찬가지로 비즈니스 생태계는 상호 연결되어 있다. 수직적으로는 산업 및 기술 생태계, 그리고 사회경제생태계와 연결된다. 디센트럴랜드 생태계를 통해 블록체인 생태계가 어떻게 메타버스 생태계와 연결되고 융합되는지를 살펴보자.

디센트럴랜드 생태계

로블록스, 포트나이트, 마인크래프트, 제페토 등은 게임 중심의 메타버스에서 출발했다. 디센트럴랜드(Decentraland)는 가상 부동산 메타버스이다. 블록체인 기반의 암호화폐인 마나(MANA)와 NFT인 랜드(LAND)가 발행되어 이용된다. 마나는 ERC-20 기반의 토큰으로 디센트럴랜드 플랫폼에서 토지 구매와 디지털 상품 및 서비스 구매에 이용된다. 토지와 게임 아이템은 NFT인 랜드 토큰으로 발행된다. 랜드는 디센트럴랜드 사용자들의 땅 소유권을 나타내는 대체불가능한 토큰이다. NFT로 디지털 소유권이 보증된 토지, 게임 아이템, 서비스 등의 구매에 마나가 이용된다.

디센트럴랜드는 탈중앙 자율조직(다오, DAO: Decentralized Autonomous Organization)의 회원에 의해 운영된다. 마나와 랜드 소유자들은 다오의 회원이 될 수 있다. 탈중앙화, 분산형 관리를 지향하는 블록체인과 디파이 생태계에서는 조직의 지배구조도 변화한다. 중앙집권형의 조직이 적합하지 않다. 디센트럴랜드는 설립자와 개발자를 중심으로 의사결정이 이루어지던 전통적 조직에서, 현재는 회원들의 협치와 스마트계약을 이용하는 다오에 의해 운영된다. 디센트럴랜드의 회원들은 투표권을 갖고 기업 경영의사결정에 참여한다. 다오에서의 거래는 스마트계약에 의해 자동으로 실행된다. 스마트계약의 규칙과 규정 등은 회원들의 투표에 의해 결정된다. 다오는 주식회사의 이사회 역할을 하는 셈이다. 다오는 법인으로 인정되지 않는다. 다만, 미국 와이오밍주에서 세계 최초로 2021년 다오를 법인격으로 인정했다.

개발자, 투자자, 광고주를 비롯한 사용자가 디센트럴랜드 생태계의 핵심 이해관계자이다. 사용자는 토지를 구입하고 쇼핑몰이나 게임 등의 비즈니스를 운영하기도 한다. 다오의 직원들은 일하는 시간과 근무지가 자유롭다. 또한 사람들은 한 직장이 아닌 여러 다오에서 일할 수도 있다. 이러한 비즈니스 생태계로 인해 기업의 지배구조와 일하는 방식이 변화된다.

블록체인, 디파이, 메타버스 생태계란 비즈니스 생태계 분석에서 거시적 접근이다. 디센트럴랜드 생태계 분석은 미시적 접근이다. 디센트럴랜드의 비즈니스 생태계는 블록체인 생태계, 디파이 생태계, 메타버스 생태계를 토대로 연결되어 상호작용한다.

다오에서는 스마트계약에 의해 계약이 자동으로 실행된다. 이렇게 보면, 관리라는 관점에서의 경영자의 역할을 스마트계약이 대신하는 측면이 있다. 그러나 그 계약의 로직(규칙과 규정 등)과 알고리즘은 인간이 기획하고 설계한다. 이는 여전히 인간의 통찰이 중요하다는 것을 의미한다. 블록체인과 메타버스 기술이 더욱 인간의 통찰력은 향상시키는데 기여하게 된다. 비록, 향후 인공지능이 일부 기능을 대신할 날도 온다고 하더라도 그렇다.

타임지에도 다오에서 일하는 보스 없는 조직이라는 제목(No Bosses: What It's Like Working at a DAO)의 기사가 게재된 바 있다. 경영자가 없는 조직이 블록체인과 디파이로 인해 새로이 등장한 것은 아니다. 이미 분권형 자율조직에서 보스 없는 팀에 의해 운영되는 조직이 존재하였다. 아마존에 인수된 온라인 신발판매업체 자포스(Zappos)는 홀라크라시(holacracy)라는 자율적 조직 구조를 도입했다. 홀라크라시란 자율적이고 팀에 의해 경영의사결정이 이루어지는 조직구조이다. 비디오게임 개발업체인 밸브 코퍼레이션(Valve Corporation)은 CEO가 없이 팀에 의해 자율적으로 운영된다. 보스가 없는 조직이 소규모의 창의적 조직에 적합할 수 있다. 그러나 조직 규모가 일정 이상이 되면, 관리의 효율성이 떨어진다. 블록체인과 스마트계약은 그러한 한계를 극복하여 분권형 자율조직을 운영하는데 도움이 된다. 조직에서 경영자라는 직함이 사라진다 하더라도, 분권형 조직에서도 여전히 경영은 중요하다.

블록체인, 디파이, 메타버스 생태계는 상호작용하고 융합되고 있다. 센트럴랜드 생태계도 이들 생태계와 연결되어 발전될 수밖에 없다. 블록체인과 디파이 생태계에 어떤 새로운 비즈니스 모델이 나타날지 예견하기란 쉽지 않다.

성공적인 비즈니스 모델이 탄생하여 블록체인과 디파이 생태계가 성숙단계에 이르기까지 가야할 길은 멀다. 디파이가 기존의 금융 생태계를 대체하기보다는 상호보완적으로 발전할 것이다. 디파이가 기존의 실물경제 생태계와 융합될 때, 더 나은 가치창출과 고용창출이 가능할 것이다. 가치창출과 고용창출이 이루어질 때, 비즈니스는 가치를 갖는다. 블록체인과 디파이 생태계는 가치창출과 고용창출의 새로운 기회를 제공할 것이라는 기대 때문에 가상자산의 투자 시장이 확대된다.

6.8 블록체인 생태계로 열리는 세상

오늘날 우리가 거래하고 관리하는 대부분은 중앙집중식이다. 부동산 거래에서도 거래 당사자 외에 제3의 신뢰할 수 있는 기관인 부동산중개업자를 통한다. 예금하고 대출하는 것도 은행이라는 제3의 기관을 이용한다. 거래 당사자 외의 제3의 기관이 신뢰를 형성해준다.

자본주의 사회에서 당사자가 직접 거래하는 경우에는 다양한 위험이 따른다. 상호 신뢰가 부족하기 때문이다. 제3의 신뢰할 수 있는 기관이 존재한다는 것은 거래비용을 유발한다는 뜻이다. 그런데 탈중앙화와 분산방식 즉, 거래 당사자가 직접 안전하고 편리하게 거래하고 관리하는 것이 가능하게 하는 것이 블록체인이다.

중앙집중식 방식은 투명성이 낮다. 정보의 비대칭성 문제가 발생한다. 중앙관리기관에서는 많은 정보를 갖고 있지만, 다른 참여자들은 모르는 것이 많다. 한 예를 보자. 부산저축은행은 임원들이 수많은 페이퍼 컴퍼니를 만들어 자기들의 돈 잔치를 벌여왔었다. 그러나 예금주를 비롯한 다른 참여자들은 이를 알지 못했다. 2011년 결국 영업 정지되고, 이후 파산하였다.

중앙집권식에서 내부통제가 제대로 안 되는 경우에는 조직의 신뢰가 무너진다. 실제로 그러한 사례는 종종 발생하고 있다. "우리은행 직원이 회삿돈 614억 원 횡령, 6년간 세 차례에 걸쳐 614억 원을 빼돌렸다. 우리 정부가 이란에 돌려줘야 하는 계약금을 은행에 맡겨둔 돈이었다." "오스템임플란트 직원이 회삿돈 2,215억 원을 횡령한 사건이 발생했다."

블록체인을 이용한 탈중앙화, 분산방식에서는 "네가 아는 것은 나도 안다."라는 상식이 통한다. 블록체인 기반의 분산관리로 투명성이 강화된다.

제3의 신뢰할 수 있는 기관 없이도 각 주체가 일대일의 관계에서 분산방식으로 안전하게 거래하고 관리할 수 있도록 해주는 기술이 블록체인이다. 블록체인은 다양한 행위자인 이해관계자들이 상호 협력하여 블록체인 생태계를 구성하고 있다. 블록체인 생태계는 탈중앙 금융 서비스를 가능하게 하는 디파이 생태계를 포함한다. 현실세계와 가상세계의 융합을 지향하는 메타버스 생태계도 블록체인 생태계와 상호 보완적으로 작용한다.

구속과 억압에서 자유로, 중앙집권과 독재에서 분산과 민주로, 이는 시대흐름이다. 이를 보면, 인간은 합리적이고 지혜롭다[9]. 블록체인이 만들어가는 혁신은 분산과 민주로 가는 길을 트고 있다. 지금은 모호하고 불명료해 보인다. 미래의 비즈니스가 어떤 모습으로 나타날지 예측하기란 쉽지 않다. 그러나 큰 시대흐름을 이어가는 것은 분명하다. 블록체인 기술 또한 기업가의 통찰력을 한층 폭넓고 깊이를 더해주는 도구이다. 디지사이트를 발휘하는 기업가들은 새로운 비즈니스 모델을 끊임없이 혁신해간다.

블록체인 생태계를 기반으로 디파이와 NFT 생태계가 성장한다. 메타버스는 비즈니스 무대가 되는 세상을 확장한다. 블록체인 생태계와 메타버스 생태계는 연결되고 결합된다. 메타버스에서 경제활동이 실물경제와 연결되고 결합된다. 메타버스 세상에서의 경제활동을 위한 금융서비스로 NFT와 암호화폐가 이용된다. 비즈니스 생태계는 끊임없이 상호 연결되어 확산된다. 온라인 생태계와 오프라인 생태계를 연결하는 비즈니스로 오라클 생태계가 탄생했다. 오라클 생태계는 디파이 생태계와 씨파이(CeFi) 생태계를 비롯한 실물경제와 연결하여 새로운 비즈니스 모델을 탄생시키는데 기여할 것이다.

그러나 사람들은 암호화폐를 비관적으로 보기도 한다. 워렌 버핏의 이야기이다. "비트코인을 다른 사람에게 파는 것 말고는 할 수 있는 게 아무것도 없다. 현재 발행된 비트코인 전체를 25달러에 준다고 해도 사지 않을 것이다." 이 말은 암호화폐가 단지 투기 자산에 지나지 않는다는 시각이다. 워렌 버핏은 암호화폐의 실용성과 실물경제에서의 효용성 문제를 이야기하고 있는 것이다. 비트코인과 이더리움 같은 암호화폐는 블록체인 생태계의 확장과 더불어 실용성을 갖게 될 것이다. 비트코인은 최초로 블록체인을 이용하였고, 그동안 보안과 안전에 대한 대중의 믿음이 강하게 뿌리를 내리고 있다. 또한 알트코인이라 부르는 다른 암호화폐의 근간이 되고 있다. 이더리움은 비즈니스를 자동화하는 스마트계약 플랫폼과 함께 실용성을 갖게 된다. 가상세계가 현실세계와 결합된 진정한 메타버스의 발전은 암호화폐의 실용성을 높이는 물꼬를 트게 될 것이다.

기술은 발전하고 성숙하고 생활에 스며들어 우리가 의식하지 못한 채, 우리를 편안하게 해준다. 디지털 기술이 드러날 때는 거품과 위험이 있다. 성숙된 기술은 안으로 깊숙이 스며들어 제품과 서비스로 인지될 뿐이다. 가장 큰 걸림돌은 법과 제도이다. 그 보다 먼저 경영자는 현재의 틀에서 암호화폐를 실용성 있게 하는 비즈니스의 길을 모색해야 한다. 이 또한 비즈니스 생태계 혜안은 가진 자로부터 가능하다. 법과 제도는 정부의 역할이지만 따지고 보면 세력 다툼에서 시작된다. 힘에의 의지이다.

참고문헌

[1] 주재훈, 전자상거래 제2판, 탑북스, 2017.

[2] Joo J, Han Y., An evidence of distributed trust in blockchain-based sustainable food supply chain, Sustainability, 2021, 13(19):10980. https://doi.org/10.3390/su131910980

[3] 레이첼 보츠먼, 신뢰이동(문희경 옮김), 흐름출판, 2019.

[4] 해시넷, http://wiki.hash.kr/index.php/%EB%8C%80%EC%B2%B4%EA%B0%80%EB%8A%A5 %ED%86%A0%ED%81%B0

[5] 머니투데이, 2022. 2. 4, https://news.mt.co.kr/mtview.php?no=2022020415125140999

[6] www.stateofthedapps.com에서 댑(DApp)의 현황을 파악할 수 있다.

[7] 코인데스크 코리아, 2022. 1. 5, https://www.coindeskkorea.com/news/articleView. html?idxno=76937

[8] 배리 카머너, 원은 닫혀야 한다 – 자연과 인간의 기술(고동욱 옮김), 이음, 2014.

[9] 우리는 블록체인이 만능은 아니지만, 비즈니스 생태계와 인류에 실질적으로 기여할 것으로 본다. 그 이유는 인간은 기본적으로 합리적이고 지혜롭기 때문이다.

스티븐 핑거가 2011년에 펴낸, 「우리 본성의 선한 천사 – 인간은 폭력성과 어떻게 싸워 왔는가」 (김영남 옮김, 사이언스북스, 2014)에서 인간 본성에는 두 가지 요소가 있다고 하였다. 이 두 가지 요소의 상호작용으로 과거에 비해 현재, 폭력은 감소하고 평화롭다는 추세의 증거를 제시했다. 폭력을 야기하는 내면의 악마들로는 "목적 달성을 위해 수단으로써 힘을 쓰는 포식성, 경쟁자보다 우월해지려는 동기로써의 우세 경쟁, 복수심, 남을 해침으로써 즐거움을 얻는 가학성, 목적이 수단을 정당화하는 살인적 이데올로기(pp. 926-964)"이다. 이들을 억제하는 선한 천사는 "남들의 고통을 느끼게 하고 그들의 이해와 우리의 이해를 연결 짓도록 만드는 감정이입(empathy), 충동적 행동의 결과를 예상하게 하고 그에 따라 적절히 절제하도록 만드는 자기통제, 같은 문화 속 구성원들의 상호작용을 다스리는 규범과 금기를 규정하는 도덕성, 끝으로 이성이다. 이성의 능력은 우리로 하여금 자신만의 편협한 관점에서 벗어나게 하고, 자신이 살아가는 방식을 반성하며, 더 나아질 방법을 찾게 한다. 본성의 다른 천사들을 활용할 때, 길잡이가 된다(p. 20; pp. 974-1135)."

폭력을 야기하는 악마적 요소와 이를 억제하는 천사적 요소가 인간본성으로 내재되어 왔다. 그런데 과거에 비해 현재가 후자를 더 활성화되게 한 까닭은 어디에 있을까? 그것은 인간이 지혜롭기 때문이다. 디지털 기술(블록체인과 인공지능 등)도 두 요소 모두에 영향을 주지만 인간 통찰은 후자를 강화하는 방향으로 법과 제도를 포괄하는 생태계를 만들게 이끈다.

VII

비즈니스 생태계
경영을 위한
미시적 접근

"진리가 너를 자유롭게 하리라." - 요한복음 8:32

7.1 미시적 접근 및 공유목적

비즈니스 생태계의 거시적 접근과 미시적 접근

비즈니스 생태계 하면, 창업생태계, 혁신생태계, 기술생태계, 금융
생태계 등 특정 기업보다는 산업과 환경 차원의 생태계를 떠올린다. 비
즈니스 생태계에 관한 대부분의 문헌과 연구는 산업과 신기술 차원에
서 이루어졌다. 이러한 비즈니스 생태계 분석은 거시적 접근이다. 다른
연구에서는 비즈니스 생태계의 중추기업(keystone)과 주요 플랫폼 사업
자를 연구 대상으로 하였다. 중추기업이란 플랫폼을 소유하고 운영하
는 거대 기업이다. 중추기업의 대표적인 예는 GAFAM(Google, Amazon,
Facebook, Apple, and Microsoft), 국내의 네이버와 카카오 등이다. 이러한 분
석은 특정 기업의 비즈니스 생태계를 다루기 때문에 미시적 접근이다.
그런데 중추기업 중심의 미시적 접근에서 플랫폼 사업자가 아닌 참여
기업들은 비즈니스 생태계를 경영환경으로 간주하게 된다[1].

중추기업과 플랫폼 사업자 외에도 어떤 기업이든 자사의 생태계
를 경영해야 한다. 비즈니스 생태계는 지속가능경영의 토대일 뿐 아니

라 기업 성과와 경쟁력에 직간접으로 영향을 준다. 비즈니스 생태계의 거시적 차원보다는 미시적 접근법이 경영자들의 지침이 된다. ESG 경영이 필수가 되고, 윤리적이고 의식적인 소비자 시장이 확산되는 상황에서 경영자는 비즈니스 생태계 경영을 간과해서는 안 된다. 또한 비즈니스 생태계 경영은 전혀 예상치 못한 상황에서 초래될 수 있는 블랙스완을 예방하고 그에 신속히 대처하는 전략적 접근이다.

비즈니스 생태계를 경영하는 데는 거시적 접근을 넘어서 미시적 접근이 필요하다. 비즈니스 생태계를 살기 좋은 마을을 가꾸는 것이라 비유하기도 한다. 이는 비즈니스 생태계의 거시적 차원이다. 그러나 비즈니스 생태계 경영은 우리 집과 더불어 마을도 함께 가꾸는 것이다. 이는 비즈니스 생태계 경영의 미시적 차원이다. 전자의 경우, 중추기업이 아닌 참여기업은 비즈니스 생태계를 경영환경으로 본다. 공유지의 성격이 강하다. 공유지는 누구에게나 혜택이 돌아가지만 내 것과 네 것으로 구분되지 않고, 자원은 유한하다. 따라서 참여자들 누구나 혜택을 누리고자 하지만 적극적으로 공유지를 경영하는 데는 소극적이다. 후자의 경우, 어떤 기업도 비즈니스 생태계를 지속가능하게 경영할 수 있다. 사유지의 성격이 강하다.

많은 연구에서는 창업생태계, 혁신생태계, ICT(Information & Communication Technology) 생태계, IoT(Internet of Things) 생태계, AI 생태계, 모빌리티 생태계, 블록체인 생태계, 관광생태계 등을 다루었다. 이들은 사회경제생태계 하에 존재하는 산업생태계들이다. 모두 다 산업 차원에서 본 생태계이다. 그러나 비즈니스 생태계는 어느 하나의 산업 내에만 존재하지는 않는다. 대개 기업의 비즈니스는 여러 산업을 넘나든다.

한 기업이 여러 사업을 수행하듯이 기업 생태계에는 여러 비즈니스 생태계가 존재한다. 비즈니스 생태계는 산업의 경계를 넘어서 서로 다른 산업을 가로지르는 경향이 있다.

산업 차원의 자율주행차 생태계를 보자. 넓게는 모빌리티 생태계라 표현하기도 한다. 기존의 자동차 산업만으로는 설명할 수 없다. 자동차산업과 정보통신산업이 융합된 산업이다. 첫째, 자율주행차 생태계에 자동차 산업의 기업만이 참여하는 것은 아니다. 예를 들어, 정보통신 분야의 다양한 기업들이 그 생태계에 참여하고 있다. 또한 산업이 지향하는 바로는 생태계의 공유목적을 명확히 할 수 없다. 그 생태계에는 참여기업들이 공감하고 함께 지향하는 공유목적이 존재한다.

현대자동차가 자율주행차 사업을 한다. 여기서 자율주행차 사업은 현대자동차가 추진하는 여러 사업 중의 하나이기에 기업 생태계의 일부이다. 테슬라, 포드, GM, 도요타 등의 여러 기업이 자율주행차 사업을 추진하고 있다. 이들 기업이 추진하는 모든 자율주행차 사업의 공통분모를 갖는 산업 또는 시장 차원의 자율주행차 생태계가 존재한다. 이 경우에 현대자동차는 자율주행차 생태계의 한 참여기업이 된다. 자율주행차 생태계에는 자동차 기업들, IT 기업들, 고객, 공급자, 규제기관, 협회, 노동조합, 연구기관 등의 여러 조직이 참여한다. 현대자동차는 참여기업의 하나일 뿐이다. 이러한 관점에서 자율주행차 생태계는 경영의 대상이 아닌 경영환경이 된다. 이는 비즈니스 생태계의 거시적 접근이다. 자율주행차 생태계와 현대자동차 자율주행차 생태계는 일종의 객체 클래스(object class)와 인스턴스(instances)의 관계이다. 후자의 관점에서 정의한 비즈니스 생태계는 경영의 대상이다.

플랫폼 사업자인 중추기업 중심의 비즈니스 생태계 분석은 미시적 접근이다. 비즈니스 생태계에서 참여기업들은 중추기업, 지배자 기업(dominator), 틈새기업(niche player)의 역할을 한다. 기존의 산업과 시장 관점에 비교해 볼 때, 자율주행차 생태계는 산업이고 시장이다. 따라서 비즈니스 생태계의 중추기업이나 지배자가 아닌 참여기업들이 생태계 경영에 영향력을 발휘하는 데는 한계가 있다. 중추기업이 아닌 참여기업에게는 비즈니스 생태계가 단지 적응해야 할 경영환경이 된다. 왜냐하면, 플랫폼 사업자인 중추기업이나 지배자가 그 생태계의 원칙과 규칙을 설계하고 운영하기 때문이다. MS 생태계, 구글 생태계, 애플 생태계, 아마존 생태계, 메타 생태계 등에 대한 사례 연구가 다수 수행되었다. 대부분의 비즈니스 생태계 연구는 중추기업을 사례로 분석하였다.

산업 차원에서 비즈니스 생태계나 중추기업의 생태계를 넘어서 어떤 기업도 자사의 비즈니스 생태계를 경영할 수 있는 접근법이 필요하다. 사회생태학자였던 피터 드러커는 "미래를 예측하는 가장 좋은 방법은 미래를 창조하는 것이다."라고 하였다. 기업은 지속적으로 자사의 미래를 개척하고 혁신하여 창조해간다. 비즈니스 생태계가 경영환경이 아닌 경영의 대상일 때, 지속가능경영이 가능하다.

경영자는 비즈니스 생태계를 기업 외부로부터 주어진 경영환경, 경제적 공동체, 기반구조로만 보아서는 안 된다. 비즈니스 생태계를 전략경영의 틀 하에서 경영의 대상으로 보아야한다. 비즈니스 생태계 경영에서는 다음 세 가지 사항을 고려해야 한다. 첫째는 비즈니스 생태계의 참여기업(행위자, actor)인 이해관계자들을 식별하고 파악하는 것이다. 기업 외부는 물론이고 내부의 이해관계자들도 분석해야 한다. 둘째는 이들 참여자들 간의 관계를 분석하는 것이다. 참여자들 간의 관계는 시간의 변화와 비즈니스에 따라 달라진다. 셋째는 우리 기업과 함께 참여자들이 지향하는 공유목적을 명료하게 하는 것이다. 경영자나 기업가는 참여자들 간의 균형과 조화를 추구할 때 비즈니스 생태계의 공유목적을 달성할 수 있다. 전통적인 주주중심 경영이나 고객중심 경영만으로는 비즈니스 생태계에서의 동적 균형과 조화를 만들어내지 못한다. 왜냐 하면, 주주와 고객도 비즈니스 생태계의 참여자이자 이해관계자이기 때문에 어떤 역동적 상황에서는 다른 이해관계자들과의 관계가 더 중요할 수도 있기 때문이다.

첫 번째와 두 번째 과정에서 기업 생태계가 어떤 플랫폼 포트폴리오를 기반으로 하는가를 분석해야 한다. 기업은 다수의 플랫폼을 포트폴리오로 구성하고 있다. 구글은 검색 플랫폼에서 사업을 시작하였다. 구글은 유튜브라는 동영상 플랫폼을 통해서도 수익을 창출한다. 구글의 안드로이드 운영체제 플랫폼에서 앱마켓(구글 플레이) 플랫폼이 작동된다. 일종의 플랫폼 포트폴리오이다. 구글과 마찬가지로 카카오와 네이버도 플랫폼 포트폴리오로 구성된 기업 생태계를 경영하고 있다. 카카오 생태계는 검색 플랫폼, 커뮤니티 플랫폼, 카카오택시를 포함하는 모빌리티 플랫폼, 카카오뱅크를 포함하는 금융 플랫폼 등의 포트폴리오로 구성되어 있다.

비즈니스 생태계의 동적 균형과 조화: 구글과 우버의 사례

시간 변화, 사회경제생태계의 변화, 비즈니스의 변화에 따라 비즈니스 생태계의 균형을 잡아가는 전략이 달라진다는 점에서 동적 균형이다. 비즈니스 생태계에서 균형이란 그 생태계에 참여하는 행위자(이해관계자)들 간의 균형, 혁신을 통한 긴장관계 또는 상충관계를 깨는 균형이다.

비즈니스 생태계 경영에서 참여기업 간의 균형과 조화가 중요하다는 사실은 한국에서 구글의 인앱결제 정책에서 알 수 있다. 인앱결제란 애플 앱스토어와 구글 플레이스토어 등의 앱마켓에서 판매하는 모든 앱은 해당 앱마켓의 결제시스템을 이용해야 하고, 유료 앱에 대해 일정한 수수료를 부과하는 정책이다. 구글은 검색 플랫폼, 클라우드 플랫폼, 구글 플레이 앱마켓 플랫폼 비즈니스를 하는 기업이다. 따라서 구글 생태계는 검색 및 포털 비즈니스 생태계, 클라우드 비즈니스 생태계, 앱마켓 비즈니스 생태계로 구성된다. 구글 플레이 플랫폼을 기반으로 하는 앱마켓 생태계에는 플랫폼 사업자(구글), 플랫폼 이용 사업자(앱 개발사와 콘텐트 사업자 등), 플랫폼 이용자(소비자)가 핵심 참여자이다. 그 외에도 생태계의 참여자로는 파트너(이동통신사와 스마트폰 제조사 등), 협회, 언론사, 규제기관 등이 있다.

스마트폰 사용자들은 앱마켓인 애플 앱스토어나 구글 플레이에서 앱을 내려받는다. 게임 앱을 제외한 유료 앱의 경우, 애플 앱스토어에서 구매해야 하는 아이폰 사용자는 구글 플레이에서 구입하는 안드로이드 폰 사용자보다 30%의 가격을 더 지불했다. 그 이유는 애플은 앱스토어의 모든 유료 앱에 대해 인앱결제로 판매액의 15-30% 수수료를 부과해 왔지만, 구글은 수수료를 부과하지 않았기 때문이다. 2020년 구글도 인앱결제 방식을 강제하여 15-30% 수수료를 부과하겠다고 발표했다. 한국 스마트폰 시장에서 구글 안드로이드가 65%를 점하고 있다. 구글이 디지털 콘텐트에 대해 인앱결제를 발표한 이후, 한국의 앱 개발사와 관련 여러 협회에서는 언론을 통해 간접적으로 문제를 제기해 왔다. 이럴 때 협회는 언론을 동원하여 힘을 발휘한다.

플랫폼 비즈니스 생태계에 참여하는 행위자들 간의 이해관계가 충돌하고 있다. 가장 직접적인 긴장관계는 플랫폼 사업자와 개발사로부터 표출된다. 그러나 개발사는 구글 플레이 플랫폼에 계속 참여하는 한 그 영향력을 직접 발휘하기란 쉽지 않다. 기본적으로 플랫폼 사업자가 수수료를 결정하기 때문이다. 비즈니스 생태계의 핵심 참여자들 중의 하나인 개발사들은 경쟁적 관계에 있기도 하지만, 8개 협회와 언론을 통해 앱 이용자인 소비자와 규제기관에 영향력을 행사한다. 협회와 언론이 세력을 규합하여 플랫폼에서의 수수료가 결국 소비자 부담으로 돌아간다는 것을 깨닫게 만들었다. 또한 소비자들의 여론에 힘입어 협회와 언론은 규제기관에 압력을 행사한다. 결국 구글 앱마켓 비즈니스 생태계에서의 개발사, 소비자, 협회, 언론, 규제기관은 세력화로 국회에 영향력을 행사했다.

그 결과, 인앱결제 강제 금지법이라 불리는 법, 즉 전기통신사업법을 개정하게 되었다. 개방적이고 투명한 사회경제생태계에서 비즈니스 생태계의 참여자들은 이해관계에 따라 세력화하는 것이 더욱 용이해지고 있다. 이는 비즈니스 생태계의 참여자들이 세력화하여 자신들에게 유리한 방향으로 생태계를 조성해 가는 사례이다. 비즈니스 생태계에서 중추기업이나 지배 기업이 시장 지배력을 이용하여 생태계에서 창출된 가치를 독점하거나 착취할 수 없다. 구글은 앱마켓 생태계에서 참여자들의 가치창출 역할을 기반으로 그들 간의 갈등을 해결하고 균형과 조화를 이끌어내는 전략적 접근을 실천해야 한다. 그러한 전략적 경영을 통해 비즈니스 생태계가 지속가능하고, 구글의 경쟁력도 함께 강화될 것이다.

구글의 비즈니스 생태계에서 이해관계자들이 세력화하여 앱마켓의 플랫폼 사업자인 구글을 견제함으로써 균형을 잡아간다. 앱마켓 플랫폼 이용 사업자인 개발사는 어떻게 비즈니스 생태계를 경영하는가? 첫째는 비즈니스 생태계의 참여자로서 중추기업의 의사결정에 영향력을 발휘하는 전략이다. 구글의 예에서 본 바와 같이 플랫폼 이용 사업자로서의 개발사가 직접 플랫폼 사업자에게 영향력을 발휘할 수 없는 경우가 현실적 상황이다. 구글 인앱결제 사례에서와 같이 이해관계를 함께 하는 참여자들이 세력화하는 것이다. 둘째는 멀티호밍(multi-homing) 전략이다. 멀티호밍이란 개발사가 다수의 플랫폼을 자유롭게 이용하는 것이다. 플랫폼 비즈니스 생태계의 참여자인 규제기관은 플랫폼 사업자가 개발사로 하여금 다른 플랫폼을 이용하는 것을 강제로 금지할 수 없도록 하고 있다. 즉, 플랫폼 사업자가 멀티호밍을 제한하는 것을 금지하고 있다.

우버 생태계의 플랫폼을 이용하는 택시기사 고객과 승객 고객은 생태계의 핵심 이해관계자들이다. 그 외에도 우버 생태계에는 지역사회와 주민, 규제기관, 경쟁사 등이 이해관계자이다.

2020년 미국 캘리포니아주에서 노동법 AB5(Assembly Bill No. 5)가 통과되었다. 우버는 택시기사를 독립계약자가 아닌 노동자로 고용해야 할 처지에 놓이게 되었다. 이 법은 노동자의 범위를 확대 적용하는 법이다. AB5는 플랫폼 노동자를 노동자로 볼 것인가, 아니면 독립계약자(개인사업자 또는 자영업자)로 볼 것인가를 규정하는 법이다. 다음 3개 중 어느 하나라도 어길 경우는 플랫폼 노동자를 직원으로 채용해야 한다. 첫째, 고용주로부터 통제나 지시를 받지 않아야 한다. 둘째, 작업이 고용주의 핵심 업무가 아니어야 한다. 셋째, 독립적으로 설립된 거래, 직업 또는 영업에 종사하고 있어야 한다. 우버는 이들 세 개 조건을 모두는 충족하지 못했다. 당시 우버는 약 20만 명의 운전자를 고용해야 할 상황에 처했다. 이것은 적어도 우버가 캘리포니아주에서는 사업을 접어야 하는 것과도 같았다.

우버는 먼저 경쟁사인 리프트와 대시도어 등을 우방 세력으로 힘을 모았다. 우버는 경쟁사들과 함께 플랫폼 노동에 대해서는 노동법 AB5의 적용에서 제외할 것을 주장했다. 그리고 이를 주민투표에 붙이게 되었다. 2020년 11월, 주민투표에서 58%의 찬성을 얻었다. 우버 생태계에서 지역사회의 주민을 우호적 세력으로 끌어들이기 위해 우버는 약 800억 원 이상을 홍보, 로비, 주민투표 캠페인 등에 투자했다. 또한 우버는 노동조건도 개선했다. 주당 15시간 이상 운전했을 때 건강보험료를 지원한다. 캘리포니아주의 최저임금의 120%에 해당하는 임금을 보장한다. 산재보험, 의료보조금, 사고 치료비 등의 혜택을 제공한다. 우버는 경쟁사와 지역사회의 주민 등과의 세력화를 통해 우버 생태계에 유리한 여건을 만들었다.

이후에 노동자들이 다시 문제제기를 했고, 캘리포니아 고등법원은 주민투표에 대해 위헌성 판결을 내렸다. 영국과 네덜란드 등에서는 점차 법적으로 우버 기사를 독립계약자라기 보다는 노동자로 인정하는 추세이다.

두 개의 비즈니스 생태계 사례는 견제를 통해 균형을 잡아가는 방식에 약간의 차이를 보이고 있다. 구글 생태계의 플랫폼 사업자인 구글의 인앱결제에 대항하여 타 참여자들이 세력화하여 게임의 법칙을 변경하였다. 플랫폼 이용사업자들이 중심이 되어 협회, 언론, 일부 소비자의 여론을 형성하여 시장지배력을 문제 삼아 규제기관과 국회를 움직여 플랫폼 이용사업자에게 유리하도록 법을 개정하였다. 구글 생태계의 경우와는 달리 플랫폼 사업자인 우버가 타 참여자들을 세력화하여 우버에 유리한 생태계를 만들었다. 우버는 경쟁자, 지역사회, 일부 택시기사 고객을 세력화하여 택시기사를 독립사업자로 인정하게 하는 게임법칙을 유지하게 한 사례이다.

「원은 닫혀야 한다」에서 제시한 생태계의 4법칙에서와 같이 비즈니스 생태계는 상호 연결되어 있다[2]. 또한 거시적 관점에서 수직적으로는 산업 및 기술 생태계, 그리고 사회경제생태계와 연결된다. 경영자는 미시적 관점에서 비즈니스 생태계는 물론이고, 거시적 관점에서의 사회경제생태계와의 상호작용과 연결을 통해 선순환 체계를 만들어가야 한다.

비즈니스 생태계의 동적 균형이 중요한 이유는 변화를 반영해야 하기 때문이다. 첫째는 시간 변화에 따라 비즈니스 생태계의 참여자들도 변화하고, 공유목적을 달성하기 위한 역할과 중요도가 달라진다.

둘째, 사회경제생태계에서 공조직군, 사조직군, 사회조직군 간의 상호작용과 동적 균형 관계는 물론이고, 사조직군 내에서 참여자들 간에도 상호의존적인 관계를 통해 공유목적을 달성하기 위한 동적 균형과 조화가 필요하다. 비즈니스 생태계는 사회경제생태계의 하위 개념이다. 따라서 사회경제생태계의 변화에 따라 비즈니스 생태계에서 이해관계자들의 역학 관계도 변화되어야 한다.

셋째, 비즈니스의 특성에 따라 비즈니스 생태계의 균형을 잡아가는 전략이 달라진다. 기업은 신사업을 추진하기도 하고 기존 사업에서 철수하기도 한다. 이러한 변화를 반영하여 비즈니스 생태계의 균형을 잡아가는 전략이 필요하다.

넷째, 경제적 가치와 사회적 가치 간의 균형이다. 사회경제생태계의 변화에 따라 기업의 역할이 변화되어 왔다. 기업은 경제적 가치를 창출하는 것을 넘어서 공조직군의 역할이었던 사회적 문제를 해결하는 일도 떠맡게 되었다. 그것이 지속가능경영으로 가는 길이기 때문이다. 사회적 문제를 해결하면서 수익도 창출하는 사회적 기업의 비율이 증가하고 있는 추세이다. B 코퍼레이션(Benefit Corporation) 인증을 받는 기업의 수가 늘어나고 있다. 비록 사회적 기업이 아닌 영리기업도 사회적 가치창출을 무시하고는 지속적으로 성장하기 어려운 시대로 가고 있다. 공유가치창출이라는 CSV가 출현하게 된 것도 그와 같은 맥락에서 이해할 필요가 있다. 경영자는 경제적 가치와 사회적 가치의 균형을 통한 선순환 체계를 만들어가야 한다. 사회적 가치창출은 장기적으로 경제적 가치에 기여하고, 경제적 가치를 창출함으로써 더 많은 사회적 문제를 해결할 수 있다.

비즈니스 생태계 경영이 중요한 세 가지 이유

비즈니스 생태계 경영이 중요한 세 가지 이유가 있다.

첫째, ESG 경영은 비즈니스 생태계 경영의 한 방안이다. ESG는 규제의 대상이다. ESG 경영이 모든 기업에 필수가 되기 때문에 비즈니스 생태계 경영이 중요하다. 비즈니스 생태계 경영을 잘 하는 기업은 자연히 ESG 경영을 잘 하게 된다.

기업의 지속가능경영이 기업 재무적 성과에 직접 영향을 주는지는 명확하지 않았다. 그러나 ESG 경영은 투자와 위험에 직접 영향을 미친다. ESG의 비재무적 지표는 재무적 지표와 같이 공시된다. 또한 ESG는 연기금과 임팩트투자(impact investment)의 필수 요건이 되고 있다. 임팩트투자란 측정가능하고 사회와 환경에 긍정적 영향을 미치면서 재무적 성과를 내려는 의도가 담긴 투자이다. ESG 경영은 기업이 책임져야 할 환경과 사회적 문제를 어떻게 풀어야 할 것인가를 명확히 하고 있다. 또한 기업은 투명하고 신뢰할 수 있는 기업 내부 지배구조를 갖추어야 한다. 또한 기업 외부 지배구조의 투명성과 이해관계자들 간의 동적 균형이 부분적으로 ESG 지표에 반영된다. 따라서 ESG 경영은 비즈니스 생태계 경영의 부분집합이다. 비즈니스 생태계 경영을 잘 하는 기업은 기본적으로 ESG 경영 평가가 긍정적일 수밖에 없다.

둘째, 윤리적, 의식적인 소비자가 증가하면서 깨어있는 소비자 시장(Conscious Consumer Market: CCM)이 확산되고 있다. 깨어 있는 소비자, 환경과 사회적 관점에서도 지속가능한 제품이나 서비스를 우선 구매하는 의식있는 소비자가 미국 소비자의 40%에 이르고, 그 시장 규모도 3,000억 불에 이르고 있다. 윤리적 소비란 소비 활동을 통해 사회와 문화 등 우리를 둘러싼 환경과 관련된 문제들을 긍정적으로 변화시킬 수 있다는 생각에서 시작된 소비 활동이다. 윤리적 신념을 토대로 자신뿐만 아니라 사회 전체의 건강을 생각하는 소비 활동이다. 윤리적 소비는 인간과 동물, 자연환경에 대한 착취나 해를 가하지 않는 상품 또는 건강한 삶에 도움을 주는 상품을 구매하자는 활동이다. 윤리적 소비자와 CCM의 증가는 제품과 서비스를 넘어서 건강한 비즈니스 생태계가 소비자들의 기업 평판과 제품 구매에 영향을 준다는 의미이다. 세계 각국에서 소비자시민(consumer citizenship) 운동이 전개되고 있다. 소비자는 개인 소비자로서의 역할을 넘어서 사회에 대한 책무를 강조하여 사회문제, 환경문제, 미래세대문제 등을 고려한 창조적인 소비활동과 사회참여에 적극적이다. 자신의 개인적인 필요와 행복을 추구하면서도 소비활동, 경제활동, 사회활동, 정치활동 등을 통해 지구, 세계, 국가, 지역, 가족의 행복을 실현하는 것에 기여하고자 하는 운동이다.

셋째, 기업은 비즈니스 생태계 경영을 통해 블랙스완을 예방하고 대처하는데 긍정적 영향을 준다. 블랙스완과 같은 예상치 못한 재앙적 현상이 초래된 경우에 비즈니스 생태계가 결정적 역할을 한다. 예를 들어, 한국의 세월호 사태는 비즈니스 생태계에서 참여자들 간의 균형이 깨진 상태로 청해진해운이 기업 경영을 한 것에 기인했다.

이미 경영자들은 비즈니스 생태계의 중요성을 알고 있다. 한성숙 전 네이버대표의 이야기이다. "중소상공인이 발전하면 네이버의 사업이 튼튼해진다." 사티아 나델라 마이크로소프트 최고경영자의 이야기이다. "기본적으로 기술 업체는 회사를 둘러싸고 있는 다른 기업들이 성공하도록 기여했을 때 자신도 성공할 수 있다"

비즈니스 생태계의 공유목적

　　제임스 무어는 1993년 "약탈자와 희생자: 새로운 경쟁 생태계 (Predators and prey: a new ecology of competition)"라는 논문을 하버드 비즈니스 리뷰에 실었다[3]. 여기서 제임스 무어는 식물생태학자 탠슬리(Arthur Tansley)가 제창한 생태계 이론을 기반으로 비즈니스 생태계라는 용어를 처음으로 사용하였다. 제임스 무어는 기업이란 하나의 산업에 속하지 않고 여러 산업에 걸쳐 있는 비즈니스 생태계의 참여자라 하였다. 비즈니스 생태계의 기업들은 협업하고 때로는 경쟁하면서 혁신능력을 발휘하면서 공진화한다.

　　비즈니스 생태계란 고객, 공급자, 생산자, 유통업자, 운송서비스 기업, 기술 플랫폼 사업자, 금융기관, 거래협회, 표준화단체, 노동조합, 정부 및 준정부기관 등의 이해관계자들의 느슨하게 결합된 상호 의존적인 시스템이다. 비즈니스 생태계는 비즈니스 세계의 유기체인 조직과 개인들이 상호작용하는 경제적 공동체이다[4]. 많은 연구에서는 비즈니스 생태계를 고객과 경쟁자를 포함하는 이해관계자들(행위자)로 구성된 경제적 공동체로 보았다[3, 4, 5]. 비즈니스 생태계에서 구성원들은 상호보완적인 공헌을 통해 공진화한다.

　　글로벌 컨설팅사인 딜로이트(Deloitte)의 보고서, 「비즈니스 생태계의 시대가 오고 있다」에서 비즈니스 생태계란 협력과 경쟁을 통해 가치를 창출하고 획득하는 여러 구성원들의 동적이고 공진화하는 공동체라 정의하였다[6]. 비즈니스 생태계에서 구성원들의 공유목적과 가치가 존재해야 한다. 개별 참여자만의 능력으로 할 수 없는 것을 이루기 위해서는 참여자들이 다양해야 하고, 그들이 함께 학습하고 적응하고 혁신하는 집단능력이 중요하다.

경제적 공동체로서의 비즈니스 생태계는 참여기업의 입장에서 경영환경으로 볼 수밖에 없다. 그렇다면 누가 비즈니스 생태계를 관리할 것인가? 중추기업과 플랫폼 기업 외에도 어떤 기업도 자사의 비즈니스 생태계를 정의하고 경영해야 하는 시대이다. 기업은 하나의 주어진 경제적 공동체 내에서만 사업을 하지 않는다. 예를 들어, 플랫폼 사업자가 아닌 플랫폼 이용 사업자는 몇몇 플랫폼에서 사업을 한다. 또한 경제적 공동체의 어떤 참여 기업이 협업하고 경쟁하는 공동체의 참여자들은 다를 수 있다. 따라서 자사의 이해관계자들을 중심으로 경제적 공동체를 정의하고, 그들과의 관계를 경영해야 한다. 비즈니스 생태계 경영이란 참여자들 간의 균형과 조화를 이루어가는 지속가능경영 접근법이다. 따라서 경영자는 비즈니스 생태계 렌즈로 미래를 조명하고, 자사의 생태계를 경영해야 한다.

하버드대학 교수인 이안스티와 기술컨설팅사의 경영자인 레빈은 2004년 하버드 비즈니스 리뷰에 비즈니스 생태계의 건강성을 측정하는 3개의 지표를 제안했다[5]. 그들이 제안한 비즈니스 생태계의 건강성을 측정하기 위한 지표는 생산성(productivity), 강건성(robustness), 혁신성(niche creation)이다. 생산성은 비즈니스 생태계의 참여자들이 부가가치를 창출하는 능력이다. 대개 총요소생산성으로 측정한다[7]. 강건성이란 외부환경으로부터의 충격을 견디어내는 능력이다. 비즈니스 생태계에 새로이 참여하는 기업의 수와 참여자 중에서 퇴출하는 수로 측정한다. 비즈니스 생태계의 참여자가 증가하면 그 생태계 성장하고, 참여자가 감소하면 생태계 부담이 증가한다. 혁신성이란 새로운 사업 기회를 포착하는 능력이다. 혁신성을 높이는 한 방법은 틈새시장을 확보하는 것이다. 따라서 신시장을 개척할 수 있는 신제품과 신기술이 증가할수록 그 생태계 혁신성이 높아진다.

그들은 가치를 창출하고 공유하는 중추기업, 가치를 독점하는 지배자, 혁신을 추구하는 틈새 창조자라는 3개의 생태계 전략을 제시하였다. 그들은 플랫폼의 소유자인 중추기업을 중심으로 비즈니스 생태계를 분석하였다. 특히, 중추기업의 비즈니스 생태계에서 틈새 창조자가 아닌 참여 기업은 생태계 전략이 없다고 하였다. 그러나 어떤 기업도 기업 활동을 위한 플랫폼이 존재하고 자사의 생태계를 경영해야 한다. 비즈니스 생태계를 경영하기 위해서는 거시적 접근을 넘어서 미시적 접근이 필요하다.

비즈니스 생태계에는 공유목적이 존재한다. 공유목적은 기업 생태계의 존재이유이기도 하다. 생태계의 참여자들이 함께 공유하는 목적, 즉 참여자들 각자의 목적을 반영하는 상위 개념이다. 그러해야 비즈니스 생태계의 개별 기업만으로는 할 수 없는 것을 달성할 수 있다. 주주의 부를 극대화하는 것이나 이윤추구는 비즈니스 생태계의 공유목적이 될 수 없다. 그것은 공유목적을 달성하기 위한 하나의 수단이다.

비즈니스 생태계의 공유목적을 어떻게 달성하고 있는가를 파타고니아의 사례를 살펴보자. 파타고니아, 홀푸드, 코스트코 등의 사명과 핵심가치에는 공유목적이 반영되어 있다. 대부분의 기업은 환경과 사회 문제가 기업 성과, 특히 재무적 성과에 미치는 영향을 우선적으로 고려하여 ESG 경영을 실천한다. 기업은 한정된 자원으로 성과를 내야하기 때문이다. 그러나 파타고니아는 꼭 그렇지 않다. 파타고니아는 제품이 환경에 미치는 영향을 연구하여 환경 피해를 최소화 하는 사업 방식을 찾아 실천한다. 환경 법규의 준수나 정부와 관련 조직들의 압력 때문이 아니다. 그것은 파타고니아 생태계의 공유목적이 환경 피해를 유발하지 않는 것이기 때문이다.

슬로건, 비전, 목적이 그럴듯하고 허울 좋은 구호에 지나지 않아서는 안 된다. 말 그대로 사명은 존재이유여야 하고, 경영으로 실천되어야 한다. 그런 관점에서 파타고니아는 진정성을 갖고 공유목적을 실천한다고 볼 수 있다.

"최고의 제품을 만들되 불필요한 환경 피해를 유발하지 않으며 환경 위기에 대한 공감대를 형성하고 해결방안을 실현하기 위해 사업을 이행한다." 환경단체의 사명 그 이상이다. 현재는 "우리는 우리의 터전, 지구를 되살리기 위해 사업을 한다."로 간결하게 변경했다. 사명의 첫 부분은 '최고의 제품을 만든다.'로 시작한다. 파타고니아의 존재이유이다.

사명을 실천하는 데는 디자인 철학이 지침이 된다. 파타고니아 디자이너들의 실천 체크리스트를 보면, 사명이 어떻게 실무로 연결되어 이행되는가를 알 수 있다.

첫째, 필요한 기능을 갖추었는가? 다기능적일 때 환경에 미치는 부정적 영향이 적다. 둘째, 내구성이 있는가? 셋째, 수선이 가능한가? 수선은 환경보호를 위한 급진적 활동이다. 수선하여 사용함으로써 이산화탄소 배출, 폐기물 배출, 물 사용을 줄인다. 옷을 9개월만 더 사용해도 관련 폐기물, 탄소 발자국이 각각 20-30%씩 줄어든다. 파타고니아는 수선센터를 운영하고, 고객 스스로 수선하도록 교육한다. 넷째, 관리와 세탁이 쉬운가? 세탁, 건조, 드라이크리닝, 다림질 등으로 에너지가 소비되고, 탄소가 배출된다. 파타고니아는 탄소 배출을 적게 하는 옷을 만든다. 실천 목록을 보면, 파타고니아가 의류를 생산 판매함에 있어서 지구를 되살리겠다는 목적을 이행하고 있다는 것을 알 수 있다. 공유목적과 경영실천 간에 일치성이 있다. 이익을 더 내기 위해 사명과 다르게 실천하지 않는다는 것을 알 수 있다.

　고객은 물론이고 환경단체를 비롯한 NGO와 환경 그 자체는 공유목적을 달성하기 위한 파타고니아의 중요한 이해관계자이다. 파타고니아의 창립자, 이본 쉬나드는 "공급망의 협력사를 비롯한 사업 파트너들과 목적을 공유하고 소통하고 교육하여 사명을 이해하여 함께 실천한다."고 하였다. "나는 파타고니아를 생태계라고 생각한다. 판매사와 고객을 시스템의 필수적인 부분으로 하는 생태계라고 말이다. 시스템 내 어디에서 발생한 문제든 결국에는 전체에 영향을 미친다. 따라서 모든 사람이 전체 유기체의 건강을 무엇보다 우선해야 한다. 이는 조직에서 어떤 지위에 있든, 회사 내부에 있든, 외부에 있든, 모든 사람이 회사의 건전성에, 제품의 완성도와 가치에 눈에 띄게 기여할 수 있다는 의미이기도 하다."[8]. 파타고니아의 사명에는 파타고니아 이해관계자들을 고려하고 있기에 공유목적이 반영되어 있다.

　공유목적을 실천하는 데는 갈등이 발생한다. 기업 이익과 공유목적을 달성하는 데는 상반관계가 존재할 수 있다. 이러한 갈등을 푸는 데는 사업에 대한 기본적인 관점의 차이가 존재한다. 또한 갈등을 푸는 혁신적인 방법이 필요하다. 파타고니아의 이야기는 다음과 같다. "이윤은 고객들이 우리가 하고 있는 일에 대해 보내는 신임투표라 생각한다. 우리는 환경보호 활동을 위한 자금 조달과 다음 수백 년 동안 사업을 계속하고자 하는 바람 사이의 균형을 찾기 위해 노력하고 있다. 지구를 위한 결정은 결국 회사에도 좋은 결정이 된다. 이익을 내고 환경을 위해 쓴다."[8, pp. 260-262].

비전과 사명이나 목적이 아무리 좋아도 실천되지 않으면 그만이다. 공유목적과 경영실무가 일치되게 이행하는 데는 상위 경영층에서부터 실무자에 이르기까지의 일관성 있는 행동규범과 지침이 필요하다. 파타고니아는 공유목적과 관련된 중요한 가치관을 기업 헌장과 회사 정관에 명시하고 있다. 파타고니아가 팔린다고 해도 이사회 전원의 동의 없이는 회사의 가치관과 조건을 바꿀 수 없다. '연 매출의 1퍼센트를 환경운동에 기부하는 것'은 그러한 가치관의 한 예이다. 실천의 예를 보면, 고위 경영진 누구에게도 특별한 주차 공간을 주지 않는다. 가장 좋은 자리는 연료 효율이 높은 차들의 몫이다. 환경에 대한 실천 규칙의 일면을 보여준다.

다음 글에서 파타고니아의 철학과 공유목적이 어떻게 실무로 연결되어 실천되는가를 잘 보여준다.

"우리의 철학은 규칙이 아닌 지침이다. 우리의 철학은 모든 프로젝트에 대한 접근법의 핵심이며, 문서의 형태로 명확히 남아 있기는 하지만 적용 방식이 고정 불변인 것은 아니다. 오래 지속되는 기업에서는 사업을 영위하는 방법이 끊임없이 변화하기 마련이다. 하지만 가치관, 문화, 철학은 변함없이 유지된다.

파타고니아에서는 모든 임직원들이 상관의 명령을 기다리거나 융통성 없는 계획을 따르는 대신, 우리의 철학을 지침으로 삼아 자발적으로 옳은 길은 찾아가는 자율권을 갖는다.

철학을 숙지함으로써 우리는 모두 같은 방향으로 발을 맞추어 나이가고, 효율을 높이고, 적절치 못한 소통에서 생기는 혼란을 피할 수 있다.

지난 10년 동안 많은 실수를 저질렀지만 오랫동안 길을 잃은 적은 한 번도 없었다. 우리의 철학이 지도가 되어 주었기 때문이다."

경제적 가치와 사회적 가치 창출에서 갈등이 발생하면, 공유목적은 그 갈등을 풀기 위한 기준이 된다. 파타고니아는 제품이 환경에 미치는 영향을 조사하여 공유목적 달성에 장애가 되면, 경제적 가치를 창출하기 위한 비즈니스 모델을 바꾸거나 원재료 생산 방식까지도 변경해 왔다. 예를 들어, 목화밭의 온실가스 배출과 제초제 살포 등에 대한 환경문제를 분석하여 유기농 목화 재배로 전환했다. 1996년 이후로 만들어진 의류는 모두 유기농이다[8, p. 179]. 의복의 라이프 사이클(직물 제조, 염색, 제작, 유통, 소비자의 사용 및 처분)이 환경에 미치는 영향을 연구하여, 가장 큰 피해를 유발하는 부분이 세탁이라는 것을 발견했다. 파타고니아는 차갑거나 미지근한 물에서 중성 세제로 세탁하고 널어서 말리는 의류를 생산한다.

디지사이트

[그림 7.1] 미국 캘리포니아주 벤투라에 소재한 파타고니아 본사와 미션 선언문: "최고의 제품을 만들고, 세상에 불필요한 피해를 유발하지 않으며, 환경 위기에 공감대를 이루고 해결 방안을 실행하기 위해 사업을 한다." 현재는 이를 "파타고니아는 우리의 지구를 구하기 위해 사업을 한다."로 변경하였다.

미국의 유기농 식료품업체인 홀푸드(2017년 아마존이 인수하였음)는 건강한 식생활 변화로 세상을 바꾼다는 공유목적을 그 기업의 핵심가치에 담고 있다. 첫째, 고객을 위한 고품질의 영양가 높은 유기농 식품을 제공한다. 둘째, 직원을 위한 행복과 탁월함을 추구한다. 셋째, 주주를 위한 이익과 성장을 추구한다. 넷째, 사업 파트너와 상생 가치를 창출한다. 다섯째, 지역 사회를 위해 봉사한다. 여섯째, 건강한 먹거리 교육을 통해 모든 이해관계자들의 건강을 정진한다. 이들 핵심가치는 홀푸드 생태계의 이해관계자들과 공유할 목적을 잘 반영하고 있다. 모든 홀푸드 매장의 가장 잘 볼 수 있는 곳에 핵심가치를 새겨두었다.

[그림 7.2] 홀푸드 매장에 게시된 핵심 가치

　문제는 공유목적을 달성하는데 있어서 생태계 참여자들 간에 긴장관계가 존재한다는 점이다. 경영자는 이들 긴장관계를 풀고 공유목적을 달성해가야 한다. 참여자들 간의 긴장관계에 대한 작은 예를 들어보자. 광고 플랫폼에서 이용자들은 콘텐트를 광고 없이 보기를 원하고, 광고주는 광고효과를 극대화하고자 하며, 플랫폼 사업자는 수익을 창출해야 한다. 여기서 플랫폼의 세 참여자들 간에 갈등이 존재함을 엿볼 수 있다.

　유튜브 이용자들은 5초 건너뛰기 광고를 자주 보게 된다. 5초 간 광고를 보면, 광고를 건너뛰어 동영상을 시청할 수 있도록 하는 기능으로 트루뷰(TrueView In-Stream)라고도 한다. 이용자가 건너뛰기 한 경우에 광고주는 구글에 광고비를 지불하지 않아도 된다. 단, 광고주는 30초 이상 광고가 노출되었거나, 30초 미만의 광고인 경우는 광고 전체가 노출된 경우만 광고비를 지불한다.

유튜브의 비즈니스 모델은 이용자 고객들이 만든 동영상 콘텐트를 제공하여 광고주 고객으로부터 광고비를 받는다. 유튜브 플랫폼에는 플랫폼 사업자인 구글, 이용자 고객, 광고주 고객이 생태계의 핵심 참여자들이다. 건너뛰기 광고로 이용자 고객은 광고 시청에 대한 선택권을 갖게 되었고, 광고주 고객은 이용자들에게 관심 있는 광고를 노출하여 광고효과를 높일 수 있다. 또한 건너뛰기 광고로 유튜브의 광고수익이 도리어 증가되었다. 비즈니스 모델의 단순한 혁신의 결과는 생태계 참여자들 모두에게 혜택을 가져오게 하였다.

7.2 비즈니스 생태계 전략

비즈니스 생태계, 시스템 이론과 연기법

기업도 일종의 시스템이다. 비즈니스 생태계는 시스템 관점에서 비즈니스를 설명하는 것과 맥락을 같이 한다. 계(系)란 시스템을 의미한다. 생태계는 개방형 시스템의 대표적인 예이다. 시스템은 단위체로서 고유한 목적이 있다. 시스템을 구성하는 요소는 2개 이상이다. 시스템의 구성요소는 독립적이지 않고, 상호의존적이며 상호관련성을 갖고 상호작용한다. 또한 시스템은 환경이나 상위 시스템 또는 하위 시스템과 개방적이고 상호작용한다.

비즈니스 생태계는 거시적 관점과 미시적 관점에서 볼 수 있다. 산업, 기술, 창업 등의 생태계는 거시적 관점이다. 이 책에서는 미시적 관점의 비즈니스 생태계 경영에 역점을 두었다. 따라서 모든 기업은 자사 관점에서 플랫폼을 정의하고, 비즈니스 생태계를 경영할 때, 지속가능하다. 기업은 플랫폼 포트폴리오로 구성되어 있기 때문에 비즈니스 분야별 생태계를 분석하여 기업 생태계를 경영해야 한다. 다수의 비즈니스 생태계는 상호의존적이고, 상호관련되어 상호작용한다. 또한 기업 생태계는 그 상위 시스템인 산업생태계, 기술생태계, 사회경제생태계와도 상호관련되어 상호작용한다. 따라서 경영자는 자사의 생태계는 물론이고 그 상위의 생태계와의 관계도 관리해야 한다.

석가모니 부처님은 이미 연기법으로 우주의 법칙을 설파하였다. 어떻게 보면, 불교의 연기론은 마치 인드라망처럼 복잡 미묘하게 얽혀 있는 여러 다양한 생태계들 간의 연관성을 다루고 있다. 불교 경전 중의 하나인 잡아함경(雜阿含經)에서는 "이것이 있으므로 저것이 있고, 이것이 생기므로 저것이 생긴다. 이것이 없으면 저것도 없고, 이것이 사라지면 저것도 사라진다."고 했다. 이 구절은 바로 관계성을 설명하는 연기의 이치를 간결하게 잘 설명하고 있다. 모든 것은 홀로 독립적으로 존재하지 않고 관련되어 있다. 연기란 "조건을 의지해서 일어난다."는 뜻을 함의하고 있다. 연기에서 연이란 인과 연의 통칭으로 흔히 인연(因緣)이라고도 한다. 이것은 원인과 조건에 따라 결과와 효과가 달라진다는 의미로도 해석할 수 있다. 즉, 불교에서는 우주의 모든 현상은 홀로 독립적으로 존재하지 않고 상호관련성을 갖고 연결되어 있다고 본다. 따라서 그 실체적 존재는 결국 인과 연의 조합 그 이상도 이하도 아니라는 관점을 취한다. 예를 들면, 씨앗이 인에 해당하고, 씨앗을 싹트게 하는 기후와 풍토 등의 조건이 연에 해당한다. 이처럼 사물과 현상의 관계성을 중시하는 연기론과 함께 중관이론도 그 관계적 맥락을 강조한다는 측면에서 불교의 두 가지 핵심사상으로 간주된다. 아래의 구절들은 중관의 의미를 함축하여 잘 나타낸다. "일체의 사물은 서로 서로의 관계에서 생기는 것으로, 그 자체로 독립적이고 궁극적인 실재가 없다. 사물은 독립적이거나 본래적인 존재란 찾아볼 수 없는 의존적 관계들의 복잡한 배합이다. 모든 사물과 인간은 상호 의존에 의해서만 존재한다. 무한한 관계망과 상호작용하면서 끊임없이 변화하고 있다" [9, p. 34; p. 113; p. 115].

연기법에서 관계와 연결성이 중요하듯이 조직에서는 이해관계자들 간의 관계가 중요하고, 이해관계자들 없이는 비즈니스도 비즈니스 생태계도 존재할 수 없다.

기업의 존속을 설명하는 이론으로 시장준거이론은 연을 강조한 것이다. 한편, 자원준거이론이나 핵심역량이론은 인을 중시하는 측면이 강하다. 흔히 "불교는 마음의 종교"라고 한다. 붓다는 인간 마음(정신)의 이해와 통제, 즉 단순한 인간 마음의 경영적 차원을 넘어서 있었다. 붓다는 이미 그 자신의 내면(자기)과 외부(환경)와의 연관성, 더 나아가 모든 생태계와의 관계성을 간파한 인류의 위대한 경영자라 할 수 있다. 다시 말하자면, 붓다는 일개의 조직을 넘어선 세상(인간, 사회, 자연)을 대상으로 한 위대한 경영자인 것이다.

시스템에는 고유한 목적이 있듯이, 연기법의 목적은 세상을 살아가면서 겪는 고통의 근본 원인을 밝혀 해탈에 이르게 하는 것이다. 부처님은 인간이 고(苦), 즉 괴로움을 벗어나는 것에 목적을 두었다. 한편, 기업은 생존과 성장을 위한 지속가능한 이윤을 추구하면서 그 생태계의 공유목적을 달성하는데 역점을 둔다.

기업의 성공은 비즈니스 이해관계자들의 관계를 경영하는 데 달려있다. 주주와의 관계만이 아니다. 고객 없는 비즈니스란 존재하지 않는다. 비즈니스 생태계의 이해관계자들 간의 관계에서 비즈니스가 존재한다. 주주의 부를 극대화한다는 주주 자본주의는 2008년 금융위기, 기후변화, 양극화 등으로 그 한계를 실감하게 했다. 기업의 성공은 비즈니스 생태계의 모든 이해관자들과의 관계를 경영하는데 있다. 비즈니스에서 계약도 넓게는 이해관계자들 간의 관계, 즉 계약 당사자 상호간의 기대와 행동의 관계에 기반을 두고 있다.

일반 생태계와 비즈니스 생태계

차이위치우의 「모략」 중에서 장자의 「산목」에 나오는 이야기이다. 일반 생태계의 먹이사슬을 아주 잘 설명하고 있다. "매미가 기분 좋게 나무 그늘에 앉아 자신도 잊어버린 채 신나게 놀고 있었다. 그런데 그 곁에서 사마귀 한 마리가 나뭇잎에 숨어 매미를 노리는 데 열중하느라 자신마저 잊고 있었다. 또 그 곁에는 까치가 기회를 틈타 이 사마귀를 잡으려 눈독을 들이느라 장자에게 잡히는 줄도 모르고 자신을 잊고 있었다. 장자는 '아! 만물은 서로 해치고 이해는 서로 얽혀 있구나!'라며 탄식했다."[10].

비즈니스 생태계는 먹이사슬로 이루어진 일반 생태계와 다르다. 이해관계가 있는 행위자들의 느슨한 결합체이지만, 여기서는 행위자들이 공유목적을 이루기 위해 협업하여 혁신하고 함께 진화한다. 이해관계가 얽힌 문제에서 갈등을 풀고, 상반관계를 해소하여 상호 혜택을 이끌어내는 데는 혁신이 요구된다. 공유목적을 달성하기 위해 이해관계자들이 공감대를 이루고, 함께 힘을 모아 공유목적을 달성한다. 협업과 혁신을 통해 함께 성장하고 발전한다.

7. 비즈니스 생태계 경영을 위한 미시적 접근

[그림 7.3] 산해경(중국 신화집 및 지리서)에 나오는 발이 긴 종족과 손이 긴 종족이 힘을 합쳐 고기를 잡아 상호 혜택을 누린다: 공유목적과 협업을 잘 표현하고 있다. 이미지 출처: karapaia.com/archives/52011678.html

비즈니스 생태계 경영을 위한 전략적 기제

마이클 포터가 제시한 5개 세력 모델(5 forces model)은 산업구조분석을 위한 중요한 전략적 도구이다. 산업구조를 분석하여 우리 기업이 속한 산업이 얼마나 매력있는가를 가름할 수 있다. 예를 들어, 우리 기업은 뜨는 산업 또는 지는 산업에 위치하고 있는가? 이 모델은 산업 내의 이해관계자들의 경쟁관계를 다룬다. 기업을 둘러싸고 있는 경쟁관계에 있는 5개 세력이란 공급자, 고객, 산업 내의 경쟁자, 대체재, 잠재적 시장 진입자이다. 비즈니스 생태계 경영에서는 생태계 내 참여자들 간의 협업관계를 통해 생태계 간의 경쟁관계를 다룬다.

전략이란 경쟁우위를 달성하기 위한 방법에 대한 이론이다. 경쟁우위란 한 기업이 다른 경쟁 기업보다 경제적 가치를 더 창출하는 것이다. 경제적 가치란 제품이나 서비스를 구입함으로써 구매자가 인식하는 혜택으로써의 가치와 그 제품이나 서비스를 제공하는데 드는 비용과의 차이이다. 전략적 관점에서 기업은 경쟁사보다 조금 더 나은 경제적 가치를 창출해야 경쟁우위를 이룰 수 있다. 약간 더 많은 경제적 가치라는 뜻에는 효율적 차원이 반영되어 있다. 그래서 기업을 가장 효율적 조직이라 한다.

그런데 기업 전략에서 경쟁에 집중하고 경제적 가치에만 치중하면, 지속가능한 경쟁우위를 달성하는 데 한계가 있다. 기업이 지속가능한 경쟁우위를 달성하기 위해서는 경제적 가치와 더불어 사회적 가치도 함께 추구해야 한다. 특히, ESG 경영이 필수가 되는 시대적 상황에서는 더욱 그러하다.

앱마켓에서 구글의 인앱결제와 관련하여 구글의 전략을 예로 들어 보자. 구글은 구글 플레이에서 판매되는 모든 앱에 대한 수수료를 30%로 책정하는 안을 발표했다. 구글 앱마켓의 개발사를 비롯한 이해관계자들은 구글의 가격 정책에 반대하여, 결국 인앱결제 강제 금지법(전기통신사업법 개정)을 성사시켰다. 이렇게 볼 때, 구글의 플랫폼에서 구글과 개발사는 경쟁관계에 있다. 5개 세력 모델은 기업의 이해관계자들을 경쟁관계로 보는 전통적 관점에서의 전략적 접근이다. 비즈니스 생태계 관점에서는 경쟁관계보다는 협업관계에서 전략을 짜야한다. 비즈니스 생태계 혜안을 가질 때, 이해관계자들 간의 갈등을 풀 수 있다[11].

경쟁전략과 경쟁우위 이론에 빼놓을 수 없는 학자는 하버드대학 교수, 마이클 포터이다. 산업구조분석에서 자주 이용되는 5개 세력모델은 비즈니스 생태계의 공통적인 참여자들을 잘 열거하고 있다. 우리 기업이 경쟁력 있고 매력있는 산업에 종사하고 있는가는 따져보아야 한다. 첫째는 산업 내에서 경쟁자가 적어야 한다. 둘째는 잠재 경쟁기업이 적고 진입장벽이 높아야 한다. 셋째는 대체재의 위협이 낮아야 한다. 나머지 둘은 가치사슬에서 공급자와 구매자의 힘을 빼는 것이다. 공급자 간에 경쟁을 붙여 공급자의 협상력을 낮추고 자사에 종속시켜야 한다. 구매자인 고객(사)의 단합을 막고 자사에 묶어둘 수 있어야 한다.

경영학 수업에서는 이 모델을 설명하는데 코카콜라의 경쟁분석 사례를 자주 들곤 한다. 코카콜라는 원액과 브랜드 마케팅에 역점을 두고, 보틀링 시스템(bottling system)을 구축하여 공급과 수요로부터 오는 위험을 보틀링 파트너에게 전가하는 전략을 펴고 있다. 예를 들어, 보틀링 파트너는 코카콜라사로부터 원액을 구입하고, 여기에 감미료, 음용수, 탄산수 등을 첨가해 콜라를 만들어 유통시킨다. 원액 외의 원료는 모두 보틀러가 관리하게 하여 공급자의 협상력을 낮추고, 판촉과 유통도 떠맡게 한다. 한편으로는 보틀링 파트너를 인수합병하는 방법으로 보틀러의 힘을 빼기도 한다. 보틀링 시스템은 지역별로 보틀러(Bottler, 병 제조업자)와의 계약을 통해 그 지역 내의 보틀러에게 코카콜라 독점 판매권을 부여하는 것이다. 보틀러들은 코카콜라컴퍼니로부터 대량의 원액을 납품받아 그들이 제조한 병에 원액을 넣어 판매한다.

택배사가 대리점을 두어 고객과의 접점에 있는 택배기사를 관리하는 방식도 경쟁전략에서 나쁘지 않은 접근법이다. 왜냐하면, 코카콜라의 경쟁전략과 마찬가지로 시장에서의 직접적인 위험을 대리점과 택배기사에게 전가할 수 있기 때문이다.

5개 세력 모델은 비즈니스 생태계의 참여자들을 경쟁관계로 보고, 그들의 힘을 빼고 자사에 종속시키는 것이 경쟁우위로 가는 길이라는 가정을 함축하고 있다. 우리를 비롯한 아마 대부분의 경영학 교수들은 이러한 경쟁전략을 비판 없이 수업에서 설명해 왔다. 그러나 비즈니스 생태계 경영에서는 참여자들을 협업적 관계로 본다.

생산자나 공급자를 기업 관점에서 경쟁관계에 있다고 보는 것이 고객 관점에서 보면 협업관계이다. 5개 세력 모델에서 보듯이, 기업은 공급사보다 협상에 우위를 점하여 단가를 낮추고 비용을 절감하고자 한다. 그러나 고객은 그 기업과 공급사가 협업하여 더 나은 상품과 서비스를 제공하여 상생하기를 바란다.

우리는 비즈니스 생태계를 연구하면서부터 과연 5개 세력모델을 비롯한 경쟁우위 이론이 올바른 강의였는가에 대한 의문을 갖게 되었다. 비즈니스 생태계 경영에서는 무엇보다도 먼저 참여자들의 공유목적을 파악해야 한다. 또한 지속가능성을 고려해야 한다. 참여자들이 공유목적을 달성하기 위해 협업하고 상생의 길을 모색하면, 갈등을 푸는 해결책도 달라진다. 마이클 포터도 최근에는 기업의 사회적 책임(CSR)을 넘어서 사회문제를 해결하면서도 경제적 가치를 창출하는 공유가치창출(CSV) 이론을 펴기도 하였다.

기업 간의 경쟁을 넘어서 비즈니스 생태계 간의 경쟁으로 나아가야 한다는 데는 많은 학자들과 경영자들도 인식을 같이 하고 있다. 비즈니스 생태계의 경쟁력이 진정한 지속가능한 기업 경쟁력이다. 비즈니스 생태계의 이해관계자들의 역할과 혜택을 고려한 균형과 조화를 일구어 내는 것이 경영자의 역할이다. 비즈니스 생태계에서 공유목적을 향해 달려가는 것이 결국, 이해관계자들 모두에게 혜택으로 귀결되고 지속가능경영을 가능케 하는 전략적 기제가 제대로 작동해야 한다.

아담 스미스가 주장한 바와 같이, 보이지 않은 손이라는 기제가 제대로 작동할 때, 개인의 이기적 행동이 사회적 공익으로 귀결된다. 물론 아담 스미스는 기본적으로 인간은 근면, 성실, 사려 깊다고 보았다. 탐욕, 자존심, 시기심, 허영심으로 가득 차 있다고 전제하지 않았다. 이러한 전제 하에서 시장에서 경쟁으로 가격과 임금이 공정하게 형성되는 기제가 작동해야 한다. 아담 스미스는 다음과 같이 전략적 기제를 잘 표현하고 있다. "우리가 저녁식사를 할 수 있는 것은 정육점, 양조장, 빵집 주인의 자비심 덕분이 아니라 그들이 자기 이익을 중시하기 때문이다. 우리는 그들의 자비심에 호소하는 것이 아니라 그들의 이기심에 호소한다."[12]. 마치 이기심이 발현되어 사회적 공익이 달성되게 하는 것과 같이 비즈니스 생태계의 전략적 기제를 잘 설계하여 작동하게 하는 경영자는 위버멘쉬이다. 전략적 기제는 잘 설계되어 작동되는 교통체계와도 같다. 도심의 복잡하고 혼잡해 보이는 교통환경에서 운전자들은 신호체계와 교통 법규 등을 준수함으로써 자신과 다른 운전자들 모두에게 혜택이 되도록 스스로 행동한다.

니체는 이기심의 발현이 곧 사회적 공익이라는 개념을 터득했다.

이기주의는 고귀한 영혼의 본성에 속한다. 관계적 실존이다. 고귀한 영혼은 자기와 동등한 권리를 가진 사람이 있다는 것을 인정한다. 그런 사람들과 교류하며 그런 사람들에게 권리를 주면서 자기 자신을 존경한다. 니체는 말한다. "지배하려고 하지만 완전한 멸종을 의도하지는 않는다." 힘 싸움이 상승 작용을 하여 창조적 힘으로 발현되어 상생관계로 귀결된다. 자기 긍정이 곧 타인의 긍정이다. 나의 발전이 타인의 발전이고, 사적 관심이 공적 관심이다. 디오니소스적 긍정의 주체이다[13]. 비즈니스 생태계에서 이해관계자들 간의 견제가 균형을 이루어낸다.

개인이 이기적으로 행동하는 결과가 사회적 공익으로 귀결되게 하듯이 비즈니스 생태계의 각 참여자들이 공유목적에 기여하는 것에 비례하여 혜택이 돌아가게 하는 기제를 설계하여 작동하게 해야 한다. 공유목적이 중요하다. 비즈니스 생태계의 이해관계자들이 상호 견제를 통해 공유목적을 달성하게 동태적 균형을 이루게 해야 한다. 이러한 전략적 기제를 설계하여 실현해가는 것은 경영자의 몫이다. 비즈니스 생태계 경영 이전에는 전략적 기제가 시장이나 사회에서 주어지는 환경적 요인으로 보았다. 사회경제생태계와의 상호작용 속에서 비즈니스 생태계를 경영하는 경영자의 역할이 중요하다. 경영자는 전략적 기제를 만들어가는 데 블록체인과 같은 디지털 기술을 적용할 수 있다. 그렇다면 경영자가 블록체인을 활용하여 자신의 통찰력을 발휘하는 것은 디지사이트이다.

모든 환경(거시환경분석의 정치, 경제, 사회, 기술, 환경 등)은 변화하기 마련이다. 기업은 경쟁력과 성과 향상을 위해 끊임없이 혁신을 꾀하여 왔다. 그러나 다시 유리천장에 부딪힌다. 비즈니스 생태계 경영은 더 나은 방향으로 변화하기 위한 시대적 산물이다. 기업 경쟁력, 존속과 성장, 더나가 인류의 삶을 향해 나아가는데 부딪히는 유리천장을 깨는 전략적 경영으로 비즈니스 생태계 경영이 필수적인 시대이다.

디지사이트, 비즈니스 생태계 경영, 지속가능경영의 삼각관계

디지사이트는 이해관계자들 간에 꼬인 매듭을 풀고 긴장관계를 해소하여 비즈니스 생태계 경영 혁신의 모멘텀이 된다. 비즈니스 생태계 경영의 혜안을 가진 경영자는 디지사이트를 향상시키고 발휘하다. 디지사이트는 지속가능경영의 길을 튼다. 비즈니스 생태계 경영과 지속가능경영은 상호 보완적이다. 비즈니스 생태계 경영을 통해 지속가능경영의 목적이 성취되고, 지속가능경영은 건강하고 풍요로운 비즈니스 생태계를 가능하게 한다. 디지사이트, 비즈니스 생태계 경영, 지속가능경영에서 경영의 지혜를 펼치는 것이 경영자의 역할이다. 이것은 비즈니스 생태계 경영의 혜안이 없는 경영자에게는 불가능하다. 경영의 대상을 보는 범위가 한정되어 위기에 대처할 디지사이트를 발휘하지 못하기 때문이다. 세월호 사태, 남양유업 불매운동, SPC 불매운동 등도 결국 비즈니스 생태계를 제대로 경영하지 못한 결과이다.

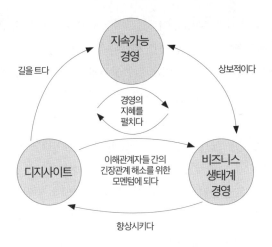

[그림 7.4] 비즈니스 생태계 경영은 디지사이트를 향상시킨다. 디지사이트는 비즈니스 생태계 이해관계자들 간의 긴장관계 해소를 위한 모멘텀이 된다. 디지사이트는 지속가능경영의 길을 튼다. 비즈니스 생태계 경영과 지속가능경영은 상보적이다.

시황이 어려울수록 경영자는 이익을 내어 경제적 가치를 창출하는 것으로 사회적 책임도 다하고 있다는 방향으로 시야를 고정시킨다. 밀턴 프리드먼 주장을 업고, 그 이상의 사회적 가치를 창출하는 것을 부담스럽게 생각한다. 그러나 비즈니스 생태계 관점에서 보면 꼭 그렇지만은 않다는 시야를 갖게 된다. 경영의 지혜가 발현되는 깨달음이다. 경제적 가치와 사회적 가치, 재무적 성과와 비재무적 성과를 통합하는 투자 개념을 일깨워 주는 비즈니스 생태계 경영의 혜안을 갖게 된다.

"살아남는 종은 강한 종이 아니고, 똑똑한 종도 아니다. 변화에 잘 대처하는 종이다." 찰스 다윈은 22살 되던 1831년부터 1836년까지 5년간 비글호를 타고 세계 일주를 하였다. 그는 1837년 「종의 기원」에 관

7. 비즈니스 생태계 경영을 위한 미시적 접근

한 첫 노트를 쓰기 시작했다. 이 5년간의 경험으로 생명체는 환경과 필요에 따라 선택적으로 적응한다는 깨달음을 얻게 되었다. 1859년 「종의 기원」을 출간하였다. 다윈은 비글호가 상륙하는 지역의 지질과 동식물들을 열심히 관찰하고 표본을 수집하는 한편 자신의 모든 관찰을 일지에 꼼꼼히 기록했다. 갈라파고스 제도에서의 관찰은 다윈의 진화론을 발전시키는 결정적 계기가 되었다[14, p. 180]. 다윈이 친구인 조지프 후커에게 보낸 편지의 중 인상적인 부분이다. "제가 만일 20년을 더 살아서 일할 수 있다면, 종의 기원에 다시 쓸 부분이 많을 것입니다. 어쨌든 그것은 시작일 뿐이니 그 자체로 뭔가 의미가 있겠지요."(적자생존을 넘어서 친화력이 뛰어난 다정한 종이 살아남는다는 주장도 있다.)[15].

모든 생물은 진화하듯이 기업도 경영도 시대흐름에 따라 진화해 왔다. 기업은 이익을 동기로 부와 고용을 창출하는 역할에 무게 중심을 두어 왔다. 그러나 지속가능성과 기업 생태계의 중요성을 감안하여 실천하는 방향으로 진화해가고 있다.

7.3 각 장의 연계

　　디지사이트를 발휘하는 비즈니스 생태계 경영의 각 장은 상호 연계된다. 각 장에서는 비즈니스 생태계의 이해관계자들을 다루었다. 이들 각 장의 연계를 요약하면 다음과 같다.

　　블록체인, 인공지능, 빅데이터, 사물인터넷 등의 디지털 기술이 4차 산업혁명과 디지털 대전환을 이끌고 있다. 코로나19, 디자인 사고, ESG, 이해관계자 자본주의, 플랫폼 경제는 경영과 관련된 최신의 중요한 논제들이다. 코로나19는 비즈니스 생태계의 블랙스완을 촉발한다. 디자인 사고는 비즈니스 생태계의 고객과 직원이라는 이해관계자들을 어떻게 볼 것인가에 대한 통찰을 준다. CSR과 사회적 자본은 경영과 관련된 채 풀리지 않은 오랜 주제들이다. ESG 경영은 영리조직인 기업이 추구하는 경제적 가치와 사회적 가치의 갈등을 풀어주는 경영자의 통찰력을 발휘하는데 촉매가 된다. 자본주의는 치유되어야 한다. 주주 중심에서 이해관계자를 아우르는 시대로의 전환점에 다다랐다. 이해관계자들을 분석하여 모순처럼 드러나는 그들 간의 갈등과 긴장관계를 다룰 때, 경영자는 통찰의 의미를 되새기게 된다. 디지털 기술로 플랫폼이

다시 부각되고 있다. 특히, 코로나19의 시대에 플랫폼 비즈니스는 앞으로의 자본주의 경제를 이끌 분야로 인식되었다. 플랫폼 경제가 초래하는 갈등과 긴장관계를 풀어가는 데는 비즈니스 생태계 혜안을 가진 경영자의 통찰이 담대하게 발휘될 수 있다.

이 책의 1장은 바로 코로나19라는 시대적 상황에서 비즈니스 생태계 경영으로 어떻게 블랙스완의 위기를 극복할 것인가에 대한 통찰을 주고자 하였다. 2장의 디자인 사고와 심리적 주인의식은 고객과 직원에 대한 새로운 인식을 천착시켜 준다. 3장은 CSR, 사회적 자본, 지속가능경영의 연결고리를 찾는데 ESG 경영이 어떻게 촉매역할을 하는가를 다루었다. 4장에서는 비즈니스 생태계의 다양한 이해관계자들의 관계와 역할에 대한 통찰을 제공하고자 했다. 또한 이해관계자 자본주의가 새롭게 부각되고 있음을 인식하게 한다. 5장은 비즈니스 생태계 관점에서 플랫폼 경제를 다루었다. 플랫폼 경제는 자본주의 경제를 이끄는 핵이다. 노동자의 자유와 불안의 상충관계를 어떻게 풀 것인가에 대한 지침을 제공하고자 했다. 6장은 비트코인과 이더리움으로 대표되는 암호화화폐와 블록체인을 통해 비즈니스 생태계의 거시적 접근과 미시적 접근의 차이를 이해하는 실마리를 주고자 했다. 끝으로 7장은 비즈니스 생태계 경영의 거시적 차원과 더불어 미시적 차원이 왜 지속가능경영에 중요한가를 다루었다. 비즈니스 생태계 경영의 전략적 기제를 찾아 실천하는 것이 경영자에게 주어진 새로운 역할이다.

디지사이트

참고문헌

[1] Joo, J. and Shin, M. M., Business ecosystem management and editorial on the special issue, Sustainability, 2022, 14(3):1449. https://doi.org/10.3390/su14031449.

[2] 배리 카머너, 원은 닫혀야 한다 - 자연과 인간의 기술(고동욱 옮김), 이음, 2014년.

[3] Moore, J., Predators and prey: A new ecology of competition, Harvard Business Review, Vol. 71, No. 3, 1993, pp. 75-86.

[4] Moore, J., Death of Competition: Leadership and Strategy in the Age of Business Ecosystems, Wiley, 1996.

[5] Iansiti, M., and Levien, R., "Strategy as ecology," Harvard Business Review, 2004.

[6] Kelly, E., "Business ecosystems come of age," in Business Trends Series, 2015, Deloitte University Press.

[7] "생산성은 단일요소생산성과 총요소생산성으로 구분할 수 있다. 단일요소생산성이란 개별 생산요소 투입에 대한 산출의 비율로 측정되는 것이다. 예를 들어, 노동생산성, 자본생산성 등이다. 단일요소생산성의 장점은 측정이 용이하다는 점이다. 그러나 투입대비 산출 비율이 다른 요소의 투입량 변화 등에 의해서도 영향을 받는 문제점이 있다. 한편, 총요소생산성은 전체 생산요소투입에 대한 산출의 비율이다. 이는 단일요소생산성에서와 같은 문제점이 없기 때문에 생산성을 분석하는 지표로 널리 활용되고 있다." 조승형, 배영수, "우리나라 산업의 생산성 변동요인 분석", 한국은행, 조사통계월보, 2000. 2.

[8] 이본 쉬나드, 파타고니아, 파도가 칠 때는 서핑을(이영래 옮김), 라이팅하우스, 2020.

[9] 빅 맨스필드, 불교와 양자역학-양자역학 지식은 어떻게 지혜로 완성되는가(이중표 옮김), 불광출판사, 2021. 연기론과 생태계의 관계성에 대한 김세곤 교수(동국대 명예교수)의 조언과 감수에 감사드린다.

[10] 차이위치우 외, 모략(김영수 편역), 들녘, 1996.

[11] 비즈니스 생태계 경영은 이해관계자들의 관계에서 발생하는 복잡한 긴장관계를 해소하고, 상충관계를 깨는 전략적 경영이다. 이를 위해 이해관계자들 간의 관계 분석이 선행되어야 한다. 관계 분석은 자사의 플랫폼을 정의하고, 플랫폼에의 참여자들과 그들의 역할을 분석하는데서 시작한다. 기업 생태계는 대개 다수의 플랫폼으로 구성된 플랫폼 포트폴리오에 바탕을 두고 있다. 어떤 기업에도 플랫폼이 존재한다. 플랫폼은 비즈니스의 장이자 기반이기 때문이다. 공유목적을 설정하여, 기업의 미션과 핵심가치에 이를 반영하고, 이해관계자들의 역할과 혜택을 분석한다. 예를 들어, 플랫폼에서의 과업을 정의하고 공유목적에 기여하는 바에 따라 그 중요도를 따질 수 있다. 비즈니스 생태계 차원에서의 주고받음의 원리다. 이 책에서는 구체적인 분석기법을 제시하지는 못했다. 이 또한 경영자의 몫이다. 이안스티와 레빈의 건강성 척도와 이해관계자 이론의 관계분석기법을 참조할 수 있다. 기존의 이해관계자 분석기법으로는 영향력-관심도 격자(power-interest grid)와 이해관계자 영향 도표(stakeholder influence diagrams) 등이 있다.

[12] 장상환, 경제, '보이지 않는 손'에 맡겨라!, click 경제교육, KDI 경제정보센터, 통권 65호, 2009. 01.

[13] 백승영, 니체, 삶을 묻다: 1강 - 6강, 2020, https://www.youtube.com/watch?v=vbyx_830q3k

[14] 찰스 다윈, 나의 삶은 서서히 진화해왔다, 이한중 옮김, 갈라파고스, 2003. 비글호는 영국 해군 측량선으로 남아메리카와 태평양의 지질조사와 해역탐사가 주 임무였다. 다윈이 비글호의 여행 경험을 표현한 문구들이다. "청명한 하늘 아래 검게 반짝이는 바다에서의 달밤, 조용히 불어오는 무역

7. 비즈니스 생태계 경영을 위한 미시적 접근

풍의 부드러운 바람을 받아 겨울처럼 빛나는 하얀 돛, 죽은듯한 고요함 속에 이따금씩 들리는 돛의 펄럭이는 소리, 한번쯤은 아치형으로 일어서며 맹렬하게 다가오는 돌풍이나 사나운 광풍과 산 같은 파도를 바라보는 것도 괜찮다. 멋진 경치를 보는 기쁨과 우리가 방문했던 다양한 나라의 모습들을 보는 기쁨은 매우 컸다. 마음은 사소한 일들에서 자유로워져 거대한 주위 풍경을 가득 담아낼 수 있었다. 나는 인적 드문 지역들을 지날 때면 언제나, 문명이 줄 수 없는 극도의 환희 같은 것을 품은 채 우리의 항해와 육지 여행을 응시하곤 했다. 젊은 박물학자가 자신의 학문을 발전시키기에 먼 나라로 떠나는 여행만큼 더 좋은 일은 없다고 생각한다. 여행은 우리의 욕구와 갈망을 자극하기도 하고 진정시키기도 한다. 새로움과 기회가 주는 자극은 인간을 고무시켜 더욱 활발히 활동하도록 만든다. 세상에는 선한 사람들이 얼마나 많은지도 깨닫게 해줄 것이다." [14, pp. 242-249].

[15] 브라이언 헤어, 버네사 우즈, 다정한 것이 살아남는다(이민아 옮김), 디플롯, 2021. 똑똑한 것만으로 충분하지 않다. 이 책에서는 다정함이 어떻게 인류 진화에 유리한 전략이 되었는가를 밝히고 있다. 친화력이 뛰어난 다정한 호모 사피엔스가 호모 에렉투스와 네안데르탈인보다 오래 살아남았다. 친화력(friendliness)은 협력적 소통 능력을 향상시킨다. 네안데르탈인은 10-15명이 무리를 짓는다. 호모 사피엔스는 100명 이상의 무리를 이루어 협업할 수 있었다. 친화력은 타인의 마음과 연결될 수 있게 하며, 지식을 세대에서 세대로 물려줄 수 있게 해준다. 개가 인간을 통해 가축화되어 왔듯이, 인간도 스스로 가축화를 통해 진화해왔다. 자기 가축화에 의해 친화력이 향상된다.

맺음말

　스승님께서 종종 묻곤 하셨다. "평생 연구할 가치 있는 분야를 찾았는가?" 그동안 새로운 경영이론과 IT를 경영에 접목한 혁신적 연구 분야를 쫓아다니기에 급급했었다. 새로운 분야를 연구하고 교육하고 과제를 제안하는데 바쁜 일과를 보내왔었다. 그러던 어느 날, 아마 2010년이었을 것이다. 비즈니스 생태계 연구가 답이 되겠다는 생각이 들었다. 비즈니스 생태계 관련 연구를 하면서 여러 과제도 수행하였다. 2013년에는 한국연구재단의 지원으로 미국에서 1년간 연구할 기회도 갖게 되었다. 그때부터 피터 드러커의 경영 사상을 오랫동안 연구해오던 신민석 교수와 공동으로 비즈니스 생태계 경영을 연구하였고, 몇 편의 논문도 국내외 전문학술지에 게재하였다. 피터 드러커는 이미 경영에서 비즈니스 생태계의 중요성을 간파하고 있었다. 이 책에서도 드러커의 경영이론과 경영철학이 큰 뒷받침이 되었다.

　　이 책을 출판하는데 지원을 해준 한국연구재단과 동국대학교 WISE 캠퍼스에 감사드린다. 또한 기꺼이 책을 출판해준 행복우물 최대석 대표님에게도 감사드린다.

오랫동안 경영학을 공부할 수 있도록 뒷바라지를 해준 사랑하는 아내 요인, 그리고 딸 원경과 현진에게 무한한 사랑을 베풀고 싶다. 건강하고 착하게 자라는 손주들에게 스콧 갤러웨이의 「플랫폼 제국의 미래」에 나오는 글로 할아버지의 사랑을 전하고 싶다. "고개 들어 밤하늘의 별을 바라보며 몇 가지 의문을 품는다. 고개 내려 이안, 이로, 이재를 바라보면 몇 가지 해답이 떠오른다." 이안, 이로, 이재가 많은 의문을 품고, 하나하나 답을 찾아가는 그날을 상상해본다.

찾아보기

ㄱ

ㄹ

디지사이트

디지사이트

디지사이트

히틀러의 주치의들
: 권력자들의 삶과 죽음

역사·정치
베스트
셀러

권력자와 질병, 그리고
그를 살리고자 하는 자

**역사의 변곡점마다 등장한 권력자들과
그들의 질병에 관한 이야기들이 펼쳐진다.**

히틀러와 스탈린, 대처와 레이건, 김정은과 노무현까지!

드러커마인드 출판 · 양성관 지음 · 496p · 20,000원   Drucker Mind Books